Rainer Fuchs

Gott geht unter die Haut

Glauben aus Leidenschaft

FREIBURG · BASEL · WIEN

© Verlag Herder GmbH, Freiburg im Breisgau 2020
Alle Rechte vorbehalten
www.herder.de

**S.9 ff: Text von »Ring of Fire«
(englisches Original; im Text deutsche eigene Übersetzung)**
Ring Of Fire
Words and Music by June Carter and Merle Kilgore
© 1962 Painted Desert Music Corp
Shapiro Bernstein & Co Limited, New York, NY 10022-5718, USA
Reproduced by permission of Faber Music Ltd
All Rights Reserved.

S. 172: »The Immigrants' Creed«, deutsche eigene Übersetzung
»The Immigrants' Creed« by Jose Luis Casal / The Book of Common Worship:
2018 Edition
(Louisville, Ky.: Westminster John Knox Press, 2018), pp. 613-4.

Die Bibelstellen stammen aus der Bibel nach Martin Luthers Übersetzung,
revidiert 2017, © 2016 Deutsche Bibelgesellschaft, Stuttgart.

Satz: Daniel Förster, Belgern
Herstellung: GGP Media GmbH, Pößneck
Vermittelt durch Agentur Stefan Linde

Printed in Germany

ISBN Print 978-3-451-38744-9
ISBN E-Book 978-3-451-81999-5

Rainer Fuchs
zusammen mit Stefan Linde

Gott geht unter die Haut

www.BruderFuchs.de

Inhalt

Brief von Joanne Cash	7
Über dem Herzen ist die Haut besonders dünn	9
That's enough: Es ist vorbei ...	19
Fahrt mit Gott, aber fahrt!	22
777: Reverend Ray Fox	27
Gott geht unter die Haut	31
Die Eingebung	35
Man in Black: Mitten drin in Giesing	44
Wer nicht wagt, hat schon verloren	48
Wo die Luft noch brennt ...	52
Anpacken, nicht einpacken	59
Über eine geheimnisvolle Macht	64
Wie Kirche wieder Heimat wird	78
Zugbrücke runter und raus ins Leben	92
Giesing in my heart	99
Ain't no grave ...: Woran ich glaube	103
Freiheit, die ich meine	110
Nicht predigen, begeistern!	114

»Bei strenger Pflicht, getreu und schlicht« 121

Wüstgläubig: Wie Kirche enttäuscht 127

Glauben kann ein wunderbares Abenteuer sein 136

»Tu es«: Jeder hat seine Berufung 144

Die Brüderschaft: Getragen und gesendet 147

Jesus in der Sauna 151

Haltung statt Vorhaltung 155

Du lässt die Asche zurück und nimmst das Feuer mit .. 164

Panda oder Porsche: die Versuchung 174

»Lasst uns aber wahrhaftig sein in der Liebe« 182

Füllwörter braucht kein Mensch 187

»Ich glaube, wir sollten noch mal kurz
   spazieren gehen ...« 196

»Gott, hilf mir beten ...ich kann es nicht allein« 199

Windmühlen statt Mauern – und das Gesicht
   in der Sonne 205

Glauben aus Leidenschaft 214

Danksagung 219

Brief von Joanne Cash

Johnny Cash mit seiner Schwester Joanne

Ich habe im Buch von Diakon Rainer Fuchs gelesen und fühle mich dadurch sehr gesegnet zu wissen, dass die bedingungslose Liebe der Schlüssel ist, um Tür und Tor für den Dienst am Nächsten zu öffnen. Diese Liebe ist Liebe, die wirklich vergibt.

Jemand hat mich kürzlich gefragt, ob es jemanden auf der Welt gibt, dem ich nicht vergeben könnte. Ich sagte ihm, dass ich jedem und allen vergeben kann und es auch tue, die meine Vergebung brauchen – im Namen Jesu. Das ist Gottes Liebe!

Harry Yates, mein Mann und Pastor der Nashville Cowoboy Church, besaß mehrere Jahre lang auch ein Motorrad, und ich fuhr mit ihm immer und überall hin. Durch sein Buch hab ich Rainer Fuchs als einen Diakon und Motorradfahrer in Deutschland kennengelernt, der noch dazu ein echter Bewunderer und Fan meines Bruders Johnny Cash ist. Er vergleicht einige seiner Kämpfe und Krisen im Leben mit Songs von Johnny Cash, darunter »Ring of Fire«, »Man in Black« und »Ain't No Grave«. So echt, wie das Leben ist, müssen auch unser Glaube und unser Zeugnis echt sein!

Jesus sagte: »Ich war hungrig und ihr habt mir zu essen gegeben, ich war durstig und ihr habt mir zu trinken gegeben.« Die Zeiten ändern sich, und das Elend scheint gerade überall zu wachsen. Wir als Jesu Nachfolger müssen versuchen, Menschen zu erreichen, die vielleicht nie in unsere Kirchen kommen, und das tun Ray und seine Brüder in Christus.

Unser Auftrag ist es, wirklich Leib Christi zu werden, das Licht in einer dunklen Welt, das Salz der Erde! Wir müssen leben, denken, gehen und beten und wie Christus in dieser Welt, mitten unter den Menschen sein, auch wenn unser persönliches Leben und andere Dinge um uns herum auseinander zu fallen scheinen.

Dazu brauchen wir Dinge, die uns auch persönlich stärken und uns gut tun. Für viele Menschen ist das zum Beispiel das Motorradfahren. Hier finden viele, wie auch Rainer, ihre Zeit für Gott in der Freiheit des Moments, unbelastet von gestern oder morgen. Sie fahren einfach und lassen sich den Wind um die Nase wehen und werfen all ihre kleinen und großen Sorgen auf den Herrn. Egal wie groß und unüberwindbar die Sorgen und Nöte auch wirken mögen, wir werden in den Tälern des Lebens nie allein gelassen! Auch davon berichtet das Buch von Reverend Ray Fox. Wie ein großer Vater legt unser Vater, legt Gott seine Arme um uns und lindert unsere Schmerzen und Verletzungen. Selbst wenn es zu Trennungen und Brüchen im Leben oder im Tod kommt, ist Gott ein Gott des Trostes und des Friedens! Er bringt dich gestärkt aus der Tragödie heraus. Alles, was ER verlangt, ist, dass wir ihm vertrauen. Es gibt immer eine zweite Chance. Wir müssen uns unseren Schwierigkeiten nur stellen und sie Jesus zu Füßen legen. Gott geht einem wirklich »unter die Haut«!

Dieses Buch gewährt große Einsicht und Frieden in und durch alle Situationen des Lebens. Am Ende dieses Buches sagt das Glaubensbekenntnis der Apostel alles. Danke, dass Du es so sagst, wie es ist!

Joanne Cash

Über dem Herzen ist die Haut besonders dünn

The taste of love is sweet
When hearts like ours meet.
I fell for you like a child
Oh, but the fire went wild.
I fell into a burnin' ring of fire
I went down, down, down
And the flames went higher,
And it burns, burns, burns,
The ring of Fire

Johnny Cash

Mit dem Schmerz kommt die Erinnerung. Gleißende Bruchstücke zunächst, die zusammenhanglos plötzlich aufblitzen und sich dann zu immer größeren Bildern vereinen. Meine Kindheit. Sonne blitzt durch die kleinen Autofenster, Lichtreflexe aus der vorbeisausenden Landschaft. Ich sitze auf der Rückbank, der sonntägliche Ausflug in die fränkische Schweiz. Mein Vater am Steuerrad seines Opel Manta Typ B, Ellbogen locker aus dem offenen Fenster und nur eine Hand am Steuerrad. Meine Mutter mit Kopftuch über dem sorgsam frisierten Haar und »Frühstück bei Tiffanys«-Sonnenbrille auf dem Beifahrersitz. Aus dem Kassettendeck dröhnt genau dieses Lied, das mir mit seinem treibenden Takt seit Tagen nicht mehr aus dem Ohr geht, sich dreht und durch meinen Kopf windet, immer und immer wieder: »The Ring of fire«. Aber in der Originalversion. Von Johnny Cash, nicht Bruce Springsteen. Dieser geniale, mehrdeutige Text mit seinen teuflisch tiefen und himmlisch hochfliegenden Ebenen, den kaum jemand ins Deutsche zu übersetzen vermag, ohne dass es holpert: »Der

Geschmack der Liebe ist süß, wenn sich Herzen wie unsere treffen. Ich verfiel Dir wie ein Kind, oh, aber das Feuer schlug hoch. Liebe ist ein brennendes Ding, und sie bildet 'nen feurigen Ring. Und es brennt, brennt, brennt, der Ring aus Feuer, der Ring aus Feuer.«

Meine Begeisterung für Johnny Cash, diesen tief gläubigen Sänger, wurde durch meinen Vater geprägt, der auf unseren Ausflugsfahrten derart häufig seine Lieder spielte und mitsang, bis ich sie bis heute teilweise auswendig herbeten kann. Johnny Cash, Country- und Westernsänger, Rock'n'Roll war die Musik seiner Jugend. Die Melodie seiner Auflehnung und seiner inneren Revolution gegen die Welt der Erwachsenen. Mein Vater war Mitglied im Verein christlicher junger Männer, CVJM. In diesem Sinne war mein Vater ein »Believer«. Cash, die Begleitmusik seiner Jugend. Zeltlager. Unbeschwerte Sommer. Und immer wieder die rauchige Stimme von Johnny Cash. Dieser Rhythmus, der Motorsound vom Opel Manta, die vorbeirauschende Landschaft und der sich im Takt wiegende Glatzkopf meines Vaters haben mich geprägt. Wie oft haben wir auch laut mitgesungen. Meine Mutter machte mit, obgleich sie fünf Jahre jünger als mein Vater und vom Musikgeschmack eher ein Kind der Beatles-Zeit war oder auch gerne deutsche Schlager hörte. Auch die kann ich auswendig. Auch wenn ich das nicht so gerne zugebe. Johnny Cashs Texte allerdings, die haben sich in meine Seele gebrannt, wie jetzt die Nadel in meine Haut. Ihre Spuren werden bleiben, so wie die genialen Lieder von Cash, der für mich Jahr für Jahr neue, überraschende Facetten aufscheinen lässt. Seine Musik hat sich entwickelt, ein wenig wie mein Glauben. Erst kindlich naiv, aufbegehrend – und dann mit den Jahren an Lebenserfahrung immer tiefer die ganze Dimension erfassend.

Neues Stechen, neuer Schmerz, neue Erinnerungen. Die Bilder meiner Kindheit folgten in einer schnellen Abfolge. Ich sehe mich mit meinen grün gefärbten Haaren, sehe das Entsetzen meiner Lehrer, meiner Eltern und meines Großvaters. Ich sehe meine besorgten Eltern mir ins Gewissen reden, ich solle mich endlich anstrengen, etwas Ordentliches lernen, in die Bank oder eine Versicherung gehen. Meine Vorfahren waren immer schon Arbeiter und Tagelöhner gewesen. Und das sage ich voll trotzigem Stolz: Ich bin ein Arbeiterkind aus Nürnberg. Ich stamme väterlicherseits aus einer dieser klassischen, fränkischen, bodenständigen Arbeiterfamilien, die evangelisch-rechtschaffend leistungsorientierten Werten folgten. Fleiß. Pünktlichkeit. Gründlichkeit. Ehrlichkeit. Strebsamkeit. Zuverlässigkeit. Tugendhaftigkeit. Genügsamkeit. Gehorsam.

Wieder sticht und brennt es. Ich öffne kurz die Augen, sehe die stechende Nadel und den Tätowierer, der sie führt. Der Schmerz fährt tief, tief wie der seelische Schmerz, der ebenfalls in mir brennt. Ich schließe die Augen wieder und falle in die Erinnerung zurück. Wie passt das zusammen, diese evangelische Bodenständigkeit, diese genügsame Strebsamkeit und Johnny Cash? War und ist das nur Rebellion, Auflehnen gegen das Elternhaus und dessen Werte? Nein. Nicht nur, dass ich meine Kindheit als behütet, als glücklich empfunden habe, alles war so intakt. Nein, auch deshalb, weil Johnny Cash und seine Musik und seine Lieder mehr sind. Auf meinem Körper finden sich auch ein paar Tattoos aus Cashs Leben, die unmittelbar mit meinem Leben zu tun haben: Zum Beispiel ein Zellenfenster, vergittert mit Blick nach draußen, und eine Dampflok, als Tribute an das legendäre siebzigminütige Cash-Konzert im Knast Folsom-Prison am 13. Januar 1968, diesem Meilenstein der Musikgeschichte. Jahrelang hatte Cash vergeblich mit seiner Plattenfirma gekämpft, ausgerechnet dort, an einem Ort des Bösen, ein Konzert geben zu dürfen. Niemand traute ihm das noch zu. Cash war nach seinem ersten Megahit »Ring of Fire« – meinem zweiten Lieblingstitel – an seinem Welterfolg fast erstickt und wirklich tief abgestürzt. »Manchmal bin ich zwei Personen: Johnny ist der Nette, und Cash macht all den Ärger. Sie kämpfen miteinander!« Ein bekanntes Zitat des Musikers, der ein Mensch mit zwei Gesichtern war. Hier die populäre Country-Ikone, ein Hüne mit markantem Bassbariton und einem missionarischen Glauben. Dort der raue Rebell, der launische Egoist und Drogensüchtige, der mit dem Gesetz in Konflikt kam, mit Schuldgefühlen, Depressionen und Schmerzen rang, sich umbringen wollte, seine Vorsätze verriet und längst am Ende schien. Schließlich erlaubte es die Plattenfirma, hatte aber zwei Durchläufe angesetzt, aus Angst vor Cashs drogenbedingten Aussetzern. Doch schon das erste Konzert mit seiner roh und so authentisch wirkenden Knastausstrahlung lief fehlerfrei und wurde eines der besten Livealben seiner Zeit, mit dem »Folsom Prison Blues« wird es zum Welthit. Für mich ist das Album noch mehr: Ich habe selbst hin und wieder im Knast als Seelsorger gewirkt, in Stadelheim und anderswo, und das, was Cash dort machte, ist gesungene Diakonie. Gefangene besuchen, das ist eines der Werke der Barmherzigkeit und die wiederum essenzieller Bestandteil meiner Spiritualität.

Ruhig führt der Tattoo-Meister seine Hand, aber mit jedem Zentimeter wühlt er mit seinen Nadelstichen alles weiter auf, füllt mit Farbe, was eben noch schwarzweiß aus dem Dunkel kam. Über dem Herzen ist die Haut besonders dünn. Die Nadeln schlagen ihre Spur, tief unter meine Haut. Es ist, als würden die Stiche dein Brustbein perforieren, es zertrümmern, um dann immer tiefer vorzustoßen – mitten in dein Herz. Was waren das für Gefühle gewesen. Der erste Kuss, irgendwo auf einem Dachboden auf einer alten verstaubten Couch, verborgen vor den strengen Eltern der Freundin: »Gefangen durch wildes Verlangen fiel ich in einen Ring aus Feuer. Ich fiel in einen brennenden Ring aus Feuer. Ich fiel in einen brennenden Ring aus Feuer, ich sank tiefer, tiefer, tiefer. Und die Flammen stiegen höher, und er brennt, brennt, brennt: Der Ring aus Feuer.«

Es hätte nicht so enden dürfen. So nicht. Nach fünfzehn Jahren Beziehung.

Die Stiche und der Schmerz, mit ihnen kommt noch mehr Erinnerung: An vergangene Tage, Tage, an denen ich mir klein vorkomme. Und schwach. Ungeliebt. Und fühle mich nicht mehr so selbstsicher, wie ich einst war. An manchen Tagen ist mein Unglück so übermächtig, dass ich nicht aus dem Bett komme, so schwach fühle ich mich. Zu schwach, aufzustehen und den Tag, die Sonne, das Licht in mein dunkles Zuhause und mein Herz scheinen zu lassen, das sie verlassen hat. Sie hatte sich nicht mal mehr die Mühe gemacht, es mir persönlich zu sagen. Eines Abends hatte sie angerufen, aus der Ferne von ihrem neuen Arbeitsplatz, und zunächst fast geschäftsmäßig mitgeteilt, Rainer, es geht nicht mehr. Dann war es still gewesen zwischen uns. Wie all die Monate zuvor, wenn sie nur noch an den Wochenenden – und dies auch immer seltener – abgearbeitet nach Hause kam. Wie bei meinen Besuchen bei ihr, wo mir Stadt und Apartment gleichermaßen fremd waren. Wo wir uns fremd waren. Wir waren uns nie wieder so nahe gekommen wie all die Jahre zuvor. Jetzt – sie in der fremden Stadt und dem fremden Apartment und ich hunderte Kilometer entfernt – jetzt drang erst langsam bei mir durch, dass jetzt da war, was wir beide längst wussten. Dass es aus ist. Ein Moment, der dich kalt anfasst, dir den Atem nimmt – wie wenn jemand stirbt. Ich konnte nichts sagen. Minutenlang. Zu übermächtig waren all die Gedanken, die Erinnerungen und der Abgrund an Konsequenzen, der sich vor mir auftat. Stille kann sehr laut sein.

Dann habe ich geweint.

Dann hat sie geweint und aufgelegt.

Und seither war ich allein.

Mein Leben lang habe ich die Einsamkeit gefürchtet, war vor ihr geflohen und hatte immer die Gemeinschaft mit vielen anderen Menschen gesucht, um mich aufgehoben und geborgen zu fühlen. Das ist seit meiner Kindheit schon so. Vielleicht, weil ich Einzelkind bin. Jetzt hatte mich die Einsamkeit eingeholt, und das war nicht gut so. Alles Vertraute war fort. Unser Bett blieb kalt. Ich schlief auf dem Wohnzimmerboden. Wo war jetzt noch Heimat? Wie oft haben meine Großeltern davon erzählt, die wirklich Heimatlosen. Wie groß die Not im ersten Winter nach dem Krieg war, auf der Flucht: vor Hunger, Frost, Verfolgung und Tod. Wo Säuglinge erfroren und Menschen verhungert sind in ihren fensterlosen Wohnungen. Kriegsende Weihnachten 1945 war überall Bethlehem. Die Lebenden, die noch von diesen Fluchtgeschichten und dem Elend des Krieges und dem anschließenden Mut für die ungeheure Kraftanstrengung des Wiederaufbaus als Augenzeugen berichten und uns warnen könnten, sterben leider langsam aus. Mein Opa mütterlicherseits, ein Zimmermann, stammt aus dem Sudetenland, er flüchtete aus russischer Gefangenschaft. Meine Oma flüchtete mit ihren beiden Kindern und ihrer Mutter gen Westen. Allein kam meine Oma im völlig zerbombten Schweinfurt an – und mein Opa in Nürnberg. Er hatte keine Ahnung, ob seine Frau und ihre zwei Kinder die Flucht und die Kriegswirren nach der Kapitulation überlebt hatten. Nur durch Zufall bekam er von einem Bekannten den Hinweis, meine Oma sei wohl in Schweinfurt gesehen worden.

Mein Opa ließ daraufhin alles stehen und liegen, lieh sich ein Fahrrad und fuhr die knapp 120 Kilometer nach Schweinfurt durch das vom Krieg verwüstete Deutschland. Sein Mut wurde belohnt: Mein Opa fand meine Oma und seinen Sohn und seine Tochter tatsächlich. Und die Geburt meiner Mutter neun Monate später war das Ergebnis dieser Wiedersehensfreude. So stark ist Liebe in Zeiten des Krieges mit all seinen Katastrophen. So stark kann das Leben sein, das gegen Not und Elend neues Leben und damit Liebe und Hoffnung zu setzen vermag.

Und was tat ich in den Tagen, als ich auf dem Wohnzimmerboden schlief? Ich bekam nicht einmal die Jalousien hoch.

Meine Familiengeschichte ist übrigens einer der Gründe, warum ich heute so überhaupt nicht verstehen kann, dass es Widerstand gibt gegen die Zusammenführung von Familien, die auf der Flucht sind vor Krieg und Elend, vor allem, wenn durch die Trennung Kinder betroffen sind. Deren Schutz, Aufnahme und Betreuung, bis der Frieden zurückkehrt, ist tätige Nächstenliebe und genau das, wofür ich ohne Wenn und Aber einstehe und worüber ich nicht diskutieren möchte. Mein Opa ist später mit seiner Familie nach Nürnberg gezogen und hat dort als gelernter Zimmermann Anstellung gefunden bei der staatlichen Schlösser- und Seen-Verwaltung. Nürnberg war im Bombenhagel des Zweiten Weltkrieges zu über 90 Prozent zerstört worden, und wenn ich heute auf der Burg vor dem eichenen Tor mit dem Reichsadler stehe – der an die Reichstage der Kaiserzeit des Mittelalters erinnern soll, wohlgemerkt –, dann weiß ich, dass dieses Tor und alles, was ich dort oben an Holzarbeiten sehe, an Türen, Fenstern, dem Fachwerk, den Fensterläden und Dachstühlen, durch die Hände meines Großvaters und seiner zwei Gesellen gegangen ist, die namenlosen Helden, Männer wie Trümmerfrauen, des Wiederaufbaus.

Doch nicht nur deshalb und weil meine Großeltern mit meiner Mutter zur Dienstzeit meines Großvaters auch noch auf der Burg gewohnt haben, ist die Burg, wie ganz Nürnberg, ein besonderer Ort für mich. Sie ist Herzensheimat: Es löst bei mir heute noch ein kribbelndes Gefühl aus, dass auch Martin Luther schon die Burg und den Sinnwellturm in seiner heutigen Form gesehen haben muss. Seine Anwesenheit auf dem berühmten Weg nach Rom gilt durch seine Erwähnung des Schlagwerks einer Nürnberger Uhr als bestätigt. Luther war einfach aufgebrochen, weil er pflichtbewusst war – und vor allem wohl, weil er sich voller Vertrauen in Gottes Hand aufgenommen gefühlt haben mag. Vier Wochen soll sich Luther in Rom aufgehalten haben. Doch der Wunsch seines Ordens an die Kurie, im Glaubensstreit zu schlichten, wurde abgelehnt, und so zog Luther unverrichteter Dinge zu Fuß zurück nach Wittenberg.

Luther sagte von Nürnberg, die Stadt sei »das Auge und Ohr Deutschlands«. Tatsächlich war Nürnberg zu Luthers Zeit eine der modernsten und am schnellsten wachsenden Städte des Mittelalters, eine Art *Silicon Valley* für Innovation, technischen und wissenschaftlichen Fortschritt, auch in der Kunst – und eben auch in der Emanzipation des im Wirtschaftsboom immer wohlhabender werdenden Bürgertums vom Adel. Mit seinen 21 Druckereien war Nürnberg die Medienstadt Deutschlands, das Zentrum der revolutionär fortentwickelten neuen Technik des Buchdrucks – und damit einer der wichtigsten Knotenpunkte für die Verbreitung von Luthers reformerischen Ideen. Hier wurden seine 95 Thesen gesetzt, unzählige reformatorische Flugschriften erstellt und die Luther-Übersetzung der Bibel gedruckt, mit der Lutherrose als Gütesiegel und Echtheitszertifikat. Ebenso Luthers Acht-Liederheft, das als erstes evangelisches Gesangbuch aufgelegt wurde und das Luther seinen Kindern zu Weihnachten geschenkt haben soll.

Die Spannungen in Nürnberg zwischen Bürgern, die sich der Reformation anschließen wollten, und jenen, die der »alten« katholischen Konfession treu blieben, wurden zutiefst demokratisch im Nürnberger Religionsgespräch in einer Debatte zwischen Theologen beider Lager dahingehend gelöst, dass die Reformation bereits 1525 in allen Ebenen des öffentlichen Lebens der Stadt offiziell vollzogen wurde, weil sich bald die meisten Nürnberger Bürger zu den lutherischen Lehren bekannten. Nürnberg blieb in den folgenden 300 Jahren eine evangelische Stadt – und auch ein Ort der Ausgrenzung. Bis zum Jahr 1806, dem Anschluss an Bayern, durfte in Nürnberg kein Katholik das Bürgerrecht und damit das Mitspracherecht bei Entscheidungen der Stadtpolitik erwerben. Genau hier, im Herzen Frankens, auf diesem für die Reformation Martin Luthers so geschichtsträchtigen Flecken Erde, habe ich meine Kindheit verbracht. Hatte mich selbst in den Dienst der »Sache Luthers«, der »Sache Gottes« gestellt und war Diakon geworden. Und jetzt? Jetzt wünschte ich mir den Mut und die Kraft, die meine Großeltern gehabt hatten, die Luther gehabt hatte, so sehnlichst.

Wie Luther lebten auch meine Großeltern in Umbruchzeiten, hatten Unruhe, Ungewissheit, Unsicherheit, Krieg, Hunger, Flucht und Angst vor der Zukunft zu überstehen. Mein anderer Großvater wollte der jahrelangen Arbeitslosigkeit in der Wirtschaftskrise entgehen und ließ sich – gegen den Widerstand seiner sozialdemokratisch geprägten Familie und seiner beiden anderen, ebenfalls arbeitslosen Brüder – von den Nazis in die Wehrmacht einziehen. Dort wurde er zum »Feuerwerker«, also Sprengstoffexperten ausgebildet, und hat sich anschließend durch die halbe Sowjetunion gesprengt. Er wurde nach dem Krieg als späte Wiedergutmachung Bombenentschärfer und hat unter Lebensgefahr die Blindgänger aus den zerstörten Nürnberger Häusern geholt und so vielfach Leben gerettet. Er hat auch nicht gefragt, warum soll ich mein Leben riskieren – sollen es doch andere machen! Er hat einfach begonnen, mitten in der Trümmerlandschaft Nürnberg. Hat getan, was zu tun war. Weil er einer der wenigen Experten war, die das tun konnten – wie schon die Gemeinde im Hebräerbrief sagten auch die sich: »Darum werft euer Vertrauen nicht weg, welches eine große Belohnung hat. Geduld aber habt ihr nötig, auf dass ihr den Willen Gottes tut und das Verheißende empfangt.«

Es waren drei harte Winter gewesen, die die Menschen nach dem Krieg überstehen mussten. Wie groß ihre Dankbarkeit dann später war, als sie zum ersten Mal ein heiles Dach über dem Kopf, wieder Scheiben in den Fenstern und Heizmaterial hatten, auch spärlich aber geregelt zu essen – und fließendes, sauberes Wasser aus dem Hahn – und vor allem: Frieden. Woher haben sie nur diesen Mut genommen, nicht zu lamentieren, sondern in all dem Leid anzupacken und aus den Trümmern wieder Neues aufzubauen? Das Leben ging trotzdem weiter. Was müssen das für tiefe gesellschaftliche Umbrüche gewesen sein und welche Ängste mögen sie damals ausgelöst haben? Es war eine existenzielle Krise, wo es um das nackte Überleben ging, eine weltweite Krise, viel tiefer und schlimmer in den Folgen für Milliarden Menschen als heute, wo alle jammern und klagen auf hohem Niveau – schoss es mir durch den Kopf. Was alles habe ich, als Teil meiner heutigen Wohlstandsgeneration, diesem Mut und Lebenswillen meiner Vorfahren zu verdanken? Und warum war ich jetzt angesichts dieser Lebensleistung angesichts meiner eigenen Krise selbst so verzagt und mutlos und glaubensleer?

Wie demütig waren die Menschen im Krieg geworden, erschüttert, fassungslos, das Inferno überlebt zu haben, genügsam und bescheiden, wie mutig sind sie mit den Herausforderungen fertig geworden – und wie wehleidig und maßlos und undankbar sind wir heute in all dem Überfluss, in dem wir unseren Reichtum nicht mehr erkennen können? Zugleich fragte ich mich: War ich nicht maßlos geworden in meinen Wünschen und Forderungen ans Leben? War ich nicht zu früh angekommen, fast eingeschlafen in meinem Trott – und damit weiter entfernt von meinen Zielen, als ich es jemals war, seit ich dafür aufgebrochen war? Ich hatte über weite Strecken das innere

Glück verloren, einfach DANKE sagen zu können, was dieses Leben mir jeden Tag geschenkt hat. Mir wurde klar, wie sehr ich meine Orientierung verloren hatte. Wie sehr ich mich verloren hatte. Vielleicht war meine Zeit nun vorbei. Wo sollte ich nach fünfzehn verlorenen Jahren noch einmal beginnen? Mein Leben war mir fremd und leer. So wie meine Kirche leer geworden und mir manchmal fremd vorgekommen ist. Kommt her zu mir, alle, die ihr mühselig und beladen seid, heißt die Einladung. Aber es kamen von Jahr zu Jahr immer weniger. In den Gottesdienst. In den Konfirmandenunterricht. In die Bibelstunden. Nahmen nicht Anteil am Gemeindeleben. Dabei war die Not nicht weniger geworden, sondern mehr. Die Leere drinnen. Das Elend draußen. Vielleicht war auch die Zeit für meine Kirche vorbei? Wie oft stand ich vor den spärlich besetzten Bänken vorne am Altar und fragte mich hinterher, ob mein Tun noch Sinn machen würde? Warum uns immer weniger Menschen suchen würden, wenn es um Gemeinschaft und Trost im Gebet eines Gottesdienstes gehen würde? Erreichte ich die Menschen dort vor mir noch? Oder war es nur noch die Gewohnheit, die sie kommen ließ? Kamen sie vielleicht sogar nur mir zuliebe, dass ich nicht ganz allein dastehe? Um mir anschließend wieder Mut zu machen, dass ich immer wieder nach vorne gehen und predigen würde, solange sich auch nur ein Mensch in meine Kirche verirren würde, um mit mir Gottesdienst zu feiern. Wo zwei oder drei von uns zusammenstehen, ist Gemeinde. So hatte ich auch meine Ehe verstanden. Jetzt stand ich alleine da. War alles umsonst gewesen? War ich gescheitert? Konnte ich in dieser neuen Welt der Umbrüche noch ernsthaft spirituell leben, an so etwas glauben wie an Gott? War ich etwa einem großen Schwindel aufgesessen? Dem größten Schwindel der Welt? Dieser Verdacht, um mein Leben betrogen worden, und der Zweifel, naiv gewesen zu sein, raubten mir jeden Mut aufzustehen, nachdem ich so tief aus meiner heilen Welt gefallen war.

That's enough: Es ist vorbei …

Blicke ich zurück, so war die heile Welt, aus der ich gefallen war, schon lange nicht mehr heil gewesen. Die Risse, die nun wie Gräben zwischen uns gähnten, waren schon viel früher und feiner aufgetreten, wir hatten sie nur nicht bemerkt. Wann genau, weiß ich nicht. Zunächst gingen wir weiter zusammen durch das Leben, machten gemeinsam unsere ersten Schritte im Beruf. Ich hatte die Leitung der Jugendarbeit in der Paul-Gerhardt-Kirche in Nürnberg Langwasser übernommen, mein Traumjob.

Meine Frau kam nach Hause aus sauberen Laboren und Büros, aus Konferenzräumen in Glaspalästen – ich kam mit dem Mief aus Bier und Zigaretten aus dem Jugendkeller. Wir waren frisch zusammengezogen. Hier war unsere Beziehung noch intakt. Wir waren noch fähig, die Unterschiede zu tragen, es auszugleichen. Obwohl die Rückkehr ins Gemeindezentrum mit all seiner nächtlichen Randale, die uns oft den Schlaf raubte, für sie wie eine Zeitreise gewirkt haben muss, zurück ins »soziale Neandertal«.

Irgendwann beschlossen wir, Langwasser zu verlassen. Ich wurde als Dekanatsjugendreferent nach Fürstenfeldbruck gesandt, in den Speckgürtel Münchens. Das Leben in Fürstenfeldbruck war im Vergleich zu Langwasser ein Unterschied wie zwischen Tag und Nacht. Wohlgeordnetes Bildungs-Bürgertum, Eigenheime, gepflegte Gärten, Familien mit mehreren Kindern, Eltern, die ihre Kinder verantwortungsvoll auf eine vielversprechende Zukunft vorbereiteten. Kurz: Ich stand plötzlich im warmen Sonnenschein der intakten sozialen Mitte der damaligen Gesellschaft. Wurden die Risse in unserer Beziehung damit gekittet? Nein. Während ich brav meinen Dienst versah, nahm das Leben meiner Frau weiter Fahrt auf.

Bald war meine Frau immer länger unterwegs, mit großem Dienstwagen und vielen Bonusmeilen. Wir hatten keinen geregelten Alltag, keine gemeinsame Freizeit mehr, selten Gespräche in der Tiefe wie früher, kaum noch planbare freie Wochenenden.

Irgendwann hatten wir drei neue Mitbewohner: Unzufriedenheit, Eifersucht und Streit. Ich fühlte mich abgehängt, auf dem Nebengleis, und auf der Hauptstrecke bewegte sich meine Frau immer schneller weg von mir, natürlich ICE, 1. Klasse. Zunächst war ich noch mitgekommen zu den offiziellen Empfängen. Da standen alle schick in Anzug oder Kostüm. Und dann kam ich da als der sozial-diakonische-Diakon, gut gekleidet, aber eben anders und auch noch einer der an Gott glaubte, statt an das Unfehlbarkeitsdogma der Naturwissenschaften. Ich langweilte mich dort. Bald noch schlimmer: Ich fühlte mich unwohl. Und letztendlich: Ich gehörte nicht dazu.

Meine Frau setzte ihre großartige Karriere fort, war noch häufiger auf Kongressen und bekam schließlich ein Angebot in einer fernen Stadt, das man nicht ablehnen konnte. Jetzt sahen wir uns kaum noch. Jeder saß für sich abends allein da und starrte die Wände an. Unsere Telefongespräche wurden funktionaler, hektischer, auf Effizienz getrimmt, dann seltener, bald gequälter. Ähnlich wie die gegenseitigen Wochenendbesuche, bei denen uns beiden immer klarer wurde, dass da Respekt war, aber kaum noch Liebe. Wir hatten über Jahre versucht, das Sterben unsere Liebe irgendwie aufzuhalten, sogar zu therapieren. Zunächst verständnisvoll, dann mit immer mehr Verbitterung. Ich fragte mich damals: Was willst Du, Herr? Mal sagte jetzt der eine, er wolle die Trennung, und der andere antwortete: »Komm, lass es uns erneut versuchen.« Das andere Mal war es genau andersherum. Ich war zu verliebt, hatte ihr vor dem Altar was versprochen. Daran wollte ich mich halten. Und irgendwann war es meine Frau, die es nicht nur ahnte, sondern erkannte und formulierte: Nein, wir passen nicht mehr zueinander. Du passt nicht mehr zu mir, und ich passe nicht mehr zu dir. Ich will nicht mehr. Und sie war es, die die Kraft aufbrachte, jenen Anruf zu tätigen, den ich während des Tätowierens immer wieder hörte: »Rainer, Du musst nicht mehr kommen, es ist vorbei!«

Es war vorbei. Und damit auch das, was bis dahin mein gesamtes Erwachsenenleben geprägt hatte. Meine Frau war immer und überall dabei gewesen, bei allen wegweisenden Entscheidungen und Momenten meines Lebens. Wir hatten uns kennengelernt, als ich gerade neunzehn war. Jetzt, fünfzehn Jahre später, stand ich nicht mehr vor Aufbrüchen, sondern Abbrüchen. Ich war allein, mit meiner Wut, meiner Enttäuschung, meiner Scham. Ich leugnete die Trennung wochenlang, versuchte sie vor den anderen geheim zu halten. Ich weigerte mich anzuerkennen, was alle in unserer Umgebung längst wussten: Unsere Ehe war gescheitert. Ich schämte mich: vor meiner Familie. Meinen Freunden. Meiner Brüderschaft. Diakone heiraten aus Liebe, leben ein Leben lang vorbildlich ihre Beziehung und trennen sich nie. So dachte und hoffte ich. Und ich haderte: Auf was sollte ich noch vertrauen?

Fahrt mit Gott, aber fahrt!

Ich bin leidenschaftlicher Biker. Motorradfahrern war bis dahin immer der Moment gewesen, wo ich ganz für mich alleine sein kann, völlige Freiheit genieße und wieder klar werde im Kopf. Was unter meinem Helm passiert auf diesen Fahrten, bleibt unter meinem Helm. Hier konnte ich bis dahin immer alles denken, Absurdes und auch Gefährliches. Aber es passierte nicht oft – weil die Konzentration auf das Fahren so stark ist.

Das ist die eigentliche Freude am Motorradfahren: Du musst zunächst erst einmal alles hinter Dir lassen, was Dich beschäftigt, blockiert und neue Ideen und Gedanken verhindert. Motorradfahren pustet bei mir die dunklen Wolken weg. Die Gedanken werden wieder klar und scharf. Und meist kommt nach so einer Fahrt dann auch Neues in meinen Sinn und ich lasse Altes hinter mir, so wie die abgefahrenen Kilometer meines Wegs. Motorradfahren ist Abschalten und Sich-wieder-Finden auf höchstem Niveau.

Damals allerdings, nach meiner Trennung, kam ich selbst bei stundenlangen Fahrten nicht mehr in diesen beruhigenden, alles erfassenden Flow. Zuviel Geliebtes hatte sich abgewendet. Zuviel Vertrautes war zerbrochen. Neues, ein Ziel, das ich hätte anstreben können, zeigte sich nicht. Aufzustehen und im Leben weiter zu gehen war mir unmöglich. In meinem ganzen Leben fehlte plötzlich Mut, Vertrauen und Sinn. Und dann ging mir den ganzen Tag nicht mehr diese Melodie und dieser Text aus dem Kopf: »Der Geschmack der Liebe ist süß, wenn sich Herzen wie unsere treffen. Ich verfiel Dir wie ein Kind, oh, aber das Feuer schlug hoch. Liebe ist ein brennendes Ding, und sie bildet 'nen feurigen Ring. Einen Ring aus Feuer.« Auch Seelsorger sind eben manchmal mühselig und beladen, Bedürftige, die Hilfe suchen. Und mit Glück hast Du dann Brüderdiakone und Freunde, die Dich auffangen. Deine

Gemeinschaft – die Brüderschaft. Jetzt war es sehr wichtig für mich zu wissen, dass es Menschen gab, von denen ich wusste, dass sie für mich beten. Die innere Stärkung, die ich allein aus diesem Wissen spürte, nicht völlig verlassen zu sein, zeigte mir, wie lebensrettend Gemeinschaft ist und dass auch Gebete einfach hilfreich sind. Auf welche Weise sie auch immer wirken mögen – das kann sich jeder selbst aussuchen und kann mir doch völlig egal sein: Ich habe für mich den Beweis, denn ich habe erlebt, wie stark Gebete sind. Das Zweite, was definitiv genauso stark hilft, ist eine intakte Gemeinschaft. Familie, Freunde, Deine Gemeinde, soziale Einbindung. Einer meiner besten Kumpels, die für mich gebetet haben in dieser Zeit, hatte mich eines Samstagmorgens zur Aufmunterung zu sich nach Hause zum Frühstück eingeladen. Es war kurz vor Ostern und eigentlich viel zu kalt zum Motorradfahren. Weil es so kalt war, suchte ich in meinem sich auflösenden Haushalt nach einer langen, alten Unterhose, Marke »Alm-Öhi« – ich wusste, ich hatte noch irgendwo eine. Sie war mindestens fünfzehn Jahre alt und hatte einige Löcher an entscheidenden Stellen – aber was soll's, dachte ich bitter, die würde eh keine Frau zu Gesicht bekommen, und als Schutz gegen die Kälte des Fahrtwindes würde sie allemal noch genügen. Ich zog die Hose an, es machte »Puff« – und der Gummizug der Unterhose löste sich in einer Staubwolke auf. Weil die Zeit drängte, fackelte ich nicht lange und machte einen Knoten in den Bund, damit sie nicht mehr herunterrutschen konnte, und fuhr zu meinem Kumpel. Als ich geknickt am Küchentisch saß, stellte seine Frau fest, dass der Kaffee alle war. Mein Freund Uli sah mich prüfend an, sah meinen armseligen Zustand, schnappte seine Bikerklamotten und zwinkerte seiner Frau zu: »Schatz, wir fahren mal eben Kaffee holen!« Sie spannte sofort, worum es ging, es gab nichts, was ich hätte verbergen können, und sagte »Fahrt mit Gott, aber fahrt!« Einige Stunden später nach einem Höllentrip über den Brenner saßen wir in der Sonne am Gardasee und haben einen Doppio Macchiato eingeworfen. Die Unterhose hielt, was der Knoten versprach, und erst als wir nach einem langen Tag abends in einer Pension einkehrten, kam sie wieder zum Vorschein. Mein Kumpel Uli sagte später, es hätte ihn nachhaltig traumatisiert, mich wie einen schmutzigen Cowboy aus dem Italo-Western »Spiel mir das Lied vom Tod«, mit durchgeschwitzten Haaren in dieser petrolfarbenen, wie von Kugeln durchsiebten Unterhose zu sehen. An diesem Abend sind wir noch zusammen in den örtlichen Saloon und ich habe – wirklich zum ersten Mal in meinem Leben – einen Grappa getrunken, wenn auch nur einen halben, um dann deutlich beschwingt ins Bett und tiefen Schlaf zu fallen. Diese Männertour hat uns beiden derartig gut getan, dass wir fortan keinen wirklichen Grund brauchten, um uns mal für einen Roadtripp loszueisen. Unser Code ist »Wir müssen Kaffee kaufen – der Espresso ist alle!« Ulis Frau nickt, lächelt milde, und wenn wir am Sonntagabend zurückkommen, steht dann wirklich frischer Espresso auf dem Küchentisch, nebst Amerettini und Cantuccini. Mit dem Motorrad unterwegs sein, ist und bleibt für mich eine Erlösung, auch wenn diese Therapie in meinem Zustand damals nur kurzzeitig wirkte.

Und Motorradfahren ist für mich wie Beten – eine Andacht, Gottesdienst. Nirgendwo anders als beim Motorradfahren fühle ich mich meinem Schöpfer so nah, spüre ich so direkt, wie endlich und verletzlich unser Leben doch ist und wie stark wir Vertrauen brauchen, damit wir uns aufgehoben fühlen und das Geschenk des Lebens annehmen können – anstatt es sinnlos zu verschwenden. In Oberbayern kannst Du beim Motorradfahren viel beten. Überall sind Wegkreuze aufgestellt mit dem Herrn Jesus. Ich nicke ihm dann wie selbstverständlich jedes Mal zu und bete darum, dass ich heil nach Hause komme. Das mache ich tatsächlich rituell bei jedem Kreuz, das an mir vorbeifliegt. Ich danke für alles, dass ich da bin und diesen schönen Tag erleben darf. Dass ich nicht mitten im Leben schon tot bin wie so viele, die mir täglich begegnen – sondern dass ich mich spüre, fühle, wie das Leben in mir pulsiert, dass ich Träume habe und ein Ziel, für das es sich lohnt, jeden Morgen aufzustehen. Wegkreuze erzählen Geschichten, die man nur richtig zu lesen verstehen muss. Diese Kreuze scheint jemand nur für mich aufgestellt zu haben. Sie sagen: Denk mal! Gott ist immer dabei. Ist derjenige, der mich schützt und den Sand aus der Kurve kehrt, in die ich mich gerade lege. Meine Verantwortung ist, dass ich das nicht schamlos ausnutze und mit vollem Risiko und mit Tempo hundertdreißig hineinfahre – sondern vielleicht nur mit heruntergeschalteten 90 –, statt mich waagerecht in die Kurve zu legen, mit dem Knie auf dem Mittelstreifen und einem Halleluja auf den Lippen. Ich bin nicht die Marionette, bei der Gott eines Tages die Fäden abschneidet und das war es dann. Es gibt kein fertiges Drehbuch »Reverend Ray Fox«, keine Vorherbestimmung. Mein Leben ist ein Geschenk, und in diesem Sinne muss und will ich es achten, selbstverantwortlich führen und gestalten. Ob Gott unsere Taten sieht? Daran glaube ich.

Viele Menschen nehmen heute diese Wegkreuze gar nicht mehr wahr, sie gehören zur bayerischen Folklore. Vergessen ist, wie viel Mühe, Kraft und Kosten die Erbauer oft aufgewendet haben – in den Bau und den Erhalt ihrer Bildstöcke, von denen viele sehr schöne über Seelen-Rettungen oder auch tragische Geschichten, über Schicksale erzählen könnten, die Anlass für ihre Errichtung gewesen sind. Die Bildstöcke waren früher ein Ort der Andacht, der Dankbarkeit, der Trauer und des Gebets – manchmal auch geheimnisumwittert und wegen des mit ihnen verbundenen Grauens gemieden – aber immer ein Zeichen der überall greifbaren tiefen Frömmigkeit. So hatte ich immer darüber gedacht und gebetet. In den dunklen Tagen meiner Trennung war damals alles anders. Damals sah ich auf meinen Touren nur noch die weißen Kreuze am Straßenrand, nur noch die Dramen, die Verkehrstoten, an die sie erinnern sollten, die Verzweiflung der Angehörigen, die an diesen Stellen einen geliebten Menschen verloren hatten, und nicht mehr das Zeichen der Hoffnung, der Erlösung, den Trost der Auferstehung. Und mir fiel ein, dass das Bayerische Wort »Marterl« vielleicht von der Marter, der Folter und dem Schmerz kommt. Ich sah, wie stark die Witterung viele der Kreuze und Inschriften verblassen ließ, weil niemand es noch für wert befand, sie zu erhalten. Die meisten Geschichten lebendigen Glaubens würden bald völlig in Vergessenheit geraten, wie so vieles ihren Sinn verlieren. Ich dachte daran, wie schnell sie mich vergessen würde, in ihrem neuen, glänzenden Leben im Vorstand einer Pharmafirma, in dem sie nun Stufe für Stufe weiter die Karriereleiter hinaufsteigen würde. Wie wahr ist doch der Spruch: Wirklich tot bist Du erst, wenn niemand mehr an Dich denkt. Sie hatte mich wohl schon vergessen. Ich aber konnte nicht vergessen, sondern drehte mich wie auf einem Karussell immer und immer wieder um denselben Gedanken: Warum?

777: Reverend Ray Fox

Das waren die Gedanken, die mir nicht aus dem Kopf gingen, selbst beim Motorradfahren nicht. In jeder freien Minute flog ich jetzt über die Straßen, um mich abzulenken. Auf meiner BMW R100R, die ich mit großer Hilfe meines Freundes Manfred umgebaut habe zu einem Bobber, der mit meinem Pinstriping auf dem Tank versehen ist. Flach, reduziert und mit breitem Vorderreifen – so kamen die frühen US-Custombikes daher, die in den 40er- und 50er-Jahren in Hinterhöfen entstanden.

Ich habe mich schon sehr früh passend zu meinem Musikgeschmack für diese amerikanische Art Motorräder interessiert. Ihre Form war aus der Not des Geldmangels geboren. Oft war die Basis ein ausgemustertes Militärbike aus dem Zweiten Weltkrieg, das man möglichst billig in Betrieb halten sowie auf simple Weise und dem Vorbild europäischer Motorräder oder sportlicher Hillclimber entsprechend leichter, schneller und individueller aufpeppen wollte. Aus dem Mangel wurde die Tugend der Reduktion. Zu diesem Zweck montierte man diverse vermeintlich unwichtige Teile wie etwa den Frontfender ab, stutzte einige andere auf das Notwendigste zusammen und »tunte« den Motor. Herumschrauben, Motoren auseinandernehmen und wieder gesäubert und geölt zusammenfügen, Bikes so verändern, bis sie eine neue Form und etwas Besonderes darstellen, ist seit jeher mein ZEN – genauso wie die Kunst des gepflegten Motorradfahrens. Etwas in seine kleinsten Einzelteile zu zerlegen, Kaputtes zu reparieren ist meine Art, Funktion und Zusammenhänge zu verstehen. Und wenn Du Deine Maschine bis zur letzten Schraube kennst, fährst Du bewusster und sicherer. Du hörst jeden Muckser, jede Unregelmäßigkeit, bevor ein Schaden eintritt. Du steigst ab, pflegst und reparierst dein Baby. Das ist wie das tägliche Gebet. Dass mein Bike funktioniert, ist auf meinen langen Fahrten meine Lebensversicherung. Mein Motorrad ist ein Teil von mir. Individuell. Ehrlich. Einfach. Auf das Wesentliche und Notwendige reduziert.

Ich habe in meiner Zeit als Jugenddiakon in Fürstenfeldbruck, zusammen mit meinem Freund Helgo, regelmäßig einen Motorrad-Gottesdienst veranstaltet. Zwar nur einmal im Jahr – aber an diesem Tag hatten wir »die Bude« voll. Meine Erfahrung ist, wenn wir es schaffen, Sonderveranstaltungen zu kreieren, welche die Menschen berühren – dann finden sie auch in die Kirche zurück.

Und Motorradfahren berührt. Schafft Gemeinschaft.

Deshalb fahre ich auch regelmäßig auf Treffen und Ausfahrten. Bei diesen Biker- und Oldtimertreffen, an denen ich immer wieder teilnehme, bin ich ganz selbstverständlich auch als Diakon unterwegs. Das bringt so ein öffentliches Amt einfach mit sich. Wirklich privat bist du nie.

»Reverend Ray Fox« steht auf dem Rücken meiner Motorradjacke, auf meinem Helm und dem Tank meiner Maschine, hier zusätzlich umkränzt von drei Mal der Ziffer Sieben und auf dem Helm ergänzt mit einem großen Kreuz, denn Gott fährt bei mir immer mit und möge meine Wege immer zum Guten leiten. Wo andere einen gelben Reflektor an der Radnabe haben, hängt bei mir der gekreuzigte Jesus. Alles dreht sich um ihn. Ich verstecke mich nicht. Weil ich mich für meinen Glauben nicht zu schämen habe. Ich mache meinen Glauben deutlich für jeden sichtbar. Das ist bei den Bikertreffen immer ein Gesprächsthema. Und genau das möchte ich: über meinen Glauben mit möglichst vielen anderen Menschen reden. Mitten unter ihnen zu sein, ist mein Auftrag. Ich mache das aus innerer Begeisterung. Nicht aus Eitelkeit, um etwas Besonderes zu sein, sondern weil ich als Christ immer irgendwie auf Mission bin, um meine Begeisterung für die Frohe Botschaft weiterzutragen. Direkt beauftragt vom »Juniorchef«: »Darum gehet hin ...«. Was für ein Schatz ist es, den wir Menschen da an Weisheit haben und seit zweitausend Jahren von Generation zu Generation weitererzählen? Ich bin einer, der diese Geschichte in sich trägt, sie gerade jungen Menschen vorleben kann, inspirieren will, diese Botschaft zu verstehen, sie selbst zu erleben, sie nicht als unzeitgemäß abzutun oder gar lächerlich zu machen – sondern ihre Bedeutung und den Nutzen für sich selbst zu erkennen und dieses Wissen anderen weiter zu schenken, damit sie es wieder weiter tragen. Die unendliche Geschichte von Glaube. Liebe. Hoffnung. Und deshalb bin ich mit Leib und Seele: der Diakon. Ich versuche, vorbildlich so zu leben, dass man mich fragt, welchen Glauben hast Du? Ich bin mir sehr bewusst darüber, dass ich als sein Diener die einzige Bibel bin, in der die Menschen noch lesen.

Meine Name in der Szene, »Reverend Ray Fox«, entwickelte sich über Jahre aus den verschiedenen Spitznamen meiner jeweiligen Kumpels zu einer Art Markenzeichen. In der Jugend- und Schulzeit war ich für meine Mitschüler einfach fränkisch-amerikanisiert der »Fox«. Durch meine Ausbildung zum Diakon nannten mich meine Motorradfreunde sehr schnell »The Reverend«. Und der »Ray« kommt einfach daher, weil kein amerikanisch sprechender Mensch den Namen »Rainer« richtig aussprechen kann – wobei »Ray« dagegen völlig unkompliziert über die Lippen perlt –, woraus sich zusammengesetzt dann im Laufe der Jahre »Reverend Ray Fox« entwickelte, auch wegen meiner Musik-Vorliebe für Bikes, Johnny Cash, Rockabilly und Rock'n'Roll sowie die amerikanische Kultur der Fiftys. So wurde völlig unbeabsichtigt aus dem Diakon Rainer Fuchs mit den Jahren der »Reverend Ray Fox«, meine persönliche Note, ein Ehrentitel, mit der ich in der Szene bekannt bin.

Genau wie mein Spitzname ist mein Motorrad ein Zeichen meiner Lebenskultur. Die drei Siebener auf meinem Helm und der Startnummer unter dem Sitz meiner Maschine sind keine Esoterik, nichts Heidnisches – dreimal die Sieben steht für die Vollkommenheit. Dreimal die Sieben soll mich erinnern an die sieben Tage der Schöpfung, die sieben Werke der Barmherzigkeit, die sieben fetten und die sieben dürren Jahre, in denen ich mich jetzt offenbar gerade wiederfand. Sieben gilt als die vollkommene, die perfekte Zahl. Drei Siebener – das sind für mich deshalb die Zahlen des Herrn. Sie sind meine Entgegnung zu der Symbolik »schwarzer« Motorradfreude, bei denen 666 auf die Kutten genäht wird, was für »The number of the Beast«, also den

Teufel steht. Die 666 ist ein Symbol, das sich überall im Rock'n'Roll wiederfindet; über den heißt es ja auch, es sei die Musik des Teufels. Gott kennt keine No-Go-Areas, man kann ihn überall finden.

Dreimal die »Lucky Seven« steht übrigens auch für die Glückszahl am Spielautomaten, mit der man in Las Vegas den Jackpot abräumen kann – ein bisschen Aberglauben ist schon auch dabei, ohne den komme ich als Motorradfahrer dann doch nicht ganz aus. Über die 777 meines Bikes stolpert der eine oder andere – sie fragen, und schon bin ich mit den Motorradfreunden wieder im Gespräch. Und unter der Tafel mit der 777 steht noch etwas, das mir sehr wichtig ist und das alle Missdeutungen der 777 aufhebt: »Soli Deo Gloria« – Gott allein die Ehre!

Die Reformatoren wehrten sich gegen die Lehre der römisch-katholischen Kirche, dass der Mensch nicht nur Christus, sondern andere Mittler braucht, um die Gnade Gottes zu empfangen. Das wären die Jungfrau Maria und die Heiligen, die für ihn durch ihre Gebete ein gutes Wort bei Gott einlegen können, und später auch einige Vertreter des Klerus, die vorgaukelten, Ablassbriefe wären der richtige Weg zu Gott – ein Missbrauch, der auch zur heute anhaltenden Spaltung der Christen führte. »Soli Deo Gloria« – weil Gott allein uns Erlösung bringt, gehört die ganze Ehre nur ihm allein, woraus sich die vier anderen zentralen Glaubenssätze der Reformationsbewegung entwickelten:

Sola fide –
allein durch den Glauben werden wir gerecht vor Gott

Sola gratia –
allein durch das Geschenk der Gnade finden wir zu Gott

Sola scriptura –
allein die Schrift brauchen wir für unseren Glauben

Solus Christus – nur durch Christus finden wir zu Gott

Gott geht unter die Haut

Solus Christus – genau diesen lateinischen Schriftzug tackert mir der Tattoomeister gerade mitten über meinem Herzen in die Brust. Die anderen Soli würden folgen und die Lutherrose später umkränzen. Bei den Schriften muss er besonders genau arbeiten. Bloß nicht verschreiben. Genauso akkurat wie der Pinstriper am Tank meines Bikes es getan hat. Da darf nichts verlaufen, die Konturen müssen sich scharf absetzen und der Schwung der Buchstaben muss so perfekt sein, wie ein Kalligraph sie in den Klöstern des Mittelalters über das Pergament gezogen hat, nur dass das Pergament hier meine Haut ist. Leben ist wie Tätowieren. Zeichen aus Erinnerungen, dunkle, leuchtende Farben im Wechselspiel, die sich tief in deine Seele schreiben. Leben tut unterschiedlich weh. Tätowieren tut unterschiedlich weh. Je nachdem, an welchen Themen gearbeitet wird, an welchen Stellen und wie tief die Nadeln stechen – und wie viele stechen. Es gibt die kleinen. Für die zarten Linien. Die megabreiten mit bis zu 36 Nadeln für die Flächen. Wie bei einem Maler, der dünne und dicke Pinsel nutzt. Und wie im richtigen Leben alles ohne Betäubung. Einmalig. Nicht wiederholbar. Eine Entscheidung für das ganze Leben. So wie das Tattoo deine Haut mit deinem Leben beschreibt, mit dem Extrakt deiner Vorstellungen, Ideen und Träume, tätowiert sich das Leben unabänderlich in den großen, schmerzenden und jubelnden Gefühlen, die dich bewegen, erschüttern und verändern, tief in deine Seele ein.

Tattoos sind deine Archive, Statements deines gelebten oder vertanen Lebens. Statements, die dich geprägt haben und dein weiteres Handeln prägen sollen. Denn du zeigst dich. Setzt diese Zeichen. Damit es alle sehen. Und alle wissen, wer du bist und was deine Haltung ist.

Was ich damit nach außen offensiv zeige, ist sehr wichtiger Teil meiner Berufung und meiner Mission als Christ, sichtbar zu sein und in meine Umgebung diakonisch hineinzuwirken. Über das den Tod Hinausweisende zu sprechen, Trost zu spenden, spirituelle Begleitung anzubieten in Zeiten, wo jemand Trost und Beistand benötigt, das ist ja die eigentliche Berufung, die uns ausmacht. Dazu gehört für mich auch die Auferstehung – in meinen Tattoos sichtbar mit dem Grab und der Schaufel als Symbol des Todes und der Lilie als Signal der Hoffnung – aus den sieben Werken der Barmherzigkeit, der besten und kürzesten Prioritätenliste der Welt für menschliches Miteinander. Dazu drei starke Archetypen aus der Tierwelt als Symbol für die Evangelisten: Der Stier steht für Lukas. Der Löwe steht für Markus, der Adler steht für Johannes – der menschengleiche Engel ist Matthäus. Die Zahl vier wurde seit dem frühen Christentum als Zahl der Weltordnung betrachte: vier Himmelsrichtungen, vier Winde, vier Temperamente, vier Jahreszeiten, vier Säulen der Kirche und vieles mehr.

Und dazu gehört auch die die Vierzahl der Evangelisten, die als Symbole für die vier bedeutsamen Stationen im Leben Christi um den Gekreuzigten gruppiert wurden. In diesem Bild äussert sich wiederum der theologische Gedanke der »Evangelienharmonie«, also der Einheit der vier Evangelien in Christus. Der auf Matthäus bezogene Mensch am unteren Kreuzende verweist auf das erste große Ereignis, die Inkarnation (Menschwerdung) Christi. Der Stier am rechten Balken ist im jüdischen Glauben ein wichtiges Opfertier und wird gedanklich mit dem Opfertod Christi in Verbindung gesetzt. Der Löwe auf der linken Seite ist dank seiner Stärke und Macht zum Sinnbild für den auferstandenen und siegreichen Christus geworden. Der Adler am oberen Ende gehört mit seiner großen Spannweite zu den majestätischen Symbolen der Liebe Gottes und des Himmelreiches, in das Christus aufgenommen wird; dort erscheint noch zusätzlich die segnende Hand Gottes.

Auch in der Offenbarung des Johannes spielt die Zahl vier eine große Rolle (Offb 4,6–8) – und das alles habe ich mir lange überlegt, durchmeditiert, durchgebetet … Die Idee, meinen Körper zu einem visualisierten Glaubensbekenntnis zu machen, und die Art der Ausgestaltung kam von mir. Die Darstellungen folgen klassischen Vorlagen, wie wir sie an den alten Kirchenportalen, in Bildhauerkunstwerken oder geschnitzt in den Kanzeln und Altären finden. Ich wollte wirklich etwas Besonders. Etwas, das ich nicht verstecken muss. Und vor allem etwas, das ich nicht wirklich verstecken kann. Trotzdem war ich bis zu meinem 33. Lebensjahr ein sogenannter »Reinhäuter«, und am Anfang war ich noch sehr zurückhaltend. Als ich mir dann der Wirkung bewusst wurde, die mein Glaubensbekenntnis auf mich hatte, habe ich freier gedacht und es ging in die Fläche – aber mit Tabus: nicht an den Händen, nicht am Hals und nicht im Gesicht tätowiert. Und ich kann mit einem langärmeligen, hochgeschlossenen Hemd und einer langen Hose alles bedecken, was mehr Fragen auslösen würde, als ich in der Kürze der Zeit beantworten könnte. Bei Trauerfeiern ist das manchmal besser, bei Hochzeiten, bei Taufen. Viele schrecken Tattoos immer noch ab – darauf muss und will ich gerne Rücksicht nehmen. Das gehört sich so, schließlich bin ich für die Menschen da und diene deren Bedürfnissen, nicht umgekehrt. Wenn es passt, nutze ich sie aber auch als »Bildtafeln« der modernen Zeit, nicht nur für religiöse Analphabeten.

Bin ich privat unterwegs, sei es im Freibad oder am Strand, spüre ich hingegen noch mehr: Ich falle auf. Meine Tätowierungen sind genauso wenig zu übersehen wie mein massiger Körper, der sie trägt. Man sieht mich und hat im ersten Augenblick natürlich eine ganz andere Idee, wer ich sein soll. Das ist wie beim heiteren Berufe-Raten. Die Menschen stellen die verrücktesten Vermutungen an: Musiker. Rocker. Handwerker. Oder gar Tätowierer. In Giesing gefällt den Leuten natürlich besonders der Löwe auf meinem Arm, und Fußballfans sagen: »Ha, der ist Sechziger. Einer von uns.« Bis ich ihnen sage, dass ich als Franke »Clubberer« bin und was meine wirkliche Berufung ist. Und die Leute staunen: Wie, Du bist Diakon und tätowiert? Gerade deshalb erkläre ich ihnen gerne meine Tattoos. Noch viel unterhaltsamer ist es, wenn ich mich mit meinen weltlichen Freunden treffe und jemand Neues kommt dazu. Derselbe Effekt – nur dass meine Kumpels einen Heidenspaß daran haben, Irrtum, Staunen, Unglauben und Erkenntnis des Neulings – und zwar in genau dieser Reihenfolge – miterleben zu können. Ich lasse keine Sekunde einen Zweifel zu. Meine Tattoos sind kein modischer Gag, sondern allesamt tiefe Zeugnisse meines Glaubens. »Bei Dir geht Gott unter die Haut«, hat mal einer erstaunt gerufen; und ja, genauso so ist das: Gott geht unter die Haut. Was ich da gemacht habe, oder besser meine Tätowierer, die wirklich sehr gute Handwerker & Künstler sind, ist schon ein krasses Statement. Und es ist Teil meines Selbst: das Bekenntnis meines Glaubens.

Die Eingebung

Gott geht unter die Haut. Die Tätowiermaschine kreiste jetzt wieder über meinem Herzen. Füllte das Kreuz auf dem rotem Grund mit tiefem Schwarz, brannte unauslöschlich unter meine Haut den Kelch der weißen, fünfblättrigen Rose, in der Form eines bebenden Herzens. Sie meißelte sich weiter mit tausendfachen Stichen unter meine verkrustete Haut. »In Eurer Ehe möge es keinen Tag geben, an dem ihr sagen müsst: damals haben wir uns geliebt, doch heute ist die Liebe gestorben«, hieß es in unserem Hochzeitssegen damals. Und weiter: »Kein Tag möge sein, an dem Ihr sagt: Ich bin allein, du bist mir fremd! Ihr möget einander Gutes tun, einander trösten und verzeihen. Eure Liebe bleibe phantasievoll und lebendig, und eure Sehnsüchte mögen sich erfüllen. Eure Ehe bleibe spannend und Ihr möget alle Spannungen aushalten. Eure Ehe bleibe glücklich, indem Ihr Eurer Treue traut, Euch in der Treue Gottes aufgehoben wisst. Dann wird für Euch und für andere Eure Ehe ein Zeichen der Hoffnung und des Mutes. Gottes Liebe möge in Eurer Liebe greifbar und spürbar werden, denn Gott will in uns sichtbar werden. Gott schenkt Euch seine Liebe, darauf könnt ihr Euch verlassen! Lebenslang! Und aus diesem Geschenk könnt ihr Euch selber lieben! Und wenn Ihr Euch dann selbst liebt, dann könnt Ihr auch den Anderen lieben! Und diese Liebe zwischen Euch soll brennen, lodern, flackern. Ihr sollt das Feuer der Liebe am Brennen halten.« Wie oft habe ich diesen »Ring of Fire«-Segen später als Diakon in voller Begeisterung über die Erinnerung an den Tag meiner eigenen Hochzeit anderen Hochzeitspaaren weiter gespendet. Und wie oft folgte diesem Segen ein genauso großer Moment der Innigkeit, des Sich-tief-in-die-Augen-Schauens, des Eins-Seins – des Sich-schenken-Wollens. Genauso, wie es bei mir und auch bei ihr geschehen war. In warmen Wellen liefen diese Erinnerungen unendlicher Liebe wieder durch meinen ganzen

Körper, und der Verlustschmerz trieb mir die Tränen in die Augen: »I fell into a burnin' ring of fire I went down, down, down And the flames went higher And it burns, burns, burns The ring of fire, the ring of fire ...«

Für eine Sekunde war es still geworden. Der Meister hatte die Maschine gestoppt, als hätte er genau gespürt, was bei mir ablief in diesem Moment der Erinnerung. Vielleicht hatte er auch nur bemerkt, wie meine Augen feucht wurden. Aber ich sah kein Mitleid in seinem Gesicht. Mein Tätowierer Mike bleibt in solchen Momenten gelassen. Schmerz gehört beim Tätowieren dazu. Er hatte nur kurz gezögert. Dann setzte er neu an. Und wieder bohrten sich Millionen Pfeile dicht über meinem Herzen unter die Haut. Und der innere Schmerz der Erinnerung und der brennende Schmerz der Stiche multiplizierten sich. Schmerz ist ein Ausrufezeichen an Dich, dass etwas nicht stimmt mit Dir, mit Deinem Körper. Mit Deiner Seele. Damit Du schaust, wo es wehtut und was Du ändern musst an deiner Haltung, deiner Lage, deinem Tun. Erst hörst Du das Sirren. Du weißt, was gleich kommen wird, und spannst Dich schon an, machst Dich instinktiv bereit zum Sprung. Schmerz ist der Kern jeder Erinnerung. Selbst wenn sie noch so schön war, kann es so wehtun, dass es Dir vor Wehmut die Tränen in die Augen treibt; denn es ist vorbei und die Erinnerung ist die Erinnerung an das, was Du unwiederbringlich verloren hast. Schmerz setzt den direkten Impuls in Dir frei, ohne nachzudenken aufzuspringen und zu fliehen wie ein Reh. Schnell, so schnell es geht, weit, weit weg aus der Gefahr.

Ich aber konnte nicht fliehen. Hier nicht. Und auch nicht vor meiner Situation. Schmerz lügt nicht. Und ich hatte mich zu lange angelogen. Mich selbst betrogen, versucht, den Schmerz zu ignorieren. Zu leugnen, was längst geschehen war: Trennung. Meine Ehe sollte halten, bis dass der Tod uns scheidet. Mein Eheversprechen hatte ich voll innerer Überzeugung abgelegt. Was für ein helles, warmes Licht hatte da lange Jahre in mir gebrannt und mir gezeigt, dass alles mehr ist als nur diese zweitausend Jahre alten Geschichten aus dem großen schwarzen Buch. Dass es seine bedingungslose Liebe wirklich gibt.

Wie sehr hatte ich mich diesem Gefühl hingegeben, und wie überwältigend hatte mich der Glaube daran durch mein Leben getragen. Und vor welchem Abgrund stand ich nun. Unendliche Leere nach all der unendlichen Fülle. Waren meine Ziele, meine Werte, meine Ideale und mein Glaube an die alles umfassende Liebe Gottes einfach ein blöder Irrtum gewesen? War ich mein Leben lang einem Trugbild aufgesessen? Hatte ich Jahrzehnte in die absolute Leere gesprochen? Jetzt schien mir, dass es keine Einheit gibt, sondern wir Menschen doch nur Inseln sind, jede getrennt von mächtigen Ozeanen, unfähig, wirklich zueinander zu kommen. Waren wir Un-Menschen: Unbeständig. Unzuverlässig. Unverantwortlich. Unanständig. Unkalkulierbar. Unfair. Unsachlich. Unnachgiebig. Unwahrhaftig. Unehrlich. Unnachsichtig. Unlauter. Unbarmherzig. Undankbar. Unverbesserlich. Unchristlich. – Unmenschlich? Jedes Unwort war ein Nadelstich. Jeder Nadelstich Schmerz.

Was mich außerdem quälte: Wir sollen als Diakone doch anderen Vorbilder sein. Jetzt müsste ich allen sagen, dass meine Ehe gescheitert war. Ich schämte mich, schämte mich vor meinen Eltern, vor meinen Mitbrüdern, vor meiner Gemeinde. Ich schämte mich vor mir selbst. Und vor Gott. Am meisten Angst aber hatte ich seltsamerweise vor der Reaktion meines Großvaters, der sein ganzes Leben gemeinsam mit seiner Frau durch Dick und Dünn gegangen war.

Mike arbeitete unverdrossen weiter, als könne er lesen, was in mir vorging. Wenn er aber der Meinung war, dass es besser für mich wäre, wenn ich das Erlebte selbst mit mir ausmachte, schwieg er und ließ die Maschine über meinen Brustkorb tanzen. Ich lag offen da. Ich wehrte mich nicht mehr. Ich ließ mich fallen in eine Reise durch die Zeit, zurück zu dem Moment, als ich unseren Haushalt aufgelöst und dabei ihr Fotoalbum gefunden hatte, das sie mir mal zu Weihnachten geschenkt hatte. Damals, als noch Liebe da war im Überfluss für uns beide, schrieb sie als Titel darauf: »Komm mit auf eine Reise durch die Zeit.« Es war eine Zusammenfassung unserer Urlaubsreisen, nur fröhliche Gesichter. Das war die Initialzündung. Erinnerungen kamen. Rasend schnell. Und dann verlangsamte sich der Fall. Und dann wurde es plötzlich ganz still. Ich schwebte wie durch kristallklares Wasser mit weit ausgebreiteten Armen liegend auf den Grund blickend eines sonnendurchfluteten Meeres. Tauchen – Tauchen ist neben Motorradfahren meine zweite große Leidenschaft, allein schon wegen meines schweren Körpers, mit dem ich unter Wasser wie schwerelos fliegen kann. Unter Wasser bin ich leicht. Ist es still. Ungeheurer Friede war in mir. Jetzt, ausgerechnet unter der Tätowiernadel, war er wieder da, dieser Zustand der Schwebe, in der Du alles spürst, alles siehst, alles weißt, Zukunft, Vergangenheit und Gegenwart, und alles auf einmal. Wie beim Motorradfahren, wenn Du Dich zu scharf in die Kurve legst, ein anderes Fahrzeug entgegenkommt, viel zu weit in der Mitte der Fahrbahn. Du spürst die Gefahr, bist in der Schwerelosigkeit, die sofort nach einer Richtung verlangt, wo ein winziger Impuls, ein Gegenlenken, ein Druck mit dem Schenkel, eine leichte Verlagerung deines Schwerpunktes über Leben und Tod entscheidet. Du handelst intuitiv. Und du öffnest Dich wieder. Völlig angstfrei. Und dann ist es da, das Urvertrauen, Dein Gottvertrauen. Das war es, wonach ich diese ganze Zeit gesucht hatte. Es war wieder da. Ich tauchte weiter ein in das Meer von Dankbarkeit.

Und plötzlich tauchen sie langsam wieder auf aus dem verronnenen Sand der Zeit und ich stehe wieder vor ihnen wie damals. Dieser Raum mit seinem Rund. Das Licht der Kerzen. Der warme Sandstein. Sieben barfüßige Männer in alten Gewändern aus biblischer Zeit. Sieben Männer mit sieben Aufgaben und sieben Versprechen. Sie sind einfach da. Schweigend. Und doch sagen sie mir soviel. Da war eine ungeheure Vertrautheit und wirkte eine große Anziehung auf mich, wie ich sie noch nie erlebt hatte. Und dann höre ich es wieder. Es ist ein Rufen ohne Worte. Ich stehe vor ihnen, im geistlichen Zentrum meiner Brüderschaft und der Diakoninnengemeinschaft, der Philippuskirche in Rummelsberg, den Blick zu ihnen aufgerichtet, höre ich mich wieder mein Einsegnungsversprechen sagen. So bin ich Teil ihrer Gemeinschaft. Nie wieder werde ich alleine und einsam sein. Wärme durchflutet mein Herz. Mit einer Spur Trauer über die verlorene Zeit und sehr viel Dankbarkeit. Diese Sieben stehen für die sieben Werke der Barmherzigkeit: Kranke heilen. Durstige tränken. Gefangene besuchen. Tote bestatten. Fremde beherbergen. Hungrige speisen. Nackte bekleiden. Sie symbolisieren 2000 Jahre Geschichte der Nächstenliebe in den Gemeinden, wie Markus sie in seinem Evangelium beschreibt. Denn es begab sich zu der Zeit, als die christlichen Urgemeinden immer stärkeren Zulauf erhielten und sich eine Überforderung aufbaute zwischen der spirituellen Verkündigung im Gottesdienst und der Notwendigkeit der Organisation der Gemeinden, um die Bedürfnisse der Gläubigen zu erfüllen. Bald zeigte sich, dass angesichts der zunehmenden Unüberschaubarkeit, wer in der Gemeinde welche Aufgaben übernehmen würde, sich zum ersten Mal die Aufgabe stellte, sich neu zu erfinden und die Arbeiten auf mehrere Schultern zu verteilen.

»Da riefen die Zwölf die Menge der Jünger zusammen und sprachen: Es ist nicht recht, dass wir das Wort Gottes vernachlässigen und zu Tische dienen. Darum, liebe Brüder, seht euch um nach sieben Männern in eurer Mitte, die einen guten Ruf haben und voll Geistes und Weisheit sind, die wollen wir bestellen zu diesem Dienst. Wir aber wollen ganz beim Gebet und beim Dienst des Wortes bleiben. Und die Rede gefiel der ganzen Menge gut; und sie wählten Stephanus, einen Mann voll Glaubens und Heiligen Geistes, und Philippus und Prochorus und Nikanor und Timon und Parmenas und Nikolaus, den Proselyten aus Antiochia. Diese stellten sie vor die Apostel, die beteten und legten ihnen die Hände auf. Und das Wort Gottes breitete sich aus, und die Zahl der Jünger wurde sehr groß in Jerusalem.«

Da sind sie also »aus der Taufe gehoben«, meine ersten sieben Brüder. Die ersten Diakone und nicht nur sie, sondern auch der vierte und letzte Grundvollzug der Kirche: die »Diakonia«, der Dienst am Menschen, am Nächsten, am Geringsten.

Unsere sechsjährige Ausbildung beginnen und beenden wir dort, in der von Diakonen und damals sogenannten Zöglingen selbst erbauten Kirche. Sechs Jahre lang habe ich mir in zahllosen Andachten und Gottesdiensten versprochen, Nächstenliebe tätig vorzuleben. Ein Beispiel zu geben, dass und wie es anders geht. Wir fragen nicht, wer derjenige ist, der unsere Hilfe braucht; wir fragen wie, wo und wann sie gebraucht wird.

Sechs Jahre war ich davorgestanden. Doch zum ersten Mal erfasste ich jetzt in meiner Not die ganze Dimension des Trostes, der in dieser Darstellung der sieben Werke der Barmherzigkeit steckt. Und vor diesem Altarbild hat man mir auch die Hand zum Segen auf den Kopf gelegt und mich berufen, mich eingesegnet ins Amt des Diakons und zum Mitglied der Rummelsberger Brüderschaft, meiner »Dienst-, Lebens- und Sendungsgemeinschaft«.

In jener Nacht damals habe ich beschlossen, ein Zeichen zu setzen und mein Glaubensbekenntnis so unauslöschlich mit mir und meinem Körper zu verbinden, dass ich es nicht noch einmal vergessen würde. So deutlich sollte es sein wie die Neonreklame eines dieser amerikanischen Drive-Ins auf der Route 66. Während die Nadeln mit einem letzten tiefen Stich unter meine Haut fahren und der Schmerz sich auflöst in einer Woge von Wärme, nähert sich Mikes Arbeit an diesem Tag seinem Ende. Er schaut zufrieden auf sein Werk. Noch ist meine Brust so blutig wie die eines Kriegers nach der Schlacht. Alles wird gesäubert. Sorgfältig desinfiziert, eingecremt, um die Reizungen zu minimieren, und ich komme in eine Umhüllung aus Cellophan. Ein paar Tage noch wird es brennen, bis sich die Wunden schließen und sich die Farbe mit meiner Haut vereint hat. Die Lutherrose ist eines meiner großflächigsten Tattoos und sollte mit ihren vier Soli als eines der farbenprächtigsten leuchten.

Sola fide
Sola gratia
Sola sciptura
Solus Christus

Die weiße Rose ist genau das Bild, das ich jeden Morgen sehen will, wenn ich aufstehe. Es ist ein Bild, das ich nie wieder ablegen kann und ablegen will. Es soll mir in seiner ganzen Pracht ins Gesicht springen. Mich wachrütteln. Und jeden anderen, der mich sehen würde, auch.

Als mein Bekenntnis. Als Aufforderung, sich mutig dem Tag zu stellen und nie wieder zu vergessen, wozu ich berufen bin, so wie Luther es in seinen Briefwechseln beschrieben hat:

> »Das erste sollte ein Kreuz sein, schwarz im Herzen, das seine natürliche Farbe hätte, damit ich mir selbst Erinnerung gäbe, dass der Glaube an den Gekreuzigten mich selig macht. Denn so man von Herzen glaubt, wird man gerecht. Solch Herz aber soll mitten in einer weißen Rose stehen, anzeigen, dass der Glaube Freude, Trost und Friede gibt. Darum soll die Rose weiß und nicht rot sein; denn weiße Farbe ist der Geister und aller Engel Farbe. Solche Rose steht im himmelfarbenen Feld, dass solche Freude im Geist und Glauben ein Anfang ist der himmlischen Freude zukünftig. Und um solch Feld einen goldenen Ring, dass solche Seligkeit im Himmel ewig währet und kein Ende hat und auch köstlich ist über alle Freude und Güter, wie das Gold das edelste, köstlichste Erz ist.«
>
> Quelle: WA, Luthers Briefwechsel, 5. Band, S. 444f (Nr. 1628)

Ich habe gelernt, in einer Krise demütig zu bleiben, sie als den natürlichen Prozess eines Wechsels zu sehen und nicht als gegen mich persönlich gerichtete Bösartigkeit. Ich habe gelernt, mich in einer Krise nicht dagegen zu stemmen, sondern in einer Krise das Beste zu tun, was ich kann, nämlich nicht mein Vertrauen zu verlieren und die Kraft der Veränderung ins Positive zu lenken: Werft Euer Vertrauen nicht weg, welches eine große Belohnung hat. Geduld habt Ihr nötig, auf dass Ihr den Willen Gottes tut und das Verheißene empfangt.

Ich habe gelernt, es als Chance zu begreifen, wenn uns die Krisen im Leben so richtig in den Schleudergang werfen, nicht zurückzuschauen, sondern nach vorne. Chancen zu erkennen, statt seinen Niederlagen nachzuhängen. Ich habe dankbar erfahren, dass ich in meiner Krise nicht allein gelassen worden bin von meinen Freunden und Mitbrüdern und wie wichtig Gemeinschaft ist. Und dass ich nie tiefer fallen kann als in Gottes Hand.

Meine Rose ist strahlend weiß, fest umschlossen von einem goldenen Ring vor einer aufgehenden Sonne, ewige Seligkeit auf himmlischem Blau, mit einem roten Herz in der Mitte und seinem Kreuz. Vivit. Er lebt.

Auch wenn die Frage immer wieder mal kommt von Leuten, die meine Tätowierungen bestaunen, verneine ich sie ganz entschieden: Nein, es ging mir nie um die die Schmerzerfahrung in der Passionsnachfolge.

Einst ließen sich Krieger, Seemänner und Verbrecher Tattoos stechen, um ihre Geschichte zu erzählen oder ihre Stellung in der Gesellschaft zu zeigen. Die Körpermarkierung der Ganoven, Seeleute, entlassenen Legionäre, Ex-Häftlinge und Prostituierten wies auf Nächtliches, Anrüchiges, Grenzüberschreitendes hin. Tätowierte waren Gebrandmarkte, Aussätzige, Kriminelle. Jedes ihrer Motive hatte eine feste Bedeutung und seinen Ort am Körper – und war manchmal auch ein Grund, den Träger zu meiden.

Kaum jemand weiß, dass das Tätowieren von Christen während der römischen Verfolgung als besonders demütigende Strafe galt und den Stigmatisierten endgültig aus der Gesellschaft verstoßen sollte. Ein Stigma, das dann später von den Christen selbst, als Zeichen ihrer »spirituellen Unbeugsamkeit«, uminterpretiert und mit Gleichmut, ja mit Stolz hergezeigt – und bald auch von vielen so anerkannt wurde. Die Mutigen haben ihren Glauben in der Zeit der Christenverfolgung nicht versteckt – sondern sichtbar gemacht. In ihrem Handeln – aber auch durch Zeichen. Und das will ich auch mit jedem meiner Tattoos. In den folgenden Jahren entstand, auch wenn es so nicht von Anfang an geplant war, eine Art spirituelles Gesamtkunstwerk aus gut zwanzig christlichen Motiven unter meiner Haut.

Dazu gehören neben der Lutherrose auch die Symbole der »Sieben Werke der Barmherzigkeit«, wie sie das Altarbild meiner Einsegungskirche in Rummelsberg zeigen: die zersprengten Ketten, den Wasserkrug, das Brot, die Laterne zum Heimleuchten Heimatloser, das Gewand, Lilie und Spaten – und die Bibel mit der heilenden Echinacea. Dazu gehören, wie schon erläutert, Symbole für die vier

Evangelisten – Matthäus – Markus – Lukas – Johannes: der Engel, der Löwe, der Stier und der Adler. Auf dem Rücken ist die zweite, die großflächigste Tätowierung, Jesus beim Abendmahl im Gebet versunken. Mein Konfirmationsspruch: »Einer trage des anderen Last« sowie die Symbole für Glaube, Liebe und Hoffnung aus 1 Korinther 13, eine Weltkugel, auf die die Herrlichkeit des Herrn herabscheint, denn sein Wille geschehe im Himmel wie auch auf Erden. Auf meiner Schulter rechts und links – nicht nur der Vollständigkeit wegen, sondern weil wir Menschen auch immer Sünder sind – sitzen ein Teufelchen ganz im Stil von Coop und ein wirklich hübscher blonder Engel, der im Stil der dreißiger Jahre rein zufällig irgendwie an die Erotik einer Marlene Dietrich erinnert und überhaupt nicht zufällig auf meiner linken Schulter, also auf meiner Herzseite sitzt.

Gott geht unter die Haut.

Wichtig für mich ist: Ich bin nur das Bodenpersonal. Soli Deo Gloria! Ehre sei Gott allein.

Im Amt als Diakon bin ich allein im biblischen Auftrag und als Diener unterwegs. Ich kann den Samen ausbringen, wachsen lässt es der Herr selbst. Das entlastet auch manchmal.

Man in Black:
Mitten drin in Giesing

»Ich trage schwarz für die Armen …«. Diese und die folgenden Zeilen aus Johnny Cashs »Man in Black« hätten die Jobbeschreibung sein können, als ich mich 2016 auf die Stelle als Gemeinwesendiakon in der Luther- & Philippuskirche in München-Giesing bewarb. Giesing, das ist einer der sozialen Brennpunkte im reichen München, und das Projekt war eine Art Pilot für eine neue Form der Seelsorge und Gemeinwesendiakonie. Als ich das erste Mal von diesem Experiment hörte, erinnerte mich dieser Ansatz doch genau an jene sieben von ihrer Gemeinschaft berufenen Männer aus der Philippuskirche der diakonischen »Dienst-, Lebens- und Sendungsgemeinschaft« in Rummelsberg, zu denen ich während meiner sechs Jahre Ausbildung aufgeschaut habe, und ihre sieben Versprechen für Barmherzigkeit. Diese Männer sind der in der Bibel verbürgte Beginn des diakonischen Handelns und christlichen Wirkens seit der Antike. Es ist der Gedanke der Aufgabenteilung, in den Gemeinden Freiräume zu schaffen für die spirituelle Verkündigung des Wortes, ohne die praktischen Pflichten in der Gemeinde zu vernachlässigen und nicht allein durch das Wort, sondern auch in der praktischen Ausführung der sieben Werke der Barmherzigkeit zu wirken. Es ist auch die stete Erinnerung an das Leben Jesu Christi: »Denn ich bin hungrig gewesen und ihr habt mir zu essen gegeben. Ich bin durstig gewesen und ihr habt mir zu trinken gegeben. Ich bin ein Fremder gewesen und ihr habt mich aufgenommen. Ich bin nackt gewesen und ihr habt mich gekleidet. Ich bin krank gewesen und ihr habt mich besucht. Ich bin im Gefängnis gewesen und ihr seid zu mir gekommen.« Zu dem letzten der sieben Werke konnte Jesus zu Lebzeiten schwerlich etwas Entsprechendes sagen; aber dem Auferstandenen ist durchaus zuzutrauen, dass er gesagt hätte: »Ich war tot, und ihr habt mich würdig bestattet.« Dienende und tätige Nächstenliebe sichtbar zu leben zum Nutzen der Gemeinschaft aller: Das ist der Anspruch an meine Arbeit als Gemeinwesendiakon. Bedürftigen zu dienen, in der Verrichtung der täglichen Notwendigkeiten Vorbild zu sein, anzupacken, wo sich Lücken auftun, sich uneigennützig in den Dienst der Gemeinschaft zu stellen und damit zu zeigen, wie sehr wir Menschen uns durch Nächstenliebe gegenseitig hilfreich und erst in der Gemeinschaft geborgen sind. Dieser Gedanke wurde seitdem über 2000 Jahre lang wie ein helles Licht durch jede noch so dunkle geschichtliche Finsternis getragen und so bis heute lebendig erhalten. Schon immer haben einzelne Christenmenschen das getan – von der Alten Kirche durch das Mittelalter bis hinein in die Neuzeit. Gib der Barmherzigkeit Dein Gesicht – im 19. Jahrhundert, als die industrielle Revolution die Menschen entwurzelte und in die Städte lockte und das soziale Elend buchstäblich zum Himmel schrie – da hat gerade die evangelische Kirche diesen Appell besonders gehört, überall gründeten sich diakonische Vereine, und aus dieser breiten Bewegung ist schließlich das Diakonische Werk hervorgegangen. Die Zeiten haben sich verändert, das Elend auch, doch die Bedürftigkeit ist geblieben, an manchen Orten sogar gewachsen, und jetzt erst recht gibt die Diakonie der Barmherzigkeit ein Gesicht. Es ist das Gesicht unserer Schwestern der ökumenischen Sozialstation gleich nebenan und das Gesicht der Mitarbeitenden im Hospiz-Verein: Kranke besuchen, Sterbende begleiten und mit den Trauernden zusammen auch Tote bestatten. Es ist das Gesicht unserer Mitarbeiter in der Arbeitslosenberatung und in der Schuldnerberatung, in der Psychologischen Beratungsstelle und im Tagesaufenthalt: Nackte kleiden, Hungrige speisen, Durstige tränken, auch im Sinne des Hungers nach Gerechtigkeit und des Dursts nach Menschenwürde. Und es ist das Gesicht unserer Seelsorgebesuche, das Gesicht der Mitarbeiterinnen und Mitarbeiter in den kirchlichen Kindergärten und den Jugendzentren. Das Gesicht des Alten- und Servicezentrums unseres Diakonievereins im Münchner Süden. Wo immer wir der Barmherzigkeit ein Gesicht geben, begegnet uns in den Bedürftigen Gott selbst – Jesus Christus, der den Elenden sein Gesicht gibt.

Mein Fokus der Aufmerksamkeit in der neuen Ausrichtung der Funktion des Gemeinwesendiakons ist noch konsequenter auf das soziale Umfeld gerichtet. Ohne pastorale Grundaufgaben zu vernachlässigen geht es dieser modernen Form der Gemeindearbeit vordringlich darum, dass einer da ist, der aktiv in ein Stadtviertel hineinwirkt, der Kirche, christliche Werte und Ideen wieder sichtbarer macht. Wir wollen uns nicht länger um uns selbst drehen. Wir wollen Bindung zu Menschen herstellen, die uns verlassen haben, bei denen der Kontakt zu christlichen Werten komplett abgerissen ist, weil niemand mehr da war, diese Werte vorzuleben und zu vermitteln. Wir wollen Menschen erreichen, die sonst nie in Kontakt zu unserer Gemeinde kommen würden. Menschen, die uns im Quartier nicht suchen und auch keinen Sinn darin vermuten würden, uns zu finden. Und wir möchten Menschen kennenlernen und uns ihnen öffnen, die aus anderen Kulturen und Glaubensrichtungen in unserem Viertel eine neue Heimat suchen, weil wir ein Nebeneinander ohne Austausch in Parallelgesellschaften als kritisch für den sozialen Frieden in einem Stadtviertel sehen, das in München mit die höchsten Migrationsraten aufweist. Grundlage ist eine andere, neue Sicht auf das, was Gemeinde ausmacht. Sie begreift Kirche nicht wie früher als alles bestimmenden Mittelpunkt eines Lebensraumes – sondern der Realität entsprechend nur als einen Teil innerhalb des sozialen Gesamtgefüges, in dessen Kontext sie sich bewähren und ihre Bedeutung erst wieder erarbeiten muss. Nicht durch Bekehrung oder Zwänge, sondern durch konkrete Initiativen und Projekte. Menschen sollen sehen, dass Gemeinschaft wirklich gelingen kann.

Für uns als Kirche bedeutet das, präsent zu sein, für unsere Belange aufzutreten und uns nicht länger kleinzureden und zu verstecken. Wir wollen Glauben und Nächstenliebe aktiv vorleben. Uns einmischen, weil wir Teil des Ganzen sind und uns als ein wichtiges, im Verbund mit allen anderen aktiv mitgestaltendes Element im Stadtviertel einbringen. Wir als Gemeinwesendiakone sind »freie Radikale«, Sauerstoffatomen gleich, die mit hoher Bindungsfähigkeit reaktionsschnell Strömungen, Initiativen und Ideen im Umfeld der Gemeinde im Stadtviertel erspüren, mitentwickeln und bei ihrer Umsetzung erfolgreich mitgestalten. Die Politik hat inzwischen keine Idee mehr für ein gesamtgesellschaftliches Ziel. Unsere Idee ist da. Seit 2000 Jahren. Die Frohe Botschaft und die Nächstenliebe. Die Aufgabe aber ist, die Menschen erfahren zu lassen, wie sinnhaft die Umsetzung dieser Botschaft für ihr Leben und das ihrer Mitmenschen sein kann. Dazu muss ich die Menschen kennen, muss ich mit ihnen leben. Ich muss die Stimmungen, Wünsche und Gedanken erspüren, Strömungen aufnehmen, verstehen und sie entsprechend in christliches Handeln und Wirken umsetzen. Nur so kann Verständnis statt Vorurteil entstehen. Gemeinschaft statt Konfrontation. Nächstenliebe statt Gleichgültigkeit. Friede statt Hass.

Wer nicht wagt, hat schon verloren

Unsere Kirchen werden in Deutschland heute nicht mehr durch Kriege zerstört, sondern durch hohe Austrittszahlen, Mutlosigkeit, Erstarrung, fehlende Ideen, mangelnde Strahlkraft, durch Langeweile – und der daraus folgenden fehlenden Akzeptanz bei der Jugend. Die Zahlen dieser Krise sind dramatisch und schmerzlich bekannt. Was sie nur bedingt ausdrücken: Dass zwar immer noch 21 Millionen Menschen offiziell evangelisch sind. Dass aber nur die Wenigsten von ihnen ihre Gemeinde kennen, geschweige denn in den Gottesdienst kommen oder sich einbringen. Das wird sich weiter auswirken auf die heranwachsenden Generationen, denen damit der natürliche Kontakt mit dem Glauben und der Kirche fehlt. Die Studie des »Forschungszentrum Generationenverträge« an der Universität Freiburg fasste das in dramatische Zahlen: Bis zum Jahr 2035 werden die Mitgliederzahlen der beiden großen Kirchen um 22 Prozent einbrechen, bis 2060 sogar um 49 Prozent. Das hat drastische Folgen: Das Wegfallen von Kirchensteuereinnahmen wird nicht nur die Kirchen selbst, sondern damit auch die Bereiche der Gesellschaft treffen, in denen ihre Angebote essenziell für das Zusammenleben sind.

Die Studie lässt keinen Zweifel: Es steht ein massiver Umbruch an, wir sind schon längst drin. Sie zeigt aber auch Chancen, gerade in diesem Umbruch. Denn die Hauptursachen des prognostizierten Mitgliederschwunds sind kein »Naturphänomen«, sondern Ausdruck einer Entfremdung der Gläubigen von der Kirche und einer Glaubwürdigkeitskrise der Kirche selbst. Missbrauchsskandale oder kirchliche Finanzaffären haben einen enormen Einfluss auf die Austrittswelle. Die Menschen beider Konfessionen sind gleichermaßen enttäuscht und haben das Vertrauen verloren, vor allem die jungen Erwachsenen im Alter zwischen 25 und 40 Jahren. Hier war es schon immer schwierig, Menschen zu erreichen. Beruf, Familie, Existenzgründung und -sicherung. All das sind Themen, die hier höher im Kurs stehen als Glaube & Religion. Aber sie machen die Zukunft unserer Kirche aus – oder eben nicht aus. Das heißt für all unser Bemühen: Um den Mitgliederverlust wenigstens zu mildern, müssen die Kirchen den Blick auf diejenigen lenken, die mit dem Austritt liebäugeln.

Das wiederum kann in erster Linie nur durch eines geschehen: den Versuch, das verloren oder gar nicht erst entstandene Vertrauen wiederzugewinnen oder aufzubauen. Die diakonische Aufgabe der Kirche ist hierbei mit Sicherheit essenziell. Diakonie und Kirche im Gemeinwesen wird nicht länger »nur« als sozialer Dienstleistungsanbieter definiert, sondern der Gemeinwesendiakon übernimmt aktiv und gezielt soziale und kulturelle Verantwortung außerhalb der Kerngemeinde, übergreifend auch in den angrenzenden Gemeindegebieten, im ganzen Stadtviertel, in der Stadt. Diakonie beteiligt sich aktiv als Partner mit sämtlichen anderen Trägern und Initiativen und Bürgergruppen an der sozialen Stadtentwicklung. Wir müssen hinaus in dem Raum, um diesen Raum, um diese Räume zu gestalten. Das funktioniert übrigens auch wunderbar auf dem Land, wie Kolleginnen immer wieder erfolgreich beweisen.

Das geht nicht auf einem Sonderweg und durch Trennung, beispielsweise von Kirche und Diakonie. Nein, es gibt allein in unserer Kirche so viele Einrichtungen und Akteure, die miteinander besser kooperieren könnten: die Kirchengemeinden und diakonischen Dienste, regionale Diakonische Werke und große diakonische Unternehmen; vor allem aber auch Ehrenamtliche, kirchliche Gruppen und Kreise, Kirchenkreissozialarbeiter, Pfarrer und Pfarrerinnen, Gemeindediakone, Presbyter/Kirchenvorstände, Sozialpfarrämter, evangelische Familienbildungsstätten, Mehrgenerationenhäuser, Kindergärten und Kitas – und neben vielen anderen mehr uns Gemeinwesendiakone.

Der Begriff Gemeinwesendiakon ist sperrig, das weiß ich. Noch schlimmer: Gemeinwesenorientierung. Doch das meint schlichtweg, dass wir uns für das Gemeinwesen öffnen, und zwar von Anfang an. Wir wollen nicht erst auf soziale Notlagen reagieren, »sondern aktiv daran mitarbeiten, funktionierende Sozialräume zu gestalten und Notlagen schon im Entstehen zu verhindern«. Wir wollen die Menschen in den Stadtteilen zusammenbringen, gemeinsame Projekte anstoßen oder dabei mitwirken, wollen als Bindeglieder wirken. Vier Aspekte werden als Grundaufgaben des Gemeinwesendiakons genannt: die Distanz zwischen Kirchengemeinden und diakonischen Handlungsfeldern überwinden, den unmittelbaren Kontakt zu den von Not Betroffenen verbessern, die diakonischen Organisationen besser an den Bedürfnissen der Betroffenen ausrichten und die Vernetzung mit außerkirchlichen Initiativen. Wir müssen als die Gemeinden die Menschen vor Ort kennen, die Strukturen, die Stimmungen. Wir sollen nicht einfach spontan handeln – im Notfall auch das, klar –, sondern Allianzen für langfristigen und nachhaltigen Erfolg schmieden. Dazu brauchen wir Parteien, Bürgerinitiativen, müssen sie also auch kennen, verstehen und einfach fragen.

Deshalb gehören zu unserem Job auch Förderanträge, Spendenformulare, Haushaltspläne, Organigramme von Rathäusern oder anderen Einrichtungen. Zugleich müssen wir neugierig sein, müssen Lust haben und Lust machen, etwas zu bewirken, aufzubrechen, Neues zu versuchen. »Das haben wir immer schon so gemacht!«, darf nicht das letzte Wort sein. Diese komplexe und faszinierende Mischung ist es, weshalb ich überzeugt bin, dass dieser Job ein Traumberuf ist für junge Menschen. Und es ist schade, dass so wenige junge Menschen, die berufen wären, von diesem Traumberuf wissen und mit dieser erfüllenden und Leben bestimmenden Aufgabe auch gar nicht in Berührung kommen.

Das ist, neben all den anderen Aufgaben, ein wichtiges Anliegen. Weder bin ich so tätowiert, noch schreibe ich dieses Buch, um einfach aufzufallen, mich mal selbst zu loben. Nein, ich will von meiner Mission erzählen, meiner Berufung, will Lust machen, auf diesen Job oder auch einfach nur darauf, mitzuwirken, zu gestalten. Ich bin ja allein schon wegen meiner Optik die lebende Litfaßsäule, die lebendige Telefonzentrale, ich bin Kirche zum Anfassen. Ich erlebe inzwischen oft, dass die Leute im Gespräch andere anstupsen, mit dem Finger auf mich zeigen und dann freundlich herüberwinken: »Schau mal, da ist unser Diakon.«

Diese Reaktion ist wichtig und zeigt, dass wir bei ihnen ankommen können, wenn wir auf die Menschen zugehen. Nur brauchen wir, also »Wir Kirche«, oft zu lange dafür. Ich liebe die demokratische Grundstruktur meiner Kirche und sie ist mir sehr wichtig. Keine Frage. Doch wir müssen schneller werden und entschlossener. Keine Angst haben vor Fehlern. Mein ehemaliger Dekan in Fürstenfeldbruck wünschte uns immer wieder mal »fröhliches Scheitern«. Eine Ermutigung, es einfach mal auszuprobieren. Ein kluger Mann, ebenso wie mein Großvater, der oft sagte: »Jedem Menschen recht getan, ist eine Kunst, die niemand kann.« Es braucht den Mut zur Entscheidung, den Mut, einfach anzufangen, und den Mut, zu dieser Entscheidung zu stehen und fortzufahren, auch wenn sich nicht alles und nicht alle unter einen Hut bringen lassen. Jedes Projekt, das erfolgreich realisiert und angenommen wird, ist mehr als tausend, die gar nicht begonnen wurden. Wer wagt, muss auch Fehler machen dürfen, wer wagt, gewinnt am Ende – wer nicht wagt, hat schon verloren.

Wo die Luft noch brennt ...

Als ich eines Morgens am 1. Oktober 2016 meinen Dienst in der Luther- und Philippusgemeinde antrat, hatte ich nur eine ungefähre Vorstellung, was mich in Giesing erwartet. Was macht das Viertel aus? Was für Menschen leben hier? Wie leben sie miteinander? Was treibt sie an? Wo sind die Stammkneipen und die Szenelokale, die berühmten »Giasinga Boazn«? Wo die sozialen Brennpunkte? Aber auch: Was funktioniert? Wer sind die »Talking Heads« im Viertel, die Ansprechpartner und Entscheider? Ich hatte in meinem Gemeindebüro auf einer Flipchart eine große Karte Giesings aufgehängt und die Grenzen der Zuständigkeit meiner Gemeinde eingezeichnet, die seltsamerweise mit schnurgraden gelben Linien das Stadtviertel, Straßen, Häuser und damit auch soziale Verknüpfungen zerteilte. In den folgenden Tagen sollte ich feststellen, dass diese Gemeindegrenze eigentlich willkürlich gezogen war und der Raum, in dem unsere Gemeinde agieren sollte, viel breiter gefasst werden müsste. Ich machte mir eine Prio-Liste der bekannten Anlaufstellen und stellte mich in den folgenden Wochen überall persönlich vor. Ich fuhr nicht mit dem Auto zu diesen Terminen – sondern ging zu Fuß, jedes Mal durch andere Straßen, nahm Umwege in Kauf und habe mir das Viertel Straße für Straße, Ort für Ort regelrecht erwandert. Gehst du zu Fuß, bist du vielleicht langsamer – aber du siehst unendlich viel mehr und du begegnest automatisch mehr Menschen. Ich machte erstaunliche und überraschende Entdeckungen, kam unvermittelt mit vielen Passanten aus den unterschiedlichsten sozialen Schichten ins Gespräch, sog alles in mich ein und war von Tag zu Tag überzeugter, was für ein schönes, spannendes, wenn auch oft als »Glasscherbenviertel« verkannter Stadtteil Giesing ist.

Noch etwas hatte ich zur Vorbereitung gemacht: mich wochenlang in die Geschichte des einstigen Dorfes Giesings eingelesen. Niemand darf die historischen Ursprünge ignorieren, damit er nicht Gefahr läuft, über die Köpfe der Menschen und ihre Befindlichkeiten hinweg falsch zu reagieren und falsche Entscheidungen zu treffen. Je älter eine Stadt oder ein Wohnviertel ist, desto tiefer wurzeln die sozialen Gegebenheiten und beeinflussen oft über hunderte Jahre hinweg die Gegenwart und das Miteinander der Menschen. Solche sozialen Geflechte können uralt sein und trotzdem immer noch erheblich in die Gegenwart hineinwirken. In Giesing ist die Geschichte eines Dorfes am Isarhochufer, das 1854 von der Stadt München verschluckt und eingemeindet wurde, bis heute spürbar und sichtbar. Da sind zum einen schon mal die Ur-Giesinger, geprägt von einem sehr starken Lokal-Patriotismus gegenüber den »Münchnern«, ähnlich wie die Dorfbewohner bei Asterix und Obelix gegenüber den Römern, wobei die Römer hier die heutigen Immobilienspekulanten und reichen »Gentrifizierer« sind, die ihr Viertel zu zerstören drohen. Die Weltsicht der eingefleischten Ur-Giesinger entspricht der Überzeugung, dass Giesing das eigentliche Herz Münchens ist und der Rest Münchens um Giesing herumgebaut wurde. Ganz abwegig ist das nicht, weil die hochwassersicheren Hänge des Giesinger Bergs schon besiedelt waren, lange bevor sich die Menschen in die malariaverseuchten Sumpfniederungen der dahinmäandernden Isar wagten und dort München gründeten. Während München erst am 14. Juni 1158 urkundlich erwähnt ist, lässt sich Giesing in den Archiven schon vierhundert Jahre früher finden. So wurde im Jahr 957 die erste Mühle auf dem heutigen Stadtgebiet Münchens in Giesing urkundlich nachweisbar erbaut. Giesing konnte seinen Standortvorteil fortan jedoch nie nutzen – eben genau wegen der Berglage. Für den aufkommenden Handel waren die Hänge zu steil – und die Flößerei auf der Isar war die damalige Autobahn. Der »Wind of Change« blies in eine andere Richtung, in die Ebene, und so ist das Dorf Giesing in den folgenden Jahrhunderten immer irgendwie Dorf geblieben.

Mit der Eingemeindung von Giesing, Haidhausen und der Au im Jahr 1854 verdoppelte sich die Fläche Münchens. Giesing, die südlichste der drei Vorstädte, war flächenmäßig die größte – wurde aber nie die bedeutendste. Aber das Selbstbewusstsein der Giesinger blieb und wurde durch Ereignisse wie den Bau der katholischen Heiligkreuzkirche mit dem dritthöchsten Kirchturm Münchens noch gesteigert – wegen seiner Berglage überragte er zur Freude der Giesinger die Türme des Mariendoms, wie zum Trotz – und Trotz gegenüber München muss man einem Franken nicht lang erklären!

Giesing blieb trotz seines Turms und des Selbstbewusstseins im aufstrebenden München das Viertel der Gerber, Tagelöhner und Tagediebe, der Prostituierten, der Fuhrunternehmer, Kutscher und Dienstmädchen, die im reichen München Anstellungen fanden und in Giesing bezahlbaren Wohnraum suchten. In der Lohe, unterhalb der Isarhangkante, standen bis Mitte des vergangenen Jahrhunderts noch die Notunterkünfte aus dieser Zeit eng an eng. Es gab keine Heizung, kein fließendes Wasser, keinen Strom, keine Keller. Die Giesinger waren in den Augen vieler Münchner jenseits der Isar deshalb oft ein armseliger Haufen. »Kann das schon weg – oder muss das nach Giesing?«, so ungefähr hieß das schon immer. Nach Giesing kam dann nicht nur die Obdachlosenunterkunft in der Pilgersheimer Landstraße, sondern auch der große Ost-Friedhof, das Jugend- und Frauengefängnis am Neudeck, wo in der NS-Zeit gefoltert wurde, und die Strafvollzugsanstalt Stadelheim, eine der größten Bayerns. Die 1892 erbaute JVA Stadelheim war bis in die NS-Zeit berüchtigt, mehr als tausend Hinrichtungen sind hier allein während des Dritten Reiches dokumentiert. Auf dem Friedhof am Perlacher Forst direkt neben dem Gefängnis wurden die Hingerichteten begraben, so auch die erst 21 und 25 Jahre alten Studenten Sophie und Hans Scholl und Christoph Probst von der »Weißen Rose«, die mit Bedacht als Mahnung christlicher Werte die Lutherrose als Zeichen ihres Widerstandes gegen die NS-Diktatur gewählt hatten. Für mich mit meiner Lutherrose über dem Herzen auch deshalb bewegend, weil direkt hinter unserer Wohnung der Friedhof am Perlacher Forst begann.

Bei meinen Wanderungen durch Giesing und meinen Gesprächen und Begegnungen spürte ich immer mehr: Der Zusammenhalt ist vor allem unter der alteingesessenen Bevölkerung immer noch sehr hoch. Und dass Giesing schon immer linker, sozialdemokratischer, anarchistischer und aufrührerischer war als der Rest Münchens. An der Silberhornstraße vor der TELA-Post steht heute die Gedenksäule für die im Mai 1919 ermordeten 61 Giesinger Arbeiter und Bürger, die beim Rechts-Putsch der gegen die linke Räterepublik einmarschierenden Freikorpsverbände Widerstand geleistet hatten und zu Staatsfeinden erklärt und einfach erschossen wurden.

Giesing, das war und ist anders, ist voller Gegensätze. Es gehört an manchen Stellen zu den eher beschaulicheren Stadtvierteln Münchens. Klein-Venedig, so nennen die Giesinger liebevoll ihr Altstadtviertel rund um den Auer-Mühlbach, mit seinen denkmalgeschützten Häusern, die sämtliche Krisen und selbst die Bombennächte des Zweiten Weltkrieges und bisher auch die einzelnen Wellen der Stadtsanierung überstanden haben. In vielen Seitenstraßen mit ihren liebevoll und kostenintensiv renovierten Häusern aus alter Zeit scheint die Zeit stillzustehen – hier mit einer Bevölkerungsstruktur, in der auch heute noch spürbar das alte Arbeiter- und Handwerkerviertel des vergangenen Jahrhunderts nachhallt. In einer der vielen Hinterhofwerkstätten findet sich der Drehort der wohl berühmtesten Deutschen Kindersendungen: »Meister Eder und sein Pumuckl«. Ein Sinnbild für den Handwerkerfleiß vieler Kleinbetriebe, deren Besitzer sich aus den Hinterhöfen heraus zu bescheidenem Wohlstand hocharbeiteten.

Andererseits schläft Giesing nie wirklich, pulsiert, hat ein anderes Gesicht, je nach Tageszeit und dem Lebensrhythmus der sozialen Schicht, die gerade in den Straßen unterwegs ist. Fußball in Giesing hat noch all den Glanz als Sammlungspunkt, nicht nur der Arbeiterklasse, sondern aller Bevölkerungsschichten Giesings. Wobei sich viele der heute in die Jahre gekommenen Vereinsfans nur unter Schmerzen an die Sechzigerjahre des vergangenen Jahrhunderts erinnern, wie im Viertel die Luft brannte, wenn die 60er und die Rot'n im Derby aufeinanderprallten. Damals, als die Löwen noch hatten, was der FC Bayern schon wieder zu verlieren beginnt: den Nimbus der Unbesiegbarkeit als Deutschlands bester Fußballverein.

Heute brennt im Viertel vor und nach Spielen noch immer die Luft, wenn auch vielleicht etwas weniger als früher, die Misserfolge der letzten Jahrzehnte wirken durchaus nach. Trotzdem hört man überall im Viertel bei Spielen der Löwen die Schlachtengesänge und den Torjubel – unten zu sein und trotzdem weiter zu strampeln, zu kämpfen für seinen Verein und sich vom Leben abzureißen, was geht, das war schon immer Giesinger Tugend.

Das Bier zum Spiel der Lokalpatrioten in Giesing kommt aus dem *Giesinger Bräu*, gleich neben unserer Lutherkirche, eine der erfolgreichsten und innovativsten Privatbrauereien der Stadt. Während die großen Münchner Brauereien, die heute meist internationalen Konzernen gehören, an den Stadtrand wegziehen und ihre Filet-Grundstücke im Innenstadtbereich auf dem Immobilienmarkt meistbietend verkaufen, bleibt der einst für die gesamte Bierstadt München charakteristische Hopfengeruch nur noch den Giesingern und den Bewohnern im Westend erhalten. Überall in der Nachbarschaft findet der Giesinger noch seine alten »Boazn«, die kleinen Münchner Stehkneipen, die »Wohnzimmer« der Giesinger mit Straßenausschank und ihrer wichtigen Funktion als sozialer Treffpunkt, wo sich Gemeinschaft bildet. »Boazn« sind fast eine eigene Kulturform, die Ursuppe Giesings, in der es auch politisch brodelt und kocht, denn jede hat ihr eigenes Stammpublikum, ihren eigenen Charme und ihre eigene Qualität, die sich aus dem Zusammenwirken von Bier, Gästen und dem Wirt ergibt, die das oft laute, fuselige Szenario moderiert und druckbetankt. Doch auch die Boazn sind wie alles Liebenswerte im Viertel vom Umbruch in ihrer Existenz bedroht, weil Stammgäste und Wirte immer älter werden und aussterben und steigende Mieten die wirtschaftliche Existenz der Boazn gefährden. Mit jeder Boazn verschwindet zeitverzögert ein weiteres Stück des alten Giesing, das über Jahrhunderte im Windschatten des urban aufstrebenden Münchens blieb. Was für ein Segen ist da mein Freund, der Flo, der Wirt vom *RiffRaff*, der sich gegen diesen Trend stemmt, mit einigen anderen wackeren Giesinger Wirtinnen und Wirten. Sie stehen stellvertretend für viele andere der gut 72.000 Einwohner, die sich gegen

Immobilienhaie und andere stemmen, die das Viertel radikal verändern wollen. Manchmal mit spektakulären Aktionen und erfolgreich; oft aber eben auch nicht. Dadurch wachsen Wut und Zorn, Angst und Hilflosigkeit.

Giesing zeigt als Viertel all die Probleme auf, denen ich mich als Gemeinwesendiakon, denen sich meine Kirche zu stellen hat. Was ich hier im Kleinen erlebe, die Verdrängung von Arm durch Reich, von Alt durch Jung, von Alteingesessen durch Neuzugezogen und die Existenzangstangst, die das bei vielen auslöst, steht exemplarisch für eine gesamtgesellschaftliche Entwicklung. Nach einer Umfrage des Allensbach-Institutes zu den Ängsten der Deutschen im September 2019 bestätigen die meisten der Befragten, dass es ihnen im Moment zwar so gut wie nie ginge. Zugleich treiben viele große Zukunftsängste um und sehen nur noch 36 Prozent aller Befragten der Zukunft »mit Hoffnung entgegen«. Es herrscht eine latente Endzeitstimmung und das Gefühl, dass immer mehr von immer weniger abgehängt werden.

Wenn beispielsweise die Werte zum Durchschnittsgehalt der Deutschen veröffentlicht wurden, hieß es bei vielen der Leute in meinem Viertel nur: »Ich bin ja nicht einmal Durchschnitt.« Und das mitten im vermeintlich reichen München! Viele haben Mitte des Monats schon Rente und Arbeitslosengeld aufgebraucht und vereinsamen in ihren Wohnungen, weil sie nicht mehr rausgehen. Wozu? Wohin? Womit? Soziale Integration hängt zunehmend davon ab, wie sich die Menschen am Leben in ihrem Wohnviertel und Wohnumfeld beteiligen und dieses aktiv mitgestalten können. Statt Beteiligung erleben wir dramatische Isolation: alleinerziehende Mütter mit ihrem hohen Verarmungsrisiko. Rentner, die ihre angestammten Wohnungen nach Jahrzehnten verlassen müssen, weil sie die Mietsteigerungen, ausgelöst auch durch Modernisierungsmaßnahmen, nicht mehr bezahlen können. Junge Familien, die aus München wegziehen, weil sie sich die Stadt kaum noch leisten können. Und oft verdienen die nicht einmal schlecht. Diese stete Drohung, bei jedem sozialen Einschnitt, Trennung, Arbeitslosigkeit, spätestens im Alter die Wohnung wechseln und heimatvertrieben an einen fremden Ort ziehen zu müssen, macht innerlich ruhe- und heimatlos. Miete frisst hier Leben auf. Fast jeder Mensch hängt an seiner gewohnten Umgebung, liebt seine Wohnung mit allen Macken, seine Nachbarn und die Straße, in der man lebt, und die Vorstellung, aus diesem Paradies vertrieben zu werden, wühlt auf. Eine Wohnung zu haben, Gemeinschaft mit Nachbarn, ein Geflecht aus sozialen Beziehungen, das Einsamkeit und Isolation und Fremdheit im Leben verhindert, hier eine Heimat zu finden, die Sicherheit zu wissen, wo du hingehörst: All das sind Grundbedürfnisse jedes Menschen. Immer wieder kommt mir angesichts dieser Nöte und Sorgen das Motiv in den Sinn, dass wir Menschen im übertragenen Sinn alle Flüchtende sind, die ständig ihrer Heimat beraubt werden. Dass wir alle den Stall von Bethlehem suchen, oft ein Leben lang. Und obwohl die tatsächliche Flucht vor Krieg, Hunger, Tod und Unterdrückung, wie sie meine Großeltern miterlebt haben, nicht vergleichbar sind mit dem, was jetzt geschieht; der Zustand der Dauerkrise einer innerlichen und äußerlichen Unbehaustheit durch Wohnungsnot taugt nicht für den Seelenfrieden. Das ist die Gemütslage, die mir täglich auf der Straße begegnet und mit der ich heute in der Seelsorge zu tun habe. In Giesing arbeite ich als Gemeinwesendiakon im ursprünglichen Sinn der Gemeinde: als eben genau dem Ort, wo Menschen Schutz finden und sich aufgehoben fühlen dürfen in einer Gemeinschaft mit Gleichgesinnten. Heimat zu bieten, Halt, Orientierung. Einen Ort, an dem sich auch Freude und Freundschaft und damit Bindung entwickelt – wie kann man besser die Aufgabe beschreiben, die wir in den Gemeinden zu leisten haben? Wir haben doch alles in unseren Kirchengemeinden, was es dazu braucht: die Botschaft, die Idee, das Handwerkszeug – und ja: auch die Räume. Warum nur, denke ich immer wieder, können wir als Kirche diesen Heimvorteil nicht besser vermitteln, und warum nur finden so wenige Menschen zu uns zurück und entwickeln sich und ihr Gemeindeleben neu – nach ihren Bedürfnissen als gemeinsame Antwort auf den Umbruch dieser Zeit?

Anpacken, nicht einpacken

Eben gerade, während ich dieses Buch schreibe, lese ich vom Tod eines Frührentners, der acht Jahre unentdeckt tot in seiner Wohnung lag, neben ihm sein treuer Hund Linus, der sein Herrchen bewacht haben muss und dabei selbst verhungert und verdurstet ist. Niemand hatte die beiden vermisst, niemand hatte das Bellen und Jaulen des Hundes mitbekommen. Eigentlich nicht zu glauben; doch einsame Menschen treffe ich überall in Giesing. Ich erinnere mich an eine Frau, akademisch gebildet, aber nach schweren Krankheiten an den Rollstuhl gefesselt. Mit 50 noch zu jung für das Seniorenhilfsprogramm, angewiesen auf Hartz IV und im Kampf mit ungnädigen Ämtern. Aus der großen Wohnung aus der Zeit, in der noch alles gut lief in ihrem Leben, war sie längst raus, rein in ein winziges Ein-Zimmer-Appartement, alles war klein, nur die Miete hoch. Sich von ihren alten Habseligkeiten zu trennen, das hatte sie nicht fertiggebracht, und so war alles vollgestopft. Wegen ihrer körperlichen Gebrechen fiel es ihr immer schwerer, über all die Dinge zu steigen, die ihre Geschichte sind. Ich bot ihr immer wieder an, ihr beim Aufräumen zu helfen, aber sie wollte nicht. Jede Veränderung in ihrem Umfeld scheint ihr körperliche Schmerzen zu bereiten. Allein ihr Nachtkästchen wegzuräumen, um die kaputte Telefondose dahinter zu reparieren, war ein Kraftakt an Überredung. Und das war bereits ein Erfolg: Vorher hatte sie mich über ein Jahr nicht in ihre Wohnung gelassen, aus Scham. Dabei ist es keine Messie-Wohnung. Es riecht und stinkt und staubt nicht. Alles ist sauber. Geordnetes Chaos. Aber Chaos. Bis an die Decken so völlig überfüllt mit Dingen, die sie nie wieder braucht, dass nur noch eine Art Trampelpfad von ihrem Bett zum Bad und zur Haustür führt, so zugestellt ist alles. Unter großen Mühen hält sie alles in Schuss – aber sie schafft eben nicht alles. So zum Beispiel die Auseinandersetzung mit ihrem Vermieter, der sie über Monate auf einem Wasserschaden sitzen ließ, so dass sie nicht mehr in der Küche – sondern in der Badewanne abspülen musste, weil auch das Handwaschbecken einen Defekt hatte. Eine Reparatur des Schadens einzufordern, das übersteigt ihre Kräfte. Der Vermieter reagiert nicht. Die Miete zahlt das Sozialamt, dem Sozialamt ist es egal. Die zahlen einfach. Mietkürzung, nicht dran zu denken. Jede einzelne Überweisung schreibt sie mühevoll per Hand – und nur unter Vorbehalt. Vielleicht ist ja doch eine Mietkürzung möglich. Sie geht verantwortlich mit ihrem Geld um, nicht nur mit ihrem. Auch mit dem vom Amt. Und in diesem Zustand eines sich auflösenden Lebens häufen sich dann die Anforderungen, bis sie wie eine Lawine über sie hereinbrechen und sie verschütten. In ihrem Haus ist alle naslang der Aufzug kaputt. Sich alleine die Treppen herunterbewegen kann sie nicht. Hilfe findet sie keine. Sich Hilfe organisieren: schafft sie nicht. Sie kommt nicht mal runter zum Einkaufen. Nicht an den Briefkasten. Geschweige denn auf das Amt. Das heißt, sie ist Gefangene ihrer Wohnung im vierten Stock. Soll aber zu Terminen erscheinen. Unterlagen für die Behörden beschaffen, Sachschreiben aufsetzen, ausdrucken, Dokumente kopieren, Formulare ausfüllen und abschicken. Das Telefon ist kaputt. Die Prepaidkarte leer. Internet hat sie nicht. Sie ist abgeschnitten von der Außenwelt. Und wenn sie nach Wochen irrsinniger Kraftanstrengung meint, dann doch irgendwie alles besorgt zu haben, was die Behörde verlangt – kommt die nächste Akten-Anforderung von einem anderen Amt. Wenn ich ihr wieder mal die teure Prepaidkarte aufgeladen habe, ruft sie an, sie hätte doch alles schon geschickt – aber das Amt sagt, eine andere Abteilung sei das – die bräuchten das auch nochmal. Da ihr Geldbezug vom Amt gestoppt ist, hat sie nicht mal die acht Euro, um die Kopien ihrer Krankenakte im Copyshop zu bezahlen, geschweige denn, dorthin zu kommen oder die angeforderten Bescheinigungen aus ihrer Studienzeit beizubringen, die drei Jahrzehnte zurückliegt, was wieder Schriftverkehr erfordern würde – um Belege zu erhalten, die sie wiederum bräuchte, um ihren Antrag auf Beihilfe zu vervollständigen. Ihre Unterlagen liegen alle irgendwo in einem völlig zugestellten kleinen Abteil unter dem Dachboden – auch dort kommt sie wenn nur noch an guten Tagen hin. Und auch das Dachbodenkämmerchen ist bis zur Decke vollgestapelt.

Sie scheitert täglich am normalen Behördenwahnsinn. Alles zieht sich über Wochen in die Länge, was ihre seelische und körperliche Verfassung nicht gerade verbessert. Und diese Frau erzählt mir, wie in ihrer Gefangenschaft der Blick aus dem Fenster die einzige Abwechslung ist. Sie schaut auf das neugebaute Haus gegenüber, das mit den modernen Luxusappartements, jeden Morgen und jeden Abend sieht sie, wie die Schönen und Reichen mit ihren Porsche Cabrios und SUV aus der Tiefgarage hinaus und in die Tiefgarage hinunter fahren. Sie sieht in den vorhanglosen Appartements gegenüber die Lichter angehen. Sieht junge, gut gekleidete Paare ihre Einkäufe auspacken, wie sie zu kochen beginnen und Gäste empfangen, sieht, wie sie sich umarmen und wie die Lichter wieder ausgehen und sich morgens das Tor zur Tiefgarage wieder öffnet. Es ist der Blick in eine unerreichbare Welt, die sich da wie zum Hohn angesichts ihres eigenen Zustandes vor ihr ausbreitet. Sie selbst sagt das nicht. Sie schildert nur, was sie sieht. Ohne jeden Neid. Ohne jede Wut. Ich besuche diese Frau regelmäßig. Höre mir erst mal alles geduldig an, schaue, was sich aufgestapelt hat. Schaue, was ich abtragen kann. Bringe Ruhe in das ganze Chaos, von dem sie erzählt, reagiere auf ihre Bitte, ihr einen Griff ans Bett zu schrauben, damit sie besser aufstehen kann.

Die Geschichte dieser Frau steht exemplarisch für viele andere. Wir müssen deshalb, auch wenn wir allen noch mehr helfen wollen würden, die ganze Gemeinde, das ganze Viertel im Blick behalten. Und über alles Elend hinweg: Wir Helfer der Nächstenliebe müssen uns im Blick behalten. Uns Zeit nehmen, die Batterien auftanken, für die eigene Familie da sein. Was aufgeschoben werden kann, muss dann auch einmal warten. Da bin ich sehr klar, weil ich nicht 24/7 erreichbar sein kann. Geht nicht. Mach ich trotzdem, wenn ein Notfall eintritt. Dann helfe ich. Auch an meinem freien Tag und egal zu welcher Uhrzeit. Da bin ich der einsamen Frau der Nächste und sie mir. Das weiß sie, und das allein gibt ihr die Sicherheit, die sie braucht gegen ihre Angst vor der Einsamkeit. Menschen wie diese einsame Frau kommen nicht in unsere Kirche. Aber die Antwort auf die Frage, ob ich sie deswegen alleine lassen soll, ob ich in einer Kosten-Nutzenrelation wie ein Wirtschaftsunternehmen nach Kräfteeinsatz, Gewinn und Ertrag fragen darf, heißt ganz klar: NEIN. Ich rolle jeden Tag den Stein den Hügel hoch, wohl wissend, dass er in der Nacht wieder runterrollen wird und ich morgens von vorne anfange. Ich kann damit umgehen, weil ich ein gläubiger Christ bin, der auch im sinnlos Wirkenden Sinn sieht und findet.

In Giesing ist der ganze Umbruch unserer Gesellschaft zu sehen. Am Morgen am Tegernseer Platz die Obdachlosen, Bettler und Junkies, die gehetzten morgendlichen Cafe-to-Go-Trinker, die sich an der Tela, vor dem Woolworth und an der Straßenbahnhaltestelle Silberhornstraße mit einer Kippe zwischen den gelben Fingern nicht nur den Schlaf aus den zittrigen Gliedern schütteln. Ich sehe die Arbeiter und Angestellten in die U-Bahn hetzen, die immer überfüllter wird – auch weil die Menschen sich kein Auto mehr leisten können. Ich sehe aber auch viele Gesichter nicht mehr. Die Gesichter all derer, die sich München nicht mehr leisten konnten und weggezogen sind oder eben allein in ihrer Wohnung vereinsamen. Ich kenne keine Niedriglöhner, die sich – zumal mit einer Familie und Kindern – das Leben in München noch wirklich leisten können.

Ich habe zwei Freunde, sie arbeiten beim »Kirchlichen Dienst in der Arbeitswelt«, und die erzählen mir, was die Digitalisierung 4.0 für die Arbeitswelt und die Menschen bedeuten wird. Sehe ich die Kinder morgens in die Icho-Grundschule gegenüber unserer Lutherkirche gehen, weiß ich, dass 70 Prozent der Schüler, die jetzt eingeschult werden, in wenigen Jahren in Ausbildungsberufen arbeiten, die es heute noch gar nicht gibt. Nur: Unser Schulsystem ist für sozial Schwache keineswegs so durchlässig nach oben, wie immer behauptet wird und wie es nötig wäre. Was soll aus diesen Kindern werden? Hier sind doch unsere christlichen Kindergärten und die Schulen beider Konfessionen eine Riesenchance, für ein bisschen mehr an Chancengleichheit und Integration zu sorgen!? Anstatt in diesem Bereich massiv auszubauen, werden Schulen geschlossen, zieht sich die Kirche aus ganzen Vierteln zurück.

Generell frage ich mich: Wie können wir Christen in den Kirchen noch lauter konkrete Zukunftspläne von der Politik einfordern und unsere Angebote ausbauen? Wir müssen da sein für die Menschen, übrigens natürlich auch für Reiche und für deren Nöte.

Wir müssen die Tatsache nutzen, dass kaum eine Organisation in Deutschland besser vernetzt und aufgestellt dafür ist, soziale Brüche abzufedern und den Menschen zudem spirituell zu helfen, wie es die Kirche tun kann. Die Kirche als Organisation ist immer noch flächendeckend in jedem Stadtteil, in jeder Ortschaft auf dem Land präsent – auch wenn ihr die Gläubigen und auch das Personal zunehmend abhandenkommen. Dabei haben wir es in unserer in den Stadtteil hineinwirkenden Arbeit heute schon hauptsächlich mit Armut und der Bewältigung der durch Armut entstehenden Verwerfungen zu tun, und eine von der Mehrzahl der Bürger getragene gemeinschaftliche Hilfe untereinander täte Not. Völlig gegenläufig zu dieser Entwicklung steht das Desinteresse der Menschen, ihre Abwendung von der Kirche – und für viele auch der Weg in die Vereinzelung und Einsamkeit, welche die Verzweiflung noch steigert. Ich bin immer wieder schwer enttäuscht, wenn Menschen mir zur Begründung ihres Austritts aus meiner Kirche sagen, dass sie mit der Politik und dem ganzen Verhalten der Kirchenführung, auch bei der Aufarbeitung von Missbrauch, nicht einverstanden sind. Ich antworte dann stets, das mag ja teilweise vielleicht berechtigt sein – aber wann hast Du Dich zum letzten Mal hier in Deine Gemeinde eingebracht und dafür gesorgt, dass es besser wird? Nicht bei denen da oben – sondern hier unten, wo Du lebst, mitreden und mitgestalten könntest? Hier, wo Deine Basis ist? Was ist Dein Beitrag, dass es besser wird? Wann findest Du Mut, aus dem Klagen ins konkrete Tun zu kommen? Aufgaben gäbe es genug. Viele kommen dann ins Nachdenken. Manche entscheiden sich, nicht nur zu bleiben, sondern sich zu engagieren. Nur erreichen wir in Giesing oft die Reichen und Erfolgreichen, die eine Gemeinde dringend braucht, nicht mehr. Als würde Geld Glauben aufessen.

Über eine geheimnisvolle Macht

Die meisten der noch eingetragenen Kirchenmitglieder auf Absprung bekommen gar nicht mehr mit, was unsere Gemeinden mit ihren Ehrenamtlichen, selbstlos arbeitenden Helfern im sozialen Bereich alles leisten. Sie wissen nicht, wie alt der Staat aussehen würde, wenn es nicht die zahllosen Helferkreise geben würde, die sich nicht erst seit Beginn der Flüchtlingskrise 2015, oft unter Aufbietung aller Kräfte, bemühen, das Elend zu lindern. Wir fragen die Menschen nicht, die zu uns kommen, was und woran sie glauben. Nicht nach ausgefüllten Anträgen und Formularen. Wir prüfen nicht, lassen uns auch nicht den Ausweis zeigen, wenn jemand an unsere Tür klopft. Wenn wir unsere öffentliche Kaffeetafel haben, dann fragen wir nicht, ob du fünf oder fünftausend Euro im Monat hast, wenn sich jemand den Teller vollädt und neben dem Kuchen auch noch ein Hotdog Platz findet. Wir vertrauen auf die Ehrlichkeit und die Bedürftigkeit der Menschen. Vielen unserer Gäste in unserem Montagskaffee sieht man sofort an, woher der Wind weht, manchmal riecht man sogar, dass es selbst in unserem reichen München Verwahrlosung, Hunger und Elend gibt. Diesen Menschen hier in unserer Kirchengemeinde einen Platz zu geben, das ist genau der niederschwellige Zugang, den wir gerade auch für diese Menschen schaffen wollen, die sonst nicht zu uns in die Gemeinde kommen. Die Idee von »Coffee and more« hatte Christine, Pastorin aus der methodistischen Peace-Church, heute eine gute Freundin.

Die Kaffeetafel ist ein Erfolg und zeigt das ganze Spektrum der zunehmend vielfältigeren Demographie im Viertel. Da kommt auch schon mal eine ganze Familie mit zehn, zwölf Personen – und dann müssen wir auch zusehen, dass die Zusammensetzung so bleibt, dass Verständigung und Austausch untereinander möglich ist und die Einzelnen, Einsamen, Enttäuschten nicht verschreckt wegbleiben. Wir erleben durchaus, dass unsere Tafeln ausgebeutet werden, als Mittel zur Selbstversorgung, und wenn das geschieht und sich jemand ein ganzes Tablett mit Kuchen vollstellt und in Einkaufstüten verschwinden lässt, dann schreiten wir ein. Gemeinschaft bedeutet: gleiche Chancen für alle und nicht das Recht des Stärkeren. Wir versuchen, unsere Werte und Regeln nicht nur bei unseren wöchentlichen Kaffeerunden für Bedürftige, sondern auch an der Tafel hochzuhalten, und verlangen, dass man sie achtet.

Wenn man hinter den gedeckten Tischen an der Theke steht, sieht man, wie unterschiedlich die Menschen mit solchen Kuchenspenden umgehen. Die einen bescheiden, fast ehrfürchtig und voller Vorfreude auf ein Stück Kuchen mit Sahne und eine heiße Tasse Kaffee. Und da sind dann auch die anderen, die zu zweit, zu dritt kommen und jeweils einen ganzen Kuchen auf ihre Teller räumen und sie an zwei zusammengerückten Tischen mit Freunden oder Familienmitgliedern in Windeseile herunterschlingen. Diese Menschen kommen oft aus Ursprungsländern tiefer Armut und sie verstehen nicht, mit dem scheinbaren Überangebot umzugehen. Das kann man aus der Situation dieser Menschen und all den traumatischen Erlebnissen, die sie mit sich tragen, verstehen – aber wir müssen nicht akzeptieren, dass sie hier so weitermachen. Deshalb sprechen wir mit diesen Menschen, erklären ihnen unsere Vorstellung von Gastfreundschaft, Teilen und Gemeinschaft – und warum wir dieses Café veranstalten, dass es eben für alle da ist und dieses Café ein Platz sein soll für ein Gespräch und das Miteinander und nicht ein Ort sein darf für einen Verteilungskampf. Viele sind dann betroffen, erinnern sich an die eigenen Regeln der gerade in arabischen Ländern sehr ausgeprägten Gastfreundschaft und ändern ihr Verhalten. Einige arbeiten sogar mit bei uns. Die anderen beharren auf ihrem Revierverhalten, man spürt die Aggression, und es dauert noch einige Treffen, bis auch diese Familien runterkommen aus ihrer Aggression und sich harmonischer in diesen Nachmittag einfügen.

Ich habe viele Hungrige gesehen, selbst im reichen München. Auch hier gibt es Bedürftige. Deshalb haben wir vor unserer Kirche eine alte Telefonzelle aufgestellt. Bis hinter Berlin musste ich damals, um so ein Teil noch aufzutreiben. Die Idee war, einen wettergeschützten Unterstand zu haben für den Austausch von Überflüssigem, das der eine loswerden will – und der andere gebrauchen kann, und Wohlstandsmüll wird zusätzlich auch noch vermieden. Schöpfung bewahrt. An dem, was gut weggeht oder kein Interesse findet und liegenbleibt, als eine Art Armutsbarometer, können wir sehr gut sehen, was los ist im Viertel rund um unsere Gemeinde. Bücher gehen nicht so gut, was mit Deutsch als Landessprache und fehlender Bildung zu tun hat und anderen Sorgen; bei Besteck, Tellern, Töpfen, Gläsern, Eierbechern, Sieben oder anderen Haushaltswaren dagegen, da ist der Bedarf anscheinend riesengroß. Was auch gut geht und viel über unsere Bedürftigen sagt, sind jede Form von Kosmetika. Selbst angebrochene Cremetuben, Bodylotions, Parfüms, Rasierwasser, Seifen, alles ruckzuck weg. Unsere Telefonzelle vor der Philippuskirche ist nur ein kleiner Mosaikstein in dem sozialen Netz, das unsere Kirche stadtteilübergreifend spannt und mit anderen Initiativen verknüpft, ein Beispiel, das dankbar angenommen wird und in jeder Gemeinde ohne großen Aufwand umsetzbar wäre.

Ein großer Teil unserer Energie als Gemeinwesendiakon geht statt in Verwaltungsaufgaben nach draußen in den Stadtteil. Das ist sehr vielen Verantwortlichen in den Stadtverwaltungen und Parlamenten gar nicht bewusst, aber auch Gemeindemitgliedern, Kollegen oder sogar Leuten aus unserem Freundeskreis. Ich erinnere mich noch zu gut an einen Bekannten, der mich in meinem Kirchenbüro besucht hatte, um mehr über meine Arbeit zu erfahren. Als ich ihn statt durch den Haupteingang, wo ich ihn begrüßt hatte, zum Abschied hinten über unseren Hof nach draußen begleiten wollte und die Tür öffnete, blieb er angewurzelt stehen und drehte sich dann um und rief begeistert: »Wie wunderbar, einen richtigen Wochenmarkt habt ihr ja auch hier!« Dann wandte er sich wiederum dem bunten Gewusel zu, vier, fünf Marktstände, die mit Obst, Gemüse und Lebensmitteln beladen waren. Eine Schlange von fast 200 Menschen jeden Alters und aus fast jeder Weltgegend stand da, zahlreiche Kinder tobten durch die Reihen. Eigentlich ein fröhliches Bild. Doch was mein Besucher sah, war kein ausgelassenes Markttreiben; das waren Mitglieder unserer Tafel. Man könnte froh sein, dass wir helfen können. Sind wir auch. Aber zugleich sind wir natürlich bedrückt, weil so viele Hilfe brauchen. Und weil wir wissen, dass wir die Ärmsten der Armen oder die Kranken, die sich kaum noch auf die Straße wagen, weil sie körperlich nicht mehr können oder weil sie sich schämen, dass wir die nicht erreichen. Oder weil inzwischen immer mehr junge Menschen, junge Mütter oder Väter kommen, ein weiteres Alarmzeichen. Denn wer in Armut aufwächst, bleibt meistens für längere Zeit arm. Rund 21 Prozent aller Kinder leben über mindestens fünf Jahre dauerhaft oder wiederkehrend in einer Armutslage. Oftmals sind sie vom gesellschaftlichen Leben abgekoppelt. Beengtes Wohnen, wenig Geld für gesundes Essen, Bildung, Hobbies oder Urlaub und nur geringe Chancen auf gesellschaftlichen Aufstieg: Als Kind Armut zu erleben oder das eigene Kind in Armut aufwachsen zu sehen, sind eine schwere Belastung für betroffene Familien und die gesunde Entwicklung eines Kindes. Kinder können sich nicht selbst aus der Armut befreien, deswegen ist es unsere gesamtgesellschaftliche Aufgabe, wo immer wir können die Vererbung von Armut zu durchbrechen.

Ich werde häufiger gefragt nach meiner Frustrationsgrenze, danach, wie ich damit umgehe, das sehr viele Bedürftige gerne unsere Versorgungsangebote nutzen – aber sehr wenige den Weg in unsere Gottesdienste finden oder sich wenigstens in der Gemeindearbeit mit einbringen.

Natürlich würde ich mir wünschen, dass die Menschen auch zu uns in den Gottesdienst kämen. Aber nicht als Tauschgeschäft, sondern weil ich glaube, dass es gut für sie wäre. Weil ich weiß, dass wir mehr geben könnten als einen Ort zum Essen und Trinken. Trotzdem: Ich persönlich rechne nicht auf. Ich verlange nichts. Ich frage nur: Was kann ich tun? Bewusstsein zu schaffen für die Lage dieser Menschen zum Beispiel lässt mich im Viertel auch politisch aktiv werden – nicht in einer Partei – aber in den vielen Stadtteilgremien und Initiativen in Giesing. Auch das ist Aufgabe eines Gemeinwesendiakons. Als Repräsentant einer wichtigen Stimme in unserer Gesellschaft, meiner Kirche.

Und es gibt sie ja, die Geschichten, die uns antreiben. Die zeigen, dass wir gemeinsam etwas bewegen können, dass unser Einsatz für etwas gut ist: Einmal zum Beispiel stand eine Frau um die vierzig in meinem Büro. Esther, eine studierte Chemikerin mit Abschlussdiplom, die irgendein Ereignis so aus der Bahn geworfen hatte, dass sie nervlich nicht mehr in der Lage war, einer geregelten Arbeit nachzugehen. Jetzt stand sie da und fragte: »Ich suche Arbeit – hast Du Arbeit für mich?« Sie konnte nicht den ganzen Tag arbeiten, suchte deshalb einen Aushilfsjob, der ihr ermöglichen würde, eine Aufstocker-Rente zu beantragen und die Miete ihrer Wohnung bezahlen zu können. Ich bat sie, in zwei Tagen wieder zu kommen. Wenn ich heraushöre, dass da eine bestimmte Sehnsucht ist und mir jemand einfällt, mit dem ich ihn oder sie zusammenbringen kann, dann versuche ich das. Ich überlegte und telefonierte in den folgenden Tagen ein bisschen herum. Als Esther wiederkam, reichte ich ihr einen Zettel mit einem Namen und eine Telefonnummer. In einer caritativen Einrichtung wurde jemand gesucht, der für die zahlreichen Veranstaltungen Kuchen backen würde, selbstständig verantwortlich wäre für den Einkauf der Backzutaten und das entsprechende Anrichten am Tag der Veranstaltung. Fast drei Jahre hat Esther durch diese Vermittlung dort Arbeit gefunden, war glücklich und zufrieden. Und die Menschen auch – denn nicht nur als Chemikerin kann Esther perfekt und mit Liebe backen. Erfolge wie Esther machen Mut, in all dem Elend, das die Mühseligen und Beladenen in einer nicht enden wollenden Karawane zu dir tragen, nicht zu resignieren. Denn würde ich rein auf die Masse der Hilfesuchenden schauen, dann müsste ich verzweifeln, denn der Strom reißt nicht ab, sondern wird mit den Jahren immer stärker. Die Gesichter wechseln. Aber ihre Geschichten, die Grundstrukturen ihrer Not bleiben dieselben: Krankheit, Arbeitslosigkeit, Scheidung, Armut, Drogen, Gewalt, Einsamkeit – der Verlust des Lebensmutes. Mein Vorteil ist: Zum

Mitarbeiter des Arbeitsamtes werden sie hinzitiert; zu mir kommen sie aus einem inneren Bedürfnis heraus. Bei mir gibt es auch keine Security und keinen Panikknopf, den ich drücken kann, falls mich jemand anschreien würde, es gibt auch keine Fließbandabfertigung. Ich nehme mir alle Zeit, die die Menschen brauchen. Ich höre ihnen zu. Ich frage, was ich tun kann. Höre wieder zu. Manchmal beten wir auch gemeinsam am Ende eines solchen Gespräches. Aber nur, wenn mein Gegenüber es will. Meistens wollen sie. Wenn ich also gefragt werde, wie und wo denn ein Erfolg meiner Arbeit messbar wäre, antworte ich: im persönlichen Kontakt. Meine Arbeit ist Beziehungsarbeit, die nicht sofort in die Fläche wirkt, wie das die Politik tun kann, wenn sie denn will. Meine Arbeit braucht Zeit, aber mit der Zeit wirkt sie eben doch. Wenn es irgendwo mal klemmt und sich Verzweiflung breit macht, bin ich immer noch ein Stück Hoffnung, dass es weitergehen kann und dass es zu früh wäre, aufzugeben. Durch die Arbeit als Diakon wachsen Netze aus solchen Anlaufstellen, Knotenpunkte der Hoffnung, die andere Menschen halten, bevor sie ganz fallen. Ein messbarer Erfolg meiner Arbeit ist, dass diese Netze mit jedem Jahr stärker und feiner werden, dass meine Erfahrung hilft, sie zu optimieren und sie noch besser zu nutzen. All das nehmen Mitglieder aus der Kerngemeinde und selbst einige Kollegen oft nicht wahr und fragen sich, wo denn der Diakon ist und was er tut. Und natürlich gehst du mit solchen seelsorgerlichen Kontakten nicht hausieren. Oft wirst du beurteilt nach Teilnehmerzahlen und Gesamtzahl deiner Veranstaltungen. Aber wie wäre es, wenn wir unser Denken in »Angeboten« und »Zahlen« ablegen und stattdessen das Interesse für Menschen ganz in den Mittelpunkt rücken würden?

Noch etwas ist für mich ein Zeichen von »Erfolg«: Oft suchen mich Menschen auf, die ich lange nicht gesehen habe, manchmal aus Bereichen, in denen ich längst nicht mehr tätig bin. Sie suchen Rat und Tat, Zuhören und Sprechen, genauso wie konkrete Hilfe. Es kommen heute sogar Jugendliche aus meinen Zeiten als Jugendleiter zu mir, die irgendwie plötzlich erwachsen geworden sind und mich fragen, ob ich sie verheiraten möchte. Oder sie bitten mich, mit mir gemeinsam einen Menschen, den sie geliebt haben, zu beerdigen. Wenn ich eines in all den Jahren gelernt habe: Nächstenliebe wirkt. Und wie sie wirkt. Auch wenn wir das manchmal nicht gleich erkennen können, weil die Wirkung oft an ganz anderer, unbekannter Stelle wieder hervortritt. Nächstenliebe ist nicht messbar wie die Bilanz eines Unternehmens, das ermitteln kann, wie viel Gewinn und Ertrag die Investition eines Euros hat – oder eben nicht. Aufrechnen in Gewinn und Verlust ist jedoch keine Nächstenliebe und eine Gemeinde kein Unternehmen. Wer aufrechnet, hat schon verloren. Nächstenliebe ist selbstlos und verlangt nicht, dass der Einsatz vielfach zurückkommen muss. Aus dieser Haltung heraus sieht man auf das große Ganze und versteht, dass es nicht ungerecht zugehen kann, weil sich am Ende alles wieder auflöst – das Gute aber bleiben wird. Das ist mein Glaube. Ich habe selbst erfahren und sehe es buchstäblich am eigenem Leib: Du schaust besser nicht zu sehr ins Dunkle, wo die Resignation haust, sondern dorthin, wo es heller leuchtet, so wie der Stern von Bethlehem den Weisen aus dem Morgenland den Weg gewiesen hat. Es mag sein, dass sich ganz Palästina damals in dunkler Nacht befunden haben mag – aber an der einen Stelle, in diesem kleinen Stall brannte ein Licht, das seither nicht wieder erloschen ist. Dieses Licht trage ich weiter, will ich weitertragen. Ich möchte es ausstrahlen. Auf Jesus hören, der uns zuspricht: »Ihr seid das Licht der Welt.« (Mt 5,14) Und weil ich auf das Licht schaue, wirkt das Dunkle dann eben nicht so bestimmend und leer. Und ich finde die Kraft, jeden Morgen erneut den Stein den Hügel hochzutragen. Ohne nach dem »Warum« zu fragen, sondern nur nach der entscheidenden Frage der Nachfolge Christi: »Was kann ich für Dich tun?«

Vor kurzem stand Esther nach drei Jahren wieder in meinem Büro, verzweifelt, voller Tränen, die Maßnahme sei eingestellt worden. Sie suche Arbeit. Ob ich helfen könne? Ich bat sie, in zwei Tagen wiederzukommen, ich bräuchte etwas Zeit. Um zu überlegen und erneut zu telefonieren.

Die Leute aus meiner Motorrad-Gang fragen mich häufiger: »Reverend, was willst Du schon ausrichten gegen all die Not? Was lässt Dich jeden Morgen wieder in diese dunklen Räume unserer Gesellschaft hinabsteigen?« Ich antworte, dass weder ich noch sonst jemand hinabsteigen müsste, um der Armut zu begegnen – denn die Armut ist mitten unter uns. Dann werde ich manchmal gefragt: »Wo siehst Du Gott noch in all dem Elend?« Meine Antwort auf diese und ähnliche Fragen scheint platt: »Es ist mein Glaube, der mich nicht schwanken lässt. Gott umgibt mich und ist für mich überall präsent. Meine Aufgabe ist es, nicht ihn zu fragen – sondern selbst Antworten zu geben. Meine Verantwortung ist, zu tun, was ich leisten kann – und nicht zu warten, ob es vielleicht andere tun.« Wie das im Alltag funktionieren soll? Ist das Verblendung, ist das blanker Idealismus? Nein. Denn es wirkt. Im persönlichen Umfeld funktioniert es sogar sofort, überall, im Kleinen wie im Großen. Und ich bin zutiefst davon überzeugt, dass, wenn jeder bei sich anfängt, sich alle in einer Gemeinschaft erst lokal, dann global zusammentun, dass dann einiges in Bewegung kommen würde. Wir brauchen eine Globalisierung der Nächstenliebe – nicht des Profits und der Gewalt. Beginnen muss diese Globalisierung bei mir selbst. In meinem Kreis, in meinem Viertel. Ich habe dazu mal eine wunderbar kitschige und dennoch berührende Geschichte auf YouTube gesehen: Eine Mutter beobachtet eines Morgens ihren kleinen Sohn, wie er an den Kühlschrank geht und etwas zu essen und zu trinken in seinen Rucksack packt. Die Mutter lächelt ihn an und fragt, was er denn vorhabe so früh am Morgen? Und der Junge antwortet, er habe beschlossen, sich auf die Suche nach Gott zu machen und ihn zu finden. Denn einen so großen mächtigen weisen Mann wolle er unbedingt kennenlernen. Und wenn Gott überall sei, dann müsse er doch auch hier, direkt in der Nachbarschaft anzutreffen sein. Der Junge stürzt danach begeistert aus dem Haus. Die Mutter lächelt ihm nach. Und der Junge läuft. Durch die Straßen der Stadt. Und läuft. Und läuft. Überall fragt er, ob jemand Gott gesehen hätte. Die Leute ignorieren den kleinen Jungen oder lachen ihn aus. Er sucht trotzdem voller Hoffnung weiter. Aber nirgendwo findet er Gott. Nach seiner wohl Stunden dauernden Suche sinkt er schließlich erschöpft auf eine Parkbank, auf der bereits eine ärmlich gekleidete, alte Frau sitzt, die wie Whoopy Goldberg aussieht. Sie wirkt niedergeschlagen. Der Junge nimmt die Frau erst gar nicht wahr. Zu sehr ist er beschäftigt mit der Frage, wo Gott stecke. Vielleicht gibt es ihn gar nicht? Der Junge kramt enttäuscht in seinem Rucksack und nimmt eines seiner Brote heraus. Als er hineinbeißen will, bemerkt er, wie hungrig die alte Frau zu ihm rüberschaut. Würdevoll. Aber hungrig. Der Junge stockt. Schaut die Frau an, die seine Großmutter sein könnte. Schaut sein Brot an. Und reicht es ihr. Die alte Frau bedankt sich mit einem überwältigenden Lächeln mit zwei strahlenden Zahnreihen und beißt in das Brot. Der Junge freut sich mit ihr, freut sich, etwas so Gutes ausgelöst zu haben in seinem Gegenüber, und strahlt fröhlich zurück. So ermutigt teilt er mit der Frau auch sein Wasser. »Danke!«, sagt die Frau überschwänglich und lächelt voller Glück. Und der Junge antwortet genauso strahlend: »Aber gerne!« Die beiden teilen und essen gemeinsam, scherzen und lachen zusammen. Jeder auf seine Weise. Plötzlich bemerkt der Junge, wie spät es schon geworden ist und dass er sofort los muss. Zum Abschied umarmen sich der Junge und die Frau, voller Glück über diese Begegnung. Dann trennen sich ihre Wege und man ahnt, vermutlich werden sie sich nie wiedersehen. Aber was bleibt, ist dieser Moment, in dem sich zwei einander völlig fremde Menschen unterschiedlichen Alters und unterschiedlicher Herkunft gefunden und voller Dankbarkeit diesen Moment miteinander geteilt haben. Das Teilen des Brotes und ihre gemeinsame Fröhlichkeit. Weil Geben eben seliger macht als Nehmen, so lautet wohl die Botschaft. Damit ist der Film aber noch nicht zu Ende. Als der Junge nach Hause kommt, fragt die Mutter ihren Abenteurer liebevoll, ob er Gott tatsächlich gefunden habe? Und der Junge antwortet wie selbstverständlich: »Ja, das habe ich.« Die Mutter schaut den Sohn verdutzt an, während der anfügt: »Gott hat mir sein wunderschönstes Lächeln geschenkt – und Mama, Gott ist gar kein Mann, sondern eine wunderbar weise alte Frau!« Aber damit ist der Film immer noch nicht zu Ende, denn auch die Geschichte der alten Frau geht weiter. Zurück im Parkt sieht man, wie sie sich, immer noch das breite Lächeln im Gesicht, zu einer anderen ärmlich aussehenden Frau auf die Parkbank setzt, die ein Schild in der Hand hält »Bitte, brauche Geld und etwas zu essen!« Mit ihr teilt sie den Rest des Brotes und das Wasser aus der Flasche des Jungen. Die zweite Frau schaut genauso so traurig und verlassen drein wie kurz zuvor die andere und fragt, warum sie bloß so glücklich lächeln könne? Und die Frau antwortet voller Überzeugung zu jedem Wort bejahend nickend: »Ich habe gerade eben mit Gott gefrühstückt.« Die andere Frau schaut ungläubig, während die Frau hinzusetzt:« »... und Gott ist kein alter Mann mit weißem Bart, sondern ein wunderbarer kleiner Junge – und er hat mir das strahlendste Lächeln geschenkt, das ich je gesehen habe!«

Das ist nur ein Film. Doch ich glaube wirklich daran und habe es auch immer wieder erlebt, dass diese Geschichten passieren. Ich glaube das, weil ich die Anwesenheit Gottes in diesen Geschichten selbst erlebe, in Parks, in Kneipen, auf der Straße. Probieren Sie es aus! Versuchen sie es selbst, in der U-Bahn, im Büro – es funktioniert. In jedem von uns steckt Gott. Jedes Lächeln, das von Herzen kommt, löst Glück und Liebe aus. Und mit unserem Lächeln geben wir den anderen Menschen die Chance, Gott in sich und in seinem Zurück-Lächeln auch in uns wieder zu erkennen. Und dafür setze ich mich auf meinen Missions-Gängen im Viertel auch mal zu völlig fremden Menschen auf die Parkbank im Weißensee-Park und höre zu, was sie mir erzählen wollen. Diese Geschichten und Erlebnisse, das Treffen von Gott in wildfremden Menschen, das ist meine Antwort auf die Frage meiner Motorradkumpels. Das ist Kern der Botschaft, die auf meine Brust tätowiert ist.

Ein anderes Mal traf ich mich mit einem wildfremden Mann im Park. Er hatte bei mir angerufen und um ein Treffen gebeten, bei ihm zu Hause. Ich hatte dabei ein ungutes Gefühl und abgelehnt. Nach mehreren Telefonaten fanden wir einen Kompromiss und trafen uns im Park. Der Mann erzählte mir seine Geschichte, eine Abstiegsgeschichte von einem guten Job hin zu einem prekären Leben. Irgendwann bat er mich noch kurz zu warten, seine Frau würde gleich kommen und wolle unbedingt mit mir sprechen. Das tat sie auch, und diesmal nahm ich die Einladung der beiden auf einen Kaffee bei sich an. Wieder erzählten die beiden, doch diesmal ging es um etwas ganz anderes:

Beide waren aus der Kirche ausgetreten, sie aus der katholischen. Sie bezeichneten sich als gläubig, doch beide hatten jeweils eine Scheidung erlebt und sich danach ausgegrenzt gefühlt von der Kirche. Nun aber ins höhere Alter gekommen plagten sie Seelennöte, die uralte Glaubensfrage der Menschen: Komme ich in den Himmel, bin ich erwählt oder bin ich verworfen, »hinaus in die äußerste Finsternis, da wird sein Heulen und Zähneklappern«? Diese Drohung ist ja da. Erwählt sein, ohne Vorbedingung, wie Abraham im Alten Testament: »Ich will dich segnen, und du sollst ein Segen sein.« Oder eben verworfen? Die beiden sahen so viel, was ohne ihr Zutun falsch gelaufen war oder was sie selbst falsch gemacht hatten. Sie suchten nach Gründen für ihr Scheitern. Nach Schuld. Und nach einem Weg für Vergebung. Als sie das sagten, rückten sie eng zusammen, als fürchteten sie, ihre Notgemeinschaft würde gleich auseinandergerissen. Ich sagte ihnen: »Wenn Ihr wirklich mit Eurem innersten Herzen nach Gott sucht, dann werdet Ihr ihn auch finden, egal, ob Ihr Kirchensteuer zahlt oder nicht. Denn Gott erhebt keine Kirchensteuer. Wenn Ihr aber Eurer Einsamkeit entfliehen möchtet – dann sucht den Weg in die Gemeinschaft mit anderen Gläubigen und findet auch Aufnahme dort – in einer Kirchengemeinde.« Ich kann solche Fragen nicht für andere Menschen beantworten. Nur Trost spenden. Auf die Frohe Botschaft weisen, wie sie auf meiner Brust eintätowiert ist. Die Botschaft, die Jesus uns mitgegeben hat, dass Gott die Menschen unendlich liebt und in unendlicher Gnade alles verzeiht.

Sola Gratia.

Die Gewissheit, dass Gott in der Schöpfung, wie ich sie mit all ihren Wundern und in all ihrer verstörenden Vielfalt täglich erlebe, zu jeder Zeit, an jedem Ort, dass er für dort und für alle ist.

Sola Fide.

Das ist die Frohe Botschaft, wie Jesus sie verkündet hat und wie sie sich in den überlieferten Zeugnissen der Jünger wiederfindet.

Sola Sricptura.

Und deshalb versuche ich den Menschen, die verstört und verzweifelt und verletzt sind, klarzumachen, dass sie auf diese Frohe Botschaft vertrauen können. Solus Christus.

Und dass die Frohe Botschaft lautet, dass Gott sie nicht verdammen wird, nur weil sie aus der Kirche ausgetreten sind. Und wenn sie glauben, dass er ihre Sünden sieht – dann würde er genauso sehen, was sie Gutes getan haben im Leben.

Meine geschätzte, ebenso tätowierte Kollegin, Nadia Bolz-Weber, lutherische Pastorin in den USA, sagt sinngemäß immer so schön: »Die Liebe Gottes ist ausgegossen in unsere Herzen, und es ist mehr als genug davon da. Lasst sie uns verschwenderisch weitergeben. An alle und jeden.«

Love is the Answer.
Gott ist die Liebe.
Soli Deo Gloria.

Ich kann Wege zeigen, Türen öffnen, sie in unsere Gemeinschaft einladen, damit sie aus ihrer Einsamkeit entkommen; aber hindurchgehen müssten sie beide selbst, sagte ich ihnen. Glauben kann niemand erzwingen. Am Ende eines langen Gespräches haben sie mich noch auf ihren Balkon geführt und mir ihren kleinen Garten Eden gezeigt, den sie dort angelegt hatten. Ein wunderbar blühender Balkon mit Pflanzen und Kräutern, ein Paradies, wo die beiden voller Liebe eine Welt gestalten, hegen und pflegen konnten – ein kleines Idyll, als Ausgleich für das Leben, das sie wie Treibholz mitgerissen hatte. Die beiden zeigten sich sehr dankbar, dass ich da gewesen war und zugehört hatte. Sie sähen jetzt klarer, ihre Angst sei weniger geworden und ihre Hoffnung größer und sie wüssten jetzt in jedem Fall, was für sie zu tun sei – und wohin sie sich wenden würden, wenn es wieder zu eng und die Angst zu groß werden würde. Sicher würden sie auch anderen Menschen erzählen: Da ist jemand, der ist da, wenn du ihn rufst, der nimmt sich Zeit und hört zu.

Die Frau grub zum Abschied eine wunderschöne Blume aus dem Balkonkasten aus und bat mich, sie mitzunehmen und für sie vorne am Altar unserer Kirche in einen Blumentopf zu stellen. Sie versprach, in den folgenden Tagen selbst in den Gottesdienst zu kommen und nach den Blumen zu schauen. Auf dem Rückweg dachte ich, wie mutlos ich gewesen war und wie kurz davor ich war, diesen Hilferuf nicht wahrzunehmen. Ich war mit einigen Befürchtungen auf dieses Treffen eingegangen; jetzt ging ich mit einer Blume in meine Kirche und stellte sie auf den Altar, als Erinnerung an dieses Gespräch zwischen drei Menschen – und als Ermunterung, mehr Mut zu zeigen und künftig noch mehr auf das Gute zu zählen.

Ich habe die beiden nicht wiedergesehen. Vielleicht war ihre Zeit wirklich abgelaufen, das hatte der Alte gesagt? Und obwohl ich nicht weiß, wie ihre Geschichte weitergeht, und obwohl sie sich unserer Gemeinde nicht angeschlossen haben, bleibt es meine Gewissheit, dass bedingungslose Liebe und das »Liebe Deinen Nächsten« der einzig Weg ist, im Hier und Jetzt, in dieser Welt schon Erlösung zu finden und den Menschen ein sinnerfülteres Leben zu ermöglichen. Und dass in der unbedingten Nächstenliebe und Gemeinschaft der Menschen untereinander die Lösung fast aller Probleme und damit der wunderbarste Teil der frohen Botschaft liegt. Daraus entsteht meine Glaubensgewissheit, dass unser Wirken – sei es auch nur in homöopathischen Dosen – niemals vergeblich sein wird, wenn wir seine Botschaft weitertragen und damit Glaube, Liebe, Hoffnung am Leben erhalten. Nächstenliebe wirkt, wächst, reift. Ein Teil ihres Samens wird auf harten, unfruchtbaren Boden fallen – der andere aber wird gedeihen und weiter Früchte tragen. Was mich zusätzlich nicht weichen und stoisch weitermachen lässt, ist der Weg, den ich bis hierhin zurückgelegt habe. Was mich antreibt, sind die sieben Männer und die sieben Werke der Barmherzigkeit, zu denen ich in den sechs Jahren meiner Ausbildung zum Diakon in der Kirche der diakonischen »Dienst-, Lebens- und Sendungsgemeinschaft« in Rummelsberg aufgeschaut habe und die meinen Fragen und Zweifeln in dieser großen Ruhe begegnet sind, die das Altarbild dort auf mich ausstrahlt. Meine Berufung ist das, wozu ich mich im Angesicht der sieben Männer und ihren sieben Werken der Barmherzigkeit versprochen habe, für die sie symbolhaft stehen.

Wie Kirche wieder Heimat wird

Ich glaube zutiefst an die Kraft der Nächstenliebe. Zugleich muss ich als Seelsorger lernen und erkennen, wo meine Grenzen sind. Und dann Demut, etwas auch stehen lassen zu müssen. Ich erinnere mich zum Beispiel an einen Tag in der Weihnachtszeit, da tauchte bei uns im Kirchenvorhof eine Frau auf, so um die 55. Sie, nennen wir sie Marta, machte einen gepflegten Eindruck, erzählte dann aber, sie sei gerade strafentlassen aus Stadelheim und obdachlos und wüsste nicht wohin. Wer könnte schon einem Menschen vor Weihnachten Obdach verweigern, bei der Geschichte, für die Weihnachten steht? Wir ließen sie im Eingangsbereich unseres Gemeindesaals übernachten. Wir dachten an eine vorübergehende Hilfe, für ein paar Tage. Es wurde mehr als ein halbes Jahr, geduldet in einer Art Kirchenasyl. Marta lebte dort mit ihren Kisten und Taschen, ein paar Dokumenten und dem Rest ihrer Habseligkeiten. Sie saß jeden Morgen beim Aufschließen immer noch im Vorraum. Sauber, gewaschen. Als wäre sie gerade eben erst eingetroffen. Schlafen habe ich sie nie gesehen. Sie war immer da. Lächelte freundlich. Sie machte einen umfassend gebildeten Eindruck, trug teures Parfüm, ihr MCM-Handtäschchen mit Würde und es war, als schien sie darauf zu warten, dass sie jemand abholt oder sich irgendetwas ereignet, das ihr Leben in eine andere Umlaufbahn schleudern würde. Sie drückte mit großer Selbstgewissheit aus, dass es bald so kommen werde. Wenn man sie fragte, woher sie stamme, was sie erlebt habe, redete sie einen schwindelig. Marta erzählte von einer unglaublichen Verschwörung gegen sie, die so unglaublich war, dass selbst wir – im Glauben erfahrene Seelsorger – sie kaum glauben konnten.

Andererseits wurde diese Geschichte so faszinierend dargeboten, dass wir unsicher waren, ob es nicht doch eine dieser unglaublichen Geschichten sei, die wirklich stimmten. Marta also blieb. Sie lebte in diesem Zwischenzustand von gestern und heute und einer nicht absehbaren Zukunft bei uns im Kirchenraum. Sie erzählte nie die ganze Geschichte und vermutlich auch nicht die ganze Wahrheit. Was ich mir aus den einzelnen Bruchstücken meiner Unterhaltungen zusammengebaut habe, ist die Geschichte einer Intrige, die ihr Leben bedrohte. Deshalb musste sie sich der Welt der vernetzten Behörden, jeder Form von Überwachung entziehen. Sie beantragte daher keine Sozialhilfe. Keine Wohnungshilfe. Keine sonstige Unterstützung. Sie lehnte jeden Kontakt mit Behörden ab. Sie wollte abgetaucht und unsichtbar bleiben, aus Angst, man würde sie sonst verschwinden lassen.

In ihren Erzählungen spielten die großen Sujets der Weltverschwörung eine Rolle, ungeheure Geldmittel auf geheimen Nummernkonten in der Schweiz, Templerorden, die Illuminaten – weshalb sie sich, wie sie sagte, eine evangelische Kirche ausgesucht hatte und keine katholische. Sie werde verfolgt von geheimen Kräften, die an den großen Rädern des Weltgeschehens drehen und überall ihre Zeichen hinterlassen würden, auch in unserer Kirche – alchimistische Dreiecke, Davidssterne und geheime Symbole, deren Bedeutung nur wenigen – ihr eben auch – bekannt seien. Ich habe lange gerätselt, was Marta mit diesen »geheimen Zeichen« meinte. Die Philippuskirche ist ein 1964 eingeweihter, auf seine klassischen Funktionen reduzierter Zweckbau mit einem 32 Meter hohen, sehr schlanken Turm. Die Altarwand wurde vom Kunstmaler Hubert Distler geschaffen und von der Mayerschen Hofkunstanstalt München ausgeführt. Inspiriert wurde sie durch ein Wort aus dem neutestamentlichen Philipperbrief, Kapitel 2, Vers 10: »Dass in dem Namen Jesu sich beugen sollen aller derer Knie, die im Himmel (Dreieck) und auf Erden (Kreuz) und unter der Erde (Predella) sind.« Und genau diese Formen finden sich auch im Kircheninneren wieder, was nicht jeder gleich entschlüsseln kann. In kirchlicher Formensprache steht das Dreieck für den dreieinigen Gott: Vater, Sohn und Heiliger Geist. Aber anders als üblich weist eine Spitze des Dreiecks nach unten: Gott im Himmel wirkt zu den Menschen, zur Erde hinab. Das Kreuz – Jesu Todes-

und Siegeszeichen – streckt sich in vier Richtungen. Es verbindet oben und unten, Himmel und Erde, öffnet seine Arme, nach rechts und links: Jesus, unser Herr und Bruder, verbindet sich mit uns. Er verbindet uns untereinander und uns alle zusammen in der christlichen Gemeinschaft mit dem himmlischen Vater. Kleine Dreiecke in diesem viereckigen Raum zeigen an, dass das Göttliche überall und mitten unter uns ist: Der Heilige Geist will unser Leben durchwirken und uns verwandeln. Gleichzeitig entsteht so auch die Verbindung zum unteren Erdenviereck: Wir Menschen sind ganz von dieser Welt. Auf ihr leben wir, sie ist uns anvertraut. Wir haben einen Auftrag auch zum Erhalt dieser Schöpfung Gottes. Marta kannte diese Symbole nicht. Verstand sie nicht. Und las sie falsch. Wie so viele Menschen die Symbolsprache des Glaubens wie auch den Sinn und die Geschichte von Feiertagen vergessen haben. Marta hatte keinen Bezug zur Kirche und auch nicht zum christlichen Glauben. Martha glaubte an Verschwörungstheorien – nicht an die Frohe Botschaft, Nächstenliebe und Auferstehung.

Wenn Marta merkte, dass wir große Veranstaltungen hatten, waren all ihre Habseligkeiten ordentlich in eine Ecke verräumt und ihre Besitzerin verschwunden. Manchmal setzte sie sich auch dazu, nahm an Gottesdiensten teil. Als wäre sie schon immer dagewesen und gehöre schon lang zu unserer Gemeinde. Wir aber wurden besorgter, wollten ihr helfen. Doch jeder meiner Versuche, Marta in die Realität zurückzuführen, mit ihr auf ein Amt zu gehen, ihr eine Identität zu geben, Ausweispapiere und Unterstützung zu besorgen, scheiterte.

Wir haben sogar überlegt, Marta in der Gemeinde zu beschäftigen, ihren Tagesablauf zu strukturieren, sie zu motivieren, eine eigene Arbeit aufzunehmen, Geld zu verdienen, eine Wohnung zu beziehen, Schritt für Schritt in die Normalität zurückzukehren – haben aber diese Überlegungen gleich wieder eingestellt, weil ohne Sozialversicherungskarte eben nur sehr wenig geht in Deutschland. Auch das bedeutet wieder: Behördengänge, Anmeldungen, Papiere, Nachweise, Stempel, Formulare. Und darauf wollte sie sich eben nicht einlassen. Das mussten wir akzeptieren.

Wir können Hilfsangebote machen, die Bedürftigen bei den Amtsgängen unterstützen – aber die Menschen müssen auch selbst wollen, wieder ohne fremde Hilfe gehen zu lernen. Meine Aufgabe ist nicht, den Menschen jeden Tag die Fische hinzutragen, sondern ihnen zu zeigen, wie sie selbst fischen können. Wir müssen uns fragen: Wie weit darf Nächstenliebe gehen? Grundsätzlich ist sie grenzenlos, bedingungslos. Also: Helfen um jeden Preis? Ja, soweit es in unseren eigenen Kräften steht; und da, wo unsere eigenen Kräfte nicht mehr ausreichen, müssen wir helfen, dass ein stärkeres System aufgerufen werden kann als unsere Gemeinde, das mehr darauf spezialisiert ist, Menschen wie jene Frau vor dem völligen Abdriften zu bewahren.

Mir fällt dazu eine chassidische Geschichte des usbekischen Weisen Nafets Ednil ein, die mein Jugenddiakon von seinen Reisen mitbrachte und uns mal abends auf einer legendären Freizeit in der Bretagne erzählt hat. Sie handelt von einem frommen Rabbi, der sich so sehr wünschte, seinem Gott einmal leibhaftig zu begegnen. Also trug er ihm seine Bitte vor: »Jeden Tag komme ich in den Tempel, um Dich zu besuchen. Jetzt wäre es mir eine große Freude, wenn Du einmal in mein Haus kommen würdest und mich besuchtest.« »Ich komme morgen«, sagte Gott, »mach mir alles bereit.« Der fromme Rabbi lief nach Hause und traf die notwendigen Vorbereitungen. Mitten in die Vorbereitungen platzte ein Kind, angelockt vom Duft der Süßspeisen, und bat um einen kleinen Kuchen. »Morgen bekommst Du Deinen Kuchen,« vertröstete der fromme Rabbi. »Heute kommt Gott. Geh jetzt, Du störst.«

Doch Gott ließ auf sich warten.

Ein Fremder klopfte an.

»Nein, heute nicht«, sprach der Rabbi. »Morgen kann ich Dir etwas geben. Geh heute zu meinem Nachbarn. Heute kommt Gott. Geh jetzt, Du störst.« Der Tag verging, aber Gott ließ sich nicht blicken. Als die Spannung fast nicht mehr auszuhalten war, da klopfte ein dreckiger, kranker Bettler an die Tür. »Nein«, scheuchte ihn der

Rabbi fort, »heute nicht, morgen ist so viel da, wie Du willst. Heute kommt Gott. Geh jetzt, Du störst.«

Aber Gott kam nicht. Am nächsten Morgen ging der Rabbi voller Zorn in den Tempel und überhäufte Gott mit Anklagen und wütenden Vorwürfen: »So oft bin ich zu Dir in den Tempel gekommen. Ist es da zu viel, wenn Du ein einziges Mal zu mir kommen sollst?«

»Was willst Du?« erwiderte Gott, »Dreimal war ich da, aber Du hast mich nicht erkannt.«

Diese jüdische Parabel erzählt genau das, was Jesus in seinem Gleichnis vom Weltgericht meint, wenn es heißt: »Was ihr getan habt einem von diesen meinen geringsten Brüdern, das habt ihr mir getan.« Jesus, Gottes Liebe in Person identifiziert sich mit den Armen und den Armseligen. Und Fremde beherbergen ist eines der sieben Werke der Barmherzigkeit. Wir wollten Marta als Anlaufstelle dienen – als sicherer Hafen, um ihre Dinge wieder zu ordnen, damit sie dann weitersegeln kann. Nur begann sich Marta häuslich einzurichten. Sie griff nach diesem Strohhalm, den wir ihr gereicht hatten, und klammerte sich so fest daran, dass sich unsere Sorgen bald bestätigten, dass sie ihn nicht wieder loslassen würde. Aus meiner Berufs- und Lebenserfahrung muss man sich auch eingestehen, dass es eben einfach Menschen gibt, die auch bei vollkommener Unterstützung nie wieder auf die Füße kommen. Ich bin zudem weder Psychologe noch Therapeut noch Sozialamtsleiter. Ich bin Seelsorger und helfe, soweit das in meinen Möglichkeiten steht. Und das bedeutet eben auch, seine Grenzen zu erkennen und akzeptieren zu lernen, wenn meine Hilfe nicht möglich ist. Du kannst nicht jedes Leid heilen, jeden Schmerz und jede Trauer wegpusten. Hilfe kann endlich sein, nach den Worten der alten Prediger: Alles hat seine Zeit. Oder wie mein deutscher Lieblingssänger Werner Schmidbauer meinte: man solle »hoam geh«, wenn man schon alle Bäume ausgerissen hat.

Als Marta nicht verschwand und aus Tagen Wochen und aus Wochen Monate geworden waren, als bald ein halbes Jahr vergangen war und sich der Vorraum unseres Gemeindesaales zu Martas Wohnung und Büro entwickelte, begannen Überlegungen, wie wir mit unserem Gast weiter umgehen wollten. Wir vertrauten ihr, aber es stellten sich zunehmend Behörden-, Versicherungs- und haftungsrechtliche Fragen. Wir müssen auch darauf achten, dass unsere Gemeinschaft keinen Schaden nimmt. Marta musste uns verlassen. Das war unvermeidbar. Bis heute weiß ich nicht, wohin sie gegangen war. Leicht war es für alle Beteiligten nicht. Wir hoffen, sie ist endlich angekommen, dort, wo auch sie endlich eine Heimat hat. Und manchmal fragen wir uns auch, ob wir vielleicht Gott nicht erkannt haben.

Die beiden Giesinger Kirchen, in denen ich gewirkt habe, »meine« beiden Kirchen, die Luther- und die Philippuskirche, versinnbildlichen auf ganze besondere Weise den situativen Gesamtzustand vieler Gemeinden in Deutschland: Beide liegen an den beiden meistbefahrenen und lautesten Straßenkreuzungen Giesings, mit einigen zehntausend Autos pro Tag. Trotzdem verharren sie wie abgeschnitten im Windschatten des städtischen Lebens. Der Verkehr fließt unablässig, Tag und Nacht, verursacht in beiden Kirchen ein Grundrauschen – aber die Menschen, die in den Autos sitzen, strömen an beiden Kirchen vorbei. Die ältere Lutherkirche hat einen weiteren Nachteil. Nicht nur, dass sie an der mehrspurigen Martin-Luther-Straße liegt; der Turm und das Hauptportal stehen zusätzlich »verkehrt herum«, und Besucher müssen erst den Aufgang zur Kirche entdecken. Beim Bau 1928 führte die heute verwaiste Bergstraße noch mit zwölf Prozent Steigung als Hauptstraße den Giesinger Berg hinauf direkt am Hauptportal vorbei. In der NS-Zeit wurde die Bergstraße durch die heutige Martin-Luther-Straße ersetzt, die nun mit brachialer Gewalt das alte Giesinger Dorfzentrum durchschneidet und dafür sorgt, dass der Haupteingang auf der Rückseite liegt und zudem die Kirche von ihrem Gemeindezentrum getrennt ist. Die Lutherkirche bleibt so im Schatten der sie überragenden Pfarrkirche Heilig-Kreuz, auf dem gegenüberliegenden Ufer des Verkehrsstromes, und wird oft verwechselt.

Die Philippuskirche liegt ebenfalls an einer vielbefahrenen Kreuzung zwischen dem Autobahnzubringer der A8 Richtung Salzburg und der Chiemgaustraße, die hier als Teil des Mittleren Ringes mit einer autobahnähnlichen Schnellstraße das Zentrum Münchens umschließt – die Kirche im Dorf lassen, Kirche als beschauliches Zentrum des Dorflebens mit Tanzlinde, Blumen und plätscherndem Brunnen davor? Nicht rückholbare Vergangenheit. Vorbei.

Unsere beiden Kirchen stehen an unwirtlichen Orten einer Großstadt, die für viele längst nicht mehr das »Dorf mit Herz« ist, und oft ist der Verkehrslärm das einzige, was zu manchen Tageszeiten die Leere und Stille in ihnen übertönt. Man muss unsere Kirchen suchen und finden – und dann eben auch im Sinne ihrer Erbauer entdecken wollen. In der Lutherkirche zum Beispiel schwebt ein der irdischen Last des Kreuzes völlig befreiter Jesus über dem Altar, ein Bild der Hoffnung und des Trostes der Wiederauferstehung, wie ich es selten in einer Kirche gesehen habe. Die Lutherkirche hat außerdem trotz der Verkehrslage einen unschlagbaren Standortvorteil, der nicht unerwähnt bleiben soll, auch wenn er rein kulinarischer Natur ist und ich selbst keinen Alkohol trinke: Zehn Meter Fußweg vom Kirchenportal entfernt befindet sich die Giesinger Brauerei, die mit ihren selbstgebrauten »Craft«-Bieren in München Kultstatus genießt. Zur einstigen bayerischen Dreifaltigkeit Kirche, Gasthaus fehlt nur noch der Friedhof. Der ist seit Jahrzehnten aufgelassen, aber wenn man aus der Kirche kommt, fällt man über ein paar Stufen sozusagen direkt ins *Giesinger Bräustüberl* mit dem anschließenden Biergarten und feiert das Leben. Für mich ergaben sich dadurch zahlreiche Anknüpfungspunkte, und so hat sich im Rahmen unsere Gemeinwesenarbeit zu dem Team der Giesinger Brauerei ein besonders herzliches Verhältnis aufgebaut, zum Lutherjahr gab es sogar mal eine Sonderedition Bier mit der Lutherkirche auf dem Etikett.

In unsere Sonntagsgottesdienste kommen immer noch 70 bis 80 unserer Gläubigen in die Lutherkirche. In der Philippuskirche sind wir knappe 20 im Normalfall. In Bezug auf die Gesamtzahl kommt also in beiden Kirchen ein Prozent der unserer Gemeinde zugeordneten

Mitglieder regelmäßig in den Gottesdienst. Ich vermeide hierbei absichtlich das Wort »NUR« – weil eben jeder Gläubige, der unsere Gemeinschaft im Gottesdienst mit uns teilt, viel zu wertvoll ist, als dass man in diesem Zusammenhang das abwertende Wörtchen »nur« verwenden sollte. Jeder ist willkommen – und noch willkommener sind jene, die sich freiwillig und mit offenem Herzen zu einer Gemeinschaft zusammenfinden. Klar sind wir zu wenig. Ist der Altersschnitt zu hoch. Wir wollen wieder mehr und wir müssen wieder jünger werden. Daran arbeiten wir. Alle zusammen. Und trotzdem muss ich es ganz offen sagen: Gottesdienst ist mittlerweile leider eine »Special-Interest«-Veranstaltung. Die Frohe Botschaft ist unsere Mitte. Aber früher hieß es: Der Gottesdienst ist unsere Mitte, die Mitte der Gemeinde – und damit auch die Mitte der Gesellschaft. Vorbei. In einem Stadtteil wie Giesing, in der sich die Bevölkerung mehrheitlich aus Zugezogenen ohne Glaubensanbindung oder aus andersgläubigen Menschen mit Migrationshintergrund zusammensetzt, sind wir heute eher am Rand als in der Mitte. Nicht etwa, weil wir ausgegrenzt wären oder weil man unserem evangelischen Glauben intolerant gegenüberstehen würde. Nein, man nimmt uns einfach nicht mehr wahr. Der Bedeutungsverlust trifft uns dabei ähnlich hart wie unsere Glaubensbrüder in der katholischen Kirche nebenan, mögen die Türme noch so hoch und die Gotteshäuser noch größer und mächtiger erscheinen – auch hier bleiben die Kirchenbänke überwiegend leer. Dieses langsame Sterben ihrer Gemeinden durch Auszehrung frisst sehr an dem Selbstverständnis und dem Selbstbehauptungswillen vieler Pfarrer und Pfarrerinnen. Und zwar in dem Maße steigend, je ernster und liebevoller sie ihre Berufung ausüben möchten. Im Gemeindegebiet unserer Philippus- und Lutherkirche zum Beispiel gibt es drei weiße Flecken, die »Terra Incocnita« meiner Arbeit als Gemeinwesendiakon, wie ich es nenne: Es sind drei riesige Neubaugebiete, die binnen kurzer Zeit auf dem Gelände ehemaliger Industrieanlagen erbaut wurden und mich vor besondere Herausforderungen stellten. Da ist zum einen der neue Agfa-Park mit 1200 Wohnungen für 1700 Bewohner auf 10 Hektar. Auf dem Gelände war jahrzehntelang die Firma Agfa tätig und prägte als größter Arbeitgeber das Viertel. Zur spektakulären Sprengung des Agfa-Hochhauses 2008 kamen damals tausende Giesinger – und viele, die dort ihr Leben lang Arbeit fanden, hatten Tränen in den Augen, die nur in Giesing diagnostizierte Agfa-Melancholie. Die zwei weiteren weißen Flecken in unserem Gemeindegebiet entwickeln sich auf dem ehemaligen Gelände der Paulaner-Brauerei, mit 1500 Wohnungen auf 9,1 Hektar für 3500 Bewohner. Dazu kommt zum dritten das Osram-Gelände, mit 400 Wohnungen und geplanten 1000 Bewohnern auf 3,3 Hektar, immer in der von der Stadt München vorgeschriebenen Mischbebauung mit luxuriösen Eigentums- und Sozialwohnungen. Drei Siedlungen mit einer höchst heterogenen Zusammensetzung der Bewohner – von ganz reich in luxuriösen Eigentumswohnungen bis ganz arm in den Sozialwohnungen der Stadt – von Einheimisch-Bayerisch bis »aus allen Weltgegenden«. Damit wissen wir, dass innerhalb kürzester Zeit zwischen 5000 bis 8000 ortsfremde, neue Bewohner ohne soziale Bindungen untereinander in den Stadtteil Giesing ziehen und die alten Strukturen dieses Stadtdorfes aufbrechen und extrem verändern werden. Drei Siedlungen ohne gewachsene Sozialgemeinschaften. Familien. Pärchen. Singles. Oft alle nur nebeneinander und für sich.

Die sich verfestigende Anonymität in den Städten bedeutet auch vielfache Einsamkeit, die sich wie eine Art neuer Krebs als Megatrend in die Gesellschaft frisst. Es ist keineswegs nur die Einsamkeit alter Menschen – sondern es ist neuerdings auch die Einsamkeit in den Haushalten junger Singles, die abends nach einem harten Arbeitstag völlig übermüdet und dennoch schlaflos die Wände ihrer teuren Wohnungen anstarren. Nach Schätzungen von Wissenschaftlern sind inzwischen 10 bis 20 Prozent der Bevölkerung von Einsamkeit betroffen. Einsamkeit macht unsicher und: Durch die soziale Isolation vieler nimmt auch das Mitgefühl füreinander ab. Eine aktuelle Metaanalyse über drei Jahrzehnte hinweg mit Daten von knapp 14.000 Studenten zeigt einen deutlichen Rückgang der Empathie und der Fähigkeit zur Einnahme der Perspektive anderer. Die Menschen kümmerten sich weniger um ihren Nächsten und legten nicht mehr so viel Wert auf Nachbarschaft, sind unfähiger als früher, Gemeinschaft zu ertragen und sich einzubringen. Die Folge: Einsamkeit nimmt zu. Die Umgebung wird zunehmend als fremd und feindlich empfunden. Wir als Kirche haben da etwas anzubieten. Doch gerade in den Neubaugebieten, nicht nur in Giesing, ganz generell sehen wir, wie viel komplizierter unsere Arbeit werden kann. Durch die hohe Fluktuation, die Aufbau von Strukturen immer schwerer macht. Gemeinschaft braucht auch Kontinuität und vor allem Verlässlichkeit. Oder, eigentlich ganz banal: Die Video-Kameras an allen Eingängen, durch die ich statt in die Augen eines Hausbewohners schon unten am Eingang nur in die kalte Terminator-Linse einer Überwachungs-Kamera schaue. Immer öfter: Kein Summer summt. Keine Tür öffnet sich. Das Licht erlischt. Ich bleibe draußen. Und die Tür bleibt zu. So schiebt sich die digitale Revolution 4.0 zwischen mich, die Menschen und die Frohe Botschaft, die weiterzutragen mir aufgetragen ist. Nur ein weiteres Beispiel für eine immer wiederkehrende Erfahrung: Ich habe mich noch nie so abgeschnitten gefühlt wie in diesen Neubauvierteln. Gerade hier, wo doch ein wichtiger Teil meiner Arbeit ist, die neu zugezogenen Menschen mit Kirche wieder in Berührung und zueinander ins Miteinander zu bringen – so, dass erkannt wird, was unser Angebot ist und was wir zu leisten vermögen in allen Bereichen des Zusammenlebens.

Die Technik und sozialen Entwicklungen erschweren also einerseits unsere Arbeit, machen sie aber gleichzeitig auch noch nötiger. Und die neuen Viertel haben auch Vorteile: In Giesing bieten gerade für Familien mit Kindern die neuen Anlagen zwischen TeLa und Untersbergstraße gute soziale Entwicklungsmöglichkeiten – neben hellen, modernen Wohnungen viele gute Einkaufsmöglichkeiten, Spielplätze und ausgedehnte Grünflächen, die als »Aktivitätenband« zwischen den Wohnblöcken mit Trampolin, Schaukeln und Rutschen angelegt wurden. Unsere Kinder sind die Hoffnung für gelingende Integration. Und genau da müssen wir hin in der Gemeinwesendiakonie. Sankt Martin feierte ich absichtlich im Gemeindesaal, weil es den muslimischen Eltern dann leichter fällt, nach dem Sankt-Martins-Umzug noch zu uns mitzukommen. Das mag kritisieren, wer will – aber wer das tut, versteht nicht, dass Migration gerade in Giesing eine Tatsache ist. Und das ist eine Hauptaufgabe meiner Arbeit, Integration nicht scheitern, sondern friedliches Zusammenleben möglich werden zu lassen. Zumal die muslimischen Eltern, die bei einem durchaus christlichen Lichterfest wie dem Sankt-Martins-Umzug mit ihren Kindern gehen und dann auch noch den Sprung in unseren Gemeindesaal schaffen, ja ein Maß an Toleranz und Integrationswillen zeigen, der vielen an anderer Stelle, auch bei uns und in den unterschiedlichen Religionen leider oft noch fehlt. Ich lade Jeden und Jede ein (m*w*d), zumindest unsere Kirche wieder als den Ort zu begreifen und zu erobern, in dem Gemeinschaft und Gemeinsinn höchst unterschiedlicher Menschen ohne Voraussetzungen und Hürden wieder möglich ist. Kirche ist ein Raum für Gemeinschaft, Andacht und Lebensfreude. Und da ist nichts verbindender als gemeinsames, gelungenes Erleben dieser Gemeinschaft für alle, und nichts ist schöner, als wenn man auch gemeinsam lachen kann. Einmal kam ein Vater mit seinem neugeborenen Baby in unseren Gottesdienst. Bei den Liedern »sang« das Baby plötzlich wunderbar mit. Hin und wieder ließ es etwas von sich hören, krähte und gluckste dazwischen wie im Babysitter-Boogie-Woogie aus den 60er-Jahren von Ralf Bendix und bereicherte so den Gottesdienst. Alles lachte. Niemanden hat es gestört. Zum Abendmahl stand der Vater mit Baby vor dem Bauch mit in unserer Gemeinschaft, alle waren still und andächtig. Ich wollte gerade ansetzen und hob die Hände zum Segen, da nutzte das Baby die Stille und brabbelte voller Vergnügen plötzlich wieder los. Als es fertig war, schaute ich lächelnd in die Runde und sagte: »Eigentlich ist alles bereits gesagt, ich wiederhole es trotzdem noch mal.« So gingen die Gemeindeglieder nicht nur gesegnet, sondern auch vergnügt und fröhlich zurück zu ihrem Platz in die Bank.

Warum erzähle ich diese Anekdote? Weil es zwar platt klingen mag, aber so schwer und zugleich aus meiner Sicht essenziell ist, wenn wir wieder mehr vom Rand in die Mitte der Gemeinschaft wollen: Unsere Gottesdienste müssen wieder Feste sein. Feste der Freude. Nur so haben wir die Chance, auch kirchenferne Menschen wieder zu begeistern. Dafür müssen wir aber selbst Freude an unseren Festen haben. Für uns in Giesing war solch ein Fest der Freude zum Beispiel »Gospel in Giesing«. Deshalb ein tolles Beispiel, weil es aus einem Kontakt mit einem kirchenfernen Menschen entstand: Andreas, gebürtiger Nürnberger wie ich, jetzt aber Giesinger und DJ. Er hatte mich in einer Nachmittagssendung im Bayerischen Fernsehen gesehen, in »Wir in Bayern«, als er bei seiner über 80-jährigen Mutter zu Besuch war, an einem Karfreitag. Er war fasziniert und wollte unbedingt Kontakt zu mir, denn er hatte schon lange einen Traum: Er wollte soulige Gospelsongs der 60er und 70er-Jahre in einer Kirche auflegen. Er rief an, wir trafen uns und daraus entstand »Gospel in Giesing«. Statt des Altars stand ein DJ-Pult vorne, direkt unter dem schwebenden Christus. Nicht jedes unserer Gemeindemitglieder konnte damit umgehen. Aber wir probierten es aus. Drei Musikstücke von Andreas, Zwischentext von mir. Eine Stunde lang. Ganz anders. Ganz großartig. Und bei der Veranstaltung an einem noch milden Herbstabend ließen wir einfach die Türen offen. »Laufkundschaft«, die eigentlich zum *Giesinger Bräu* wollte, schaute herein, viele blieben, genossen die Musik, den Raum, die Gemeinschaft der in der Musik ganz andächtig entspannten Kirchenbesucher. Die Kirche füllte sich immer mehr. Nicht Glockenläuten, Tür zu. DJ-Klänge und Tür auf. Danach sind wir noch in die Schänke des *Giesinger Bräu,* und Andreas legte die richtig tanzbaren Scheiben auf und flippte fast aus, als er unsere Kirchenvorstände tanzen sah. Das gab es nämlich in seinem kirchenfernen Weltbild so nicht, dass Menschen, die gläubig sind, Kirchenvorstände gar, auch das Leben zu feiern verstehen. Frei nach *Geier-Sturzflug* und deren Weisheit, dass man eines nicht nehmen könne: die »pure Lust am Leben«.

Diese Lust am Leben, die hatte ich in den dunklen Tagen nach meiner Trennung selbst verloren – gerade deshalb weiß ich, wie wichtig sie ist. Wie hätte ich sie damals meiner Gemeinde gegenüber auch ausstrahlen sollen, wenn ich sie selbst nicht mehr verspürte? Deshalb sind Freude und Lust, die Unbändigkeit des Lebens in seiner Fülle zu erfahren, so starke Antriebe für mich. Wie der Rausch beim Motorradfahren oder das Versinken in die Musik. Durch diese Erfahrungen können wir die Freude der christlichen, dieser »Frohen Botschaft« vermitteln.

Wir hatten zum Beispiel 2018 ein Krippenspiel am Heiligen Abend in der Gemeinde organisiert und das auch in unserem Kindergarten beworben. Die Kinder waren natürlich mit Begeisterung dabei – manche Eltern weniger. Anfangs zumindest. Denn nach dem Krippenspiel kam die Mutter einer Teilnehmerin auf mich zu und erzählte mir, sie war anfangs überhaupt nicht begeistert, als ihre Tochter mit dem Flyer des Krippenspiels kam und mitmachen wollte. Sie hatte Berührungsängste mit einer ihr fremd gewordenen Institution, befürchtete zu viel christliche Bekehrung. Jetzt sei sie unglaublich froh, dass sie nicht nur ihre Tochter hatte mitmachen, sondern sich von ihr auch zum Mitkommen hatte überzeugen lassen. Denn eigentlich sei sie ja Gemeindemitglied, habe aber nie wirklich Zugang zur Gemeinde gefunden und freue sich auch sehr über die Begegnung mit mir. Das war mein Weihnachtsgeschenk 2018!

Distanz und Unkenntnis vieler Eltern, was Glaube und Glaubensvermittlung in der modernen Kirche anbelangt, erlebe ich leider häufig. Im Konfirmandenunterricht müssten wir deshalb die Eltern einbinden, es zumindest versuchen. Ich habe das auch schon ausprobiert, wollte mit den Eltern zusammen Seminare und Einheiten gestalten. Super Idee … Nach den ersten Gesprächen war ich stellenweise wirklich fassungslos über die Ahnungslosigkeit einiger Eltern, dass viele selbst bekannteste Gleichnisse und Bibelgeschichten nicht kannten, und die tiefe Unsicherheit in Bezug auf Glauben und Glaubensfragen. Ich spreche hier nicht von ungetauften Menschen oder Anhänger anderer Religionen. Ich spreche von Gemeindemitgliedern, denen die Konfirmation ihrer Kinder offenbar noch etwas bedeutet. Das war christlicher Analphabetismus.

Ich meine das gar nicht abwertend und will mich auf keinen Fall darüber lustig machen. Nein, ich begreife die Glaubensvermittlung als eine immer wichtiger werdende Aufgabe. Kindergärten sind dabei das perfekte Modell für Gemeinwesendiakonie, um Kinder und Erwachsene wieder mit christlichen Werten, Ideen und Gleichnissen zusammenzubringen, und sei es durch ein Krippenspiel zu Weihnachten, der Geschichte aller Geschichten. Gerade konfessionelle Kindergärten sind gefragt, in Giesing bei sämtlichen Konfessionen übergreifend und selbst bei muslimisch gläubigen Eltern. Eben weil die Kirche als Institution dahintersteht und Eltern vermuten, dass es in einem kirchlich betriebenen Kindergarten eben doch das »Mehr« an werteorientierter, an kindgerechter, aber auch konsequenter Erziehung gibt, die sie sich für das spätere Fortkommen ihrer Kinder erhoffen. Hier hat Kirche noch einen Vertrauensvorschuss – und den müssen wir nutzen!

Die Kindergärten zeigen mir immer wieder: Unsere Kirche ist, bei allen Problemen intern und Herausforderungen extern, ein schlafender Riese und wäre das perfekte »Tool« gegen sehr viele Missstände und Fehlentwicklungen in unserer Gesellschaft. Dazu müssen wir uns aber wieder besser kennenlernen, Fremdheiten und Vertrauensverlust überwinden. Das aber gelingt nur, wenn wir regelmäßig in Kontakt miteinander kommen und uns in Richtung einer »Caring Community« entwickeln. Wir brauchen dafür gar keine neue Vision – mit der frohen Botschaft haben wir bereits alles. Aber wir bringen sie nicht mehr unter das Volk und sind dabei, gerontologisch und demographisch selig zu entschlafen. Wir haben aus unseren Gotteshäusern Kirchenburgen gemacht und die Zugbrücke hochgezogen. Runter mit der Brücke, auf mit den Türen! Macht hoch die Tür, die Tor macht weit! Raus in die Welt und ran an die fünf Grundaufgaben, die die Evangelisch-Lutherische Kirche in Bayern (ELKB) unter einem strategischen Leitsatz subsummiert: »Die ELKB gibt Zeugnis von der Liebe des menschgewordenen Gottes«. Konkret in Aufgaben ausformuliert bedeutet das:

- Christus verkündigen und geistliche Gemeinschaft leben
- Lebensfragen klären und Lebensphasen seelsorgerlich begleiten
- Christliche und soziale Bildung ermöglichen
- Not von Menschen sichtbar machen und Notleidenden helfen
- Nachhaltig und gerecht haushalten

Zugbrücke runter und raus ins Leben

Wir singen zwar, »ein feste Burg ist unser Gott«, doch das bedeutet nicht, dass wir uns in einer Burg einmauern sollen. Wir müssen uns, wenn wir die vorher beschriebenen Aufgaben angehen wollen, Fragen stellen: Was bedeutet die Situation in einem Viertel für unsere Gemeinde, unsere Ziele und unsere Arbeit? Und umgekehrt: Was bedeuten wir für unsere Viertel? Wofür stehen wir? Woran sollen die Menschen uns erkennen? Wir werden uns in Zukunft noch sehr viel stärker fragen müssen, was ist unser Profil? Was wird von den Menschen in unserem Stadtteil, unseren Gemeindemitgliedern, aber auch den anderen, unseren nicht konfessionellen Nachbarn, erwartet? Was sind in Zukunft unsere pastoralen Grundaufgaben? Worauf wollen wir unsere Kräfte konzentrieren? Was müssen wir in jedem Fall abdecken: Dass es Seelsorgegespräche gibt? Dass es regelmäßige Gottesdienste gibt? Dass wir in jeder Gemeinde Taufen, Konfirmation, Hochzeiten und Beerdigungen begleiten? Das sind natürlich die Grundaufgaben der Pfarrer und Pfarrerinnen – lange und heftig verteidigte Pfründe. Aber angesichts der inzwischen überall greifbaren Personalnot in den Pfarreien, auch bei den ehrenamtlichen Helfern, der allgemeinen Überalterung, den wegbrechenden Besucherzahlen in den Gottesdiensten, den hohen Kirchenaustrittszahlen, angesichts all dessen müssen sich die Gemeinden entscheiden: Was ist die Pflicht und was ist die Kür? Wo ist der höchste Bedarf, und wovon müssen wir uns trennen, weil es kaum nachgefragt wird? Mit den Kürzungen beginnst du bei der Kür. Und das bedeutet, dass es dann irgendwann einmal kein Sozial-Café mehr geben wird, weil die kirchlichen Arbeitskräfte fehlen. In meiner Philippuskirche gibt es hauptamtlich nur den Pfarrer, eine Gemeindesekretärin in Teilzeit, die Putzkraft, einen Hausmeister mit zehn Wochenstunden und mich. Ende Gelände. 90 Prozent der Arbeitskraft in der Gemeinde fließen in die Betreuung der Kerngemeinde. Mit diesen 90 Prozent aber erreiche ich gerade mal 100 bis 200 Menschen – die restlichen zehn Prozent reichen nicht, um unsere Aktivitäten nach außen zu tragen. Ohne unsere ehrenamtlichen Helfer wäre das ganze breite Spektrum, das Kirchengemeinden heute in allen sozialen Bereichen leisten, überhaupt nicht denkbar – aber auch die Ehrenamtlichen fehlen zunehmend. Was also tun?

Bevor Jesus ging, gab er seinen Jüngern doch einen Auftrag: Geht raus zu den anderen. Ladet sie ein. Macht sie zu euren Jüngern. Es war nicht so einfach, aber am Ende entstand das, was wir heute das Christentum nennen. Heute ist es aber so, dass wir nicht mehr herausgehen. Keine neuen Jünger mehr werben, sondern uns in unseren Gemeinden einmauern und von immer mehr Verwaltung einmauern lassen, eben in unserer Burg. Doch wir werden in dieser Burg aussterben. Wollen wir überleben und vor allem, das ist noch wichtiger, mit den Menschen leben, denn nur so hat Kirche Sinn und ist nicht Selbstzweck, dann muss Kirche in den neuen, nicht mehr ausschließlich nach Gemeindegebieten definierten »Handlungsräumen« flexibler und vernetzter gestaltet werden. Diese Handlungsräume orientieren sich zukünftig verstärkt an den sozialen Gefügen und Netzwerken eines Stadtviertels. Nicht die Kirche definiert ihr Gemeindegebiet und stülpt es dem Viertel über – sondern die Menschen in ihren sozialen Beziehungen sind maßgebend. Das stellt bisweilen alles bisher Gewohnte auf den Kopf, die Entgrenzung im Denken und Handeln anerkennt jedoch, dass Menschen sich heute in einem Raum selbst sozial organisieren und ausrichten, selbst bestimmen, wo sie wohnen, einkaufen, wo Schulen und Kitas ihrer Wahl sind, wohin sie pendeln, wo sie Freizeit verbringen und vieles mehr und Kirche dabei längst nicht mehr im Mittelpunkt ihrer Überlegungen steht. Die Kirche mag noch in vielen Dörfern stehen – aber sie hat die gesellschaftliche Kraft verloren, anderen vorzugeben, wonach sie sich zu richten haben. Und das hat auch viel Gutes.

Der Handlungsraum der Gemeinde selbst wird künftig allein von den Gläubigen und an Leistungen der Kirche Interessierten her gedacht und ist zum Beispiel beschrieben durch den Aufwand, den jeder im Stadtteil gerade noch akzeptiert, um mit möglichst geringem Einsatz an Zeit und Wegen kirchliche Angebote wahrzunehmen. Je attraktiver und nützlicher das Angebot, desto größer die Bereitschaft, auch längere Wege in Kauf zu nehmen. Es soll keineswegs banalisieren, wenn ich das mit der Planung der Lebensmittelkonzerne vergleiche, die genau schauen, wo noch Bedarf für einen weiteren Supermarkt besteht, wie groß das Kundenpotential ist, wo das Angebot ausgeweitet werden oder angesichts gravierender Veränderungen im Viertel oder wegen mangelnder Nachfrage und fehlenden Helfern und Personal verringert werden muss. Unser Angebot ist spirituell. Nur wenn die Leute das Angebot nicht mehr nachfragen, nicht finden und nicht vermissen, dann müssen wir überlegen, was wir besser machen können, wie wir wieder näher an die Lebensadern der Menschen gelangen. Die moderne Stadtentwicklung können wir nicht ignorieren. Verkehrsströme, Bedürfnisse und Laufwege verändern sich heute in den Metropolen viel dynamischer als vor Jahren noch. Stadtviertel veröden, verödete Stadtviertel werden wieder hipp. Die sozialen Gefüge verschieben sich laufend wie die Kiesbänke in einem reißenden Fluss. Es entspricht doch der Alltagserfahrung eines jeden, dass man sich zum Beispiel sein Fitnessstudio danach aussucht, ob es gut und schnell erreichbar ist, eher näher an der eigenen Wohnung gelegen ist, genau wie man den Arbeitsplatz oder das Gasthaus, in dem man sich abends noch mit Freunden trifft, danach wählt, wie lang der Anfahrtsweg ist, ob es dort Parkplätze oder hochfrequenten öffentlichen Nahverkehr gibt?

Warum sollte Kirche auf solche Überlegungen zukünftig nicht sorgfältiger und überlegter eingehen? Den tatsächlichen Bedarf besser ermitteln und folgen? Jede Kirchengemeinde, jede kirchliche Einrichtung lebt allein von der Akzeptanz der Menschen, die sich einbringen. Weil eben der Faktor Zeit eine immer größere Rolle spielt, sollte die Aufgabe lauten: Kirche muss zukünftig noch besser ein auf die Bedürfnisse im Viertel gut abgestimmtes Angebot entwickeln, das zentral liegt und schnell zu finden und barrierefrei zu erreichen sein soll. Und: Das müssen die Leute auch wissen! Ein ganz schöner Brocken Arbeit. Und eine »Zumutung« für die Gemeinde, die akzeptieren muss, dass sich Interessierte nicht an Gemeindegrenzen halten, sondern sich genau nach Kriterien der Erreichbarkeit, des Angebots und seiner Präsentation ihre Kirche aussuchen werden. Idealismus ist längst der Kosten-Nutzen-Kalkulation gewichen. Jeder normale Verein kennt die Probleme, dass die Mitglieder gerne das Angebot mitnehmen – aber kaum noch einer die zusätzliche Last auf sich nehmen will, zum Beispiel ehrenamtlicher Vereinsvorsitzender zu werden. Man kann das noch so viel beklagen: Es ist so. Dem müssen wir uns stellen, auch wenn unsere Botschaft nicht einfach auf Wirtschaftliches zu reduzieren ist.

Das bedeutet, dass Angebote wegfallen werden. Die Vernetzung der Gemeinden in einem Handlungsraum müssen dann die Defizite der einen Gemeinde durch die Stärken der anderen ausgleichen. Die Menschen außerhalb werden das nicht beklagen: Denn wer außer den Kirchenverwaltungen kennt heute wirklich noch die Zuständigkeitsgrenzen einer Gemeinde? Sie spielen im Zeitalter der Mobilität doch für die meisten keine Rolle mehr. Für die älteren, immobilen Menschen müssen wir wiederum besondere und noch gezieltere Angebote machen, noch besser planen, damit sie nicht außen vor bleiben. Auch das: eine Herausforderung! Eine unbequeme Herausforderung, weil es uns zum Umdenken und Verzicht auffordert. Doch warum sollte beispielsweise jede Gemeinde weiterhin für sich einen Altennachmittag anbieten, zu dem von Mal zu Mal weniger Menschen kommen, anstatt diese Ressource mit den Nachbargemeinden zu bündeln oder gar mit den in München in jedem Stadtteil vorhandenen Alten- und Servicecentern kooperieren? Gerade wenn es auch noch wie in Untergiesing in Trägerschaft der Diakonie im Münchner Süden ist, also quasi »zur Firma« gehört. Warum nicht einen Altennachmittag gemeinsam veranstalten, vielleicht auch im Wechsel, wenn in der einen Gemeinde nur noch wenige kommen und in der anderen noch eine weit größere Nachfrage besteht? Das kann manchmal auch nicht klappen und nicht angenommen werden. Doch die Zeit der ideologischen Vollversorgung ist vorbei. Ausprobieren statt Verhindern. Und wenn jemand sagt, der Weg sei zu weit, dann braucht es Ideen, einen Shuttle mit dem Gemeindebus zum Beispiel, der die Alten fährt, so wie es heute in jedem Altersheim der Fall ist.

Diese neuen Handlungsräume werden nicht nur in Giesing, sondern in ganz Bayern und in allen Dekanaten bundesweit unterschiedlich beschrieben sein, aber auf bestehenden Strukturen aufsetzen und mit bestehenden Gremien arbeiten – und vor allem mit den Menschen, die vor Ort, an der Basis gute und aufopfernde Arbeit leisten. Dafür braucht es Begeisterung und Freude am Aufbruch. Und die muss von unten kommen, eine Grassroot-Bewegung der Begeisterung und des Aufbruchs. Solch ein Mentalitätswechsel dauert und geschieht nicht von heute auf morgen – und solche Bemühungen können auch ins Leere laufen, ausgebremst werden und an zu viel Zweifeln oder Befürchtungen scheitern. Doch wir müssen diesen Mentalitätswechsel angehen, wollen wir nicht nur den Untergang verwalten, uns kleinmachen, schrumpfen und verschwinden. Wollen wir einen »Wind of Change«, den Wind der Veränderung nutzen, dann müssen wir auf die Windfänger unserer Mühlen leiten. Dazu müssen wir die Menschen fragen, was sie brauchen, was sie wollen, was es sein soll. Das ist ein Grundprinzip der Gemeinwesenarbeit. Lange genug haben wir besser gewusst und entschieden, was die Leute brauchen. Fragen kostet nix. Braucht aber Mut und Begegnung.

Ich bin jetzt seit 22 Jahren im Dienst, und ich habe noch 22 Jahre. Für mich ist jetzt Halbzeit. Mein Dekan hatte vor nicht langer Zeit Zahlen genannt, die alles zum Nachwuchsproblem auch in der Seelsorge sagen: Fünfzehn Pfarrerinnen und Pfarrer traten 2019 in den Dienst, aber 150 gingen in den wohlverdienten Ruhestand. Wir werden schon in Kürze nicht mehr darüber reden, wer was darf und wer es nicht darf, aus irgendwelchen Standesdünkeln und Abgrenzungsgedanken heraus. Bald wird es nur noch darum gehen, überhaupt noch jemanden zu finden, der es tut – und zwar aus Überzeugung und im festen Glauben.

Ich habe eine Urkunde mit der »Beauftragung zur öffentlichen Wortverkündigung und Verwaltung des heiligen Abendmahls«. »Verwaltung«, das steht da wirklich – dabei ist das heilige Abendmahl ein Sakrament. Das Sakrament der Taufe wiederum darf ich nicht austeilen. Ebensowenig darf ich offiziell einen Gottesdienst halten aus Anlass einer Trauung. Das kann niemand theologisch haltbar begründen. Diese Regeln sind von Menschen gemacht, und Menschen können auch entscheiden, sie aufzuheben, sie den Erfordernissen der Zeit anzupassen. Ich habe katholische Schwestern predigen hören und sage voller Überzeugung: Sie sind Priesterinnen! Sie haben was zu sagen! Hört ihnen zu und lasst sie es tun, um Himmels Willen!

Das sage ich auch, weil die Ökumene für mich auch eine Frage des Überlebens oder zumindest der Wirksamkeit ist: Wir müssen in anderen Räumen denken in der Ausübung unseres Glaubens. Wir müssen wieder die Fähigkeit der Urkirche entwickeln, einen sakralen Raum überall und zu jeder Zeit ausbilden zu können, der eine solche Ausstrahlung hat, dass andere Menschen zurückkommen, die sonst kirchenfern sind. Dazu müssen wir uns wieder wie die Urkirche auf Gemeinsames statt auf Trennendes konzentrieren. Wir müssen uns fragen, wann sich die beiden großen Kirchen in Deutschland zusammentun und sich in ihren weltlichen Aufgabenbereichen wirklich vernetzen: in der Verwaltung. In den Bauabteilungen. Im Finanzwesen. Im Immobilienmanagement. In der Caritas, der Altenpflege oder im Betrieb gemeinsamer christlicher Kindergärten und Alteneinrichtungen. Wir könnten so noch mehr Freiraum schaffen für spirituelle Verkündung des Wortes, für die Seelsorge, für unsere Mission der Barmherzigkeit.

Was hindert uns daran, Vernetzung konsequent nicht erst 2030 oder 2060 zuende zu denken, wenn wir uns nach der jüngsten Studie zur Demographie der Kirchen halbiert hätten. Warum nicht schon jetzt? Was hindert uns daran, in Zeiten des Pflegenotstandes die evangelische Diakonie mit der katholischen Caritas zu verbinden, Synergien zu nutzen und unsere Fähigkeiten christlicher Nächstenliebe zu bündeln? Was hindert uns daran, neu und gemeinschaftlich überkonfessionell vernetzt christlich zu denken und am Ende, wie Christus mit seinen Jüngern auf allen bekannten Gemälden, wieder gemeinsam Mahl zu halten ohne Trennung in Konfessionen? Warum belasten wir uns und schließen uns gegenseitig vom Abendmahl aus, warum halten wir nicht gemeinsam Mahl? Warum verhindern wir unsere Einheit als Christen, jeder aus Überzeugung, die einzig richtige Antwort zu haben? Wir werden zu einer Antwort kommen – weil der richtige Weg eben eine Frage des Glaubens ist und bleibt. Als Menschen können wir durchaus entscheiden, wie wir mit solchen Fragen in Zukunft umgehen – denn Gott hat nirgendwo in Stein gemeißelt, wie wir Mahl zu halten haben. Und auch nicht, wie wir all die anderen Aufgaben und Herausforderung angehen. Er hat uns nur eines vorgeben: dass wir sie angehen. Zusammen mit den Menschen, mitten unter ihnen.

Giesing in my heart

Ich habe viele kritische, weil realistische Dinge gesagt. Aber, bitte nicht falsch verstehen: Kirche kann auch heute Menschen mobilisieren. Sie hat die Kraft, die Ideen, die Botschaft und die Menschen, die sich auch handwerklich bestens darauf verstehen, Gemeinde zu bilden. Zugleich habe ich als Diakon und Kirchenmitglied, mit dieser ganzen Organisation Kirche im Kreuz, leichteren Zugang zu anderen Kreisen, zu höheren Beamten, Managern und Politikern. Nicht für mich. Sondern um Stimme zu werden für all derjenigen, die sonst oft nicht gehört werden. Dieses Networking ist ein Langstreckenlauf. Je weiter die sozialpolitisch Verantwortlichen sich in ihren Karrieren von der Basis entfernen, desto weniger – meistens zumindest – nehmen sie noch die Probleme wahr, die sich unten auftürmen, von wo sie eigentlich herkommen. Wenn in München Obdachlose und Bettler über den Warmluftschächten campieren und die Ladenbesitzer dagegen protestieren, oft durchaus auch aus nachvollziehbaren Gründen, und die Politik nur mit Verboten reagiert, dann wird damit nur verlagert. Wir sind dann dafür da, sämtlichen Gremien der Stadtverwaltung mantramäßig immer wieder auf neue und alte Problemfelder hinzuweisen, um gemeinsam Lösungen zu suchen. Dabei kommt mir oft ein altes Sprichwort meiner südafrikanischen Freunde in den Sinn: »Das Gras wächst nicht schneller, wenn du daran ziehst.« Damit eine Graswurzelbewegung entsteht, braucht es im Viertel viele engagierte Menschen, die möglichst nah dran sind am Geschehen. Von heute auf morgen geht nichts – selbst wenn man an jedem Grashalm gezogen hat –, und trotzdem setzt sich mit der Zeit doch erstaunlich viel in Bewegung.

In der Nachbarschaft unseres Gemeindehauses ist ein Szenelokal, das *Riffraff*, benannt wahlweise nach einem US-Rapper oder einer Figur aus der Rocky-Horror-Picture-Show. Eine Bar mit Wänden schwarz wie eine Raucherlunge, von Streetart-Künstlern wie WON aus dem Viertel mit weißen und hellgrauen Faltern verziert, weil der Wirt Florian Falterer heißt, jener Ort, wo sich die Ultras der Löwen und der Giesinger Untergrund treffen. Der Betreiber kam irgendwann einmal auf mich zu, ob ich nicht mitunterschreiben wolle – er bräuchte drei Anlieger, um von der Stadt ein Straßenfest genehmigt zu bekommen. Ich war dabei und legte gleich nach, meinen Auftrag als Gemeinwesendiakon immer vor Augen: »Und wenn ihr unser Gemeindehaus, den Hof, den Garten unter den Kastanien mit einbeziehen wollt, dann können wir auch darüber reden.« Der Wirt wollte aber nicht unser Gemeindehaus, er hatte eine viel bessere Idee. Er meinte: »Euer Gemeindehaus hat diese wunderbare Mauer – wie wäre es, wenn wir die in einer Kunstaktion mal mit hochwertigen Graffitis gestalten würden – während unseres Straßenfestes?« Super Idee, kahle Mauern werden sowieso fast immer durch Schmierereien verunstaltet. Auf der Mauer fanden sich auch schon ein paar besitzanzeigende Icons der Sprayer-Szene, und so war es nur noch eine Frage der Zeit, wann das erste Voll-Graffiti auftauchen würde. Warum also nicht mit den Sprayern zusammenarbeiten, schließlich sind gute Graffitis Kunst, die auch für das Gemeindehaus zu einem Aushängeschild und einer Visitenkarte werden könnten. Wenn, ja wenn eben alles gut läuft. Die Tacks, die Erkennungszeichen der Szenegruppen, die auf unsere Mauer gesprüht waren, markierten, wer was im Viertel zu sagen hat: Da stand zum Beispiel ein CN für die Cosa Nostra und ein PK für die Panzerknacker, beides Ultragruppierungen der 60er. Als Fußballfan und Dauerkartenbesitzer des 1. FC Nürnberg und als Löwen-Sympathisant habe ich ein bisschen Ahnung vom Thema Fanszene – auch darüber, wie es läuft und was schieflaufen kann. Hier in Giesing hatten wir es mit Fussballfans und Sprayern zu tun, mit doppelt hartem Ehrenkodex. Was wir damals nicht wussten: Unser Vorhaben, die Wand zu besprühen, hatte sich bereits in Windeseile in der Szene herumgesprochen, und einige der rivalisierenden Gruppen liefen schon Patrouille in der Nacht, um ihre Flächen mit den Tags zu schützen. Bevor eine Konfrontation ausbrechen würde, war der einzig logische Weg eine Mediation der unterschiedlichen Interessen. Wir ließen dann verbreiten, dass die Zeichen auch von unserer Gemeinde respektiert und zum Stadtteil gehören würden und die Tags nicht nur stehenbleiben, sondern ausdrücklich als Teil der Giesinger Kultur hervorgehoben in die entstehenden Kunstwerke mit eingebunden werden sollten. Dann ließen wir per Mundpropaganda zum Gespräch zusammenrufen. Und tatsächlich: Es kam ein ganzer Pulk Sechzehn/Siebzehnjähriger, schwarz gekleidet, szenetypische Sneaker, mit Bauchtäschchen und ihrem Sprayerbeutel, alle nur mit Szenenamen anzusprechen, auch zum Schutz vor der Polizei. Zuerst waren sie alle in Aufruhr, es ging hoch her und jede Gruppe beanspruchte die Wand für sich, die sich als echtes Szene-Politikum mit hohem Konfliktpotenzial erwies. Unser Ziel war es, was immer dort entstehen würde, vor den Angriffen der einen wie der anderen Seite zu schützen. Und dann wussten wir es: Dieser diplomatische Drahtseilakt würde nur möglich sein, wenn alle gemeinsam dieses Fest zu ihrem Projekt machen würden.

Meine nächste Aufgabe bestand darin, diese Idee dem Kirchenvorstand vorzustellen, das Okay abzuholen, verbunden mit dem Versprechen, dass nicht plötzlich Totenköpfe, Rote Sterne mit Kalaschnikows oder primäre und sekundäre Geschlechtsorgane die jungfräulich weißen Mauern unserer Gemeinde zieren würden. Denn diese Frage stand natürlich im Mittelpunkt: »Was genau sprühen die uns da auf unsere Wand?« Für die Verherrlichung von Drogen, Anarchie und Gotteslästerung wollte die Gemeinde unsere Wand nicht hergeben, zu Recht. Und so wurden Vorstellungen entwickelt: Das Projekt sollte zum Mitmachen einladen. Für alle, die Lust hätten, die Wand mitzugestalten. Für unsere Gemeindemitglieder sollte es die Möglichkeit geben, sich Motive zu wünschen. Und die Graffitis sollten professionell aussehen. Die Jungs von Wogra-M nahmen die Bedenken gut auf und machten von sich aus den Vorschlag, die Wand in Felder aufzuteilen, die jeweils von den Profi-Sprayern aus der Szene, Kindern mit ihren Eltern und anderen Interessenten in einem begleiteten Mix besprüht werden durften – für den Kirchenvorstand war damit alles geklärt. Danach ging es in den Bezirksausschuss, wieder Anhörungen,

Anträge, Auflagen und schließlich wieder die Genehmigung – sogar mit Förderung. Das Projekt konnte starten.

Unsere Gemeinde hatte sich als Motiv für die Wand unseres Gemeindehauses die Lutherrose gewünscht, dasselbe Motiv, das ich als Tattoo über dem Herzen trage. Die Einigung unter den Sprayern sprach sich herum und löste eine Lawine an Begeisterung aus quer durch alle Giesinger Gruppen, Schichten und Religionsgemeinschaften. Plötzlich wollten alle bei diesem Fest mitmachen. Und so wurde das Stadtteilfest der Wahnsinn. Wir wurden schlicht und einfach überrannt. Trotz des *Giesinger Bräu* und allen anderen Kneipen und Boazn, die Giesinger und ihre Freunde haben es geschafft, den ganzen Stadtteil leerzutrinken – und alles blieb heiter, fröhlich und entspannt gelassen. Die Menschen erlebten, was Eigeninitiative bewegen kann – und das Fest hat sie Gemeinschaft erleben lassen. Das Gemeinschaftserlebnis war so prägend, dass die Wand mit ihren schönen Graffitis bis heute unversehrt dasteht wie am ersten Tag. Weil alle sich einbringen durften und diese Wand mit den Graffitis unter dem besonderen Schutz der Sprayer-Szene steht, ist ein geachtetes Gemeinschaftskunstwerk im Viertel entstanden. Genauso wie der Schriftzug »Giesing in my heart« wurden auch die anderen Kunstwerke dieses Festes bisher nie übermalt. Die Lutherrose strahlt bis heute in leuchtendem Weiß von der Mauer am Gemeindehaus.

Ain't no grave …: Woran ich glaube

Warum gerade ein so bodenständies Schwergewicht wie ich, ein Biker, ein Rock'n'Roller, ein Tätowierter auch noch, der auf beiden Beinen mitten im Leben steht, so gläubig geworden ist – das bin ich so oft gefragt worden, und ebenso oft habe ich schon darüber nachgedacht. Nachdenken geht beim Tätowieren besonders gut. Wenn die Nadel zu singen beginnt, hast du die Wahl zwischen zwei Zuständen: Entweder, du fokussierst deine Angst auf den kommenden Schmerz, dann verkrampfst du und die Erwartung des Schmerzes macht jeden der millionenfachen Stiche zur vervielfachten Qual, bis es so unerträglich wird, dass du aufspringst. Ich hatte das bisher dreimal; das erste Mal gleich bei meiner ersten Tätowierung auf dem Fußrücken, nicht wissend, dass das eine der am besten mit Nerven vernetzten und damit schmerzhaftesten Regionen für eine Tätowierung ist. Das zweite Mal in der Nierengegend bei meinem großen Rückenbild, wo ich das Gefühl hatte, ohne jede Betäubung der Entnahme meiner eigenen Organe beizuwohnen. Und das dritte Mal bei der Tätowierung der Lutherrose – direkt über meinem Herzen, wobei da noch der Seelenschmerz dazukam.

Die andere Möglichkeit ist, dass du dich dem Schmerz völlig hingibst, ihn einfach kommen lässt, und möglichst rasch durch tiefe Atmung in eine Art meditativen Zustand gelangst und den Schmerz an dir vorbei ins Leere laufen lässt. Wenn ich über jene Frage nachdenke, begebe ich mich in diesen Zustand. Ich atme ein. Ich atme aus. Mit jedem Atemzug hänge ich tiefer dem oft gehörten Vorwurf nach, wie altmodisch man angeblich sein müsse, um in dieser aufgeklärten Zeit mit YouTube, Instagram, Facebook und YouPorn noch Glauben zu entwickeln.

Ich atme ein. Ich atme aus: Die Leute sehen mich, meine Statur und mein Outfit und können zunächst gar nicht glauben, dass ich

Diakon bin. Wenn ich irgendwo erscheine und mich die, die mich schon kennen, laut begrüßen: »Da kommt er ja, der Reverend«. Nach dem ersten Gelächter glauben die, die mich noch nicht kennen, an einen Witz, und wenn ich sage: »Doch, doch, ich bin tatsächlich Diakon und ich glaube an Gott«, dann setzt endgültig Unglauben ein. »Was? Glaubst Du etwa wirklich noch an Gott?« Manchmal ist das spöttisch, fast mitleidig, eben die Geschichte mit dem Weihnachtsmann. Das tut dann ehrlich gesagt weh, wenn mir Menschen gegenübertreten, die mich mit Hohn und Spott überziehen, obgleich sie gar nicht wissen, wer ich bin, was ich tue und wie ich meinen Glauben lebe. »Du bist ja von gestern!«, hatte mich die eben noch sehr interessierte Lady einmal auf einer Party ausgelacht, nachdem ich ihre Frage nach meinem Beruf mit »Diakon« beantwortet und die Grundlagen meiner Berufung offenbart hatte. Die Reaktion kam brutal spontan. Sofort erlöschendes Interesse. Augen-Licht aus. Ohne jedes Mitgefühl hatte sie mich brüsk stehenlassen, als wenn ich Mundgeruch oder Schweißfüße hätte. Andere lachen sogar, als wäre ich Freddie Finton, der beim neunzigsten Geburtstag aus der Blumenvase trinkt und über den Tiger stolpert, frei nach Nietzsche: Der Tiger ist tot! Alt. Senil. Und betrunken. Dieses abwertende Verhalten meiner Berufung gegenüber kränkt mich. Es hat mich immer schon gekränkt. Es kränkt mich heute, wenn man mich voller Schadenfreude anschaut, als erwarte man, dass ich gleich mit vollbeladenem Tablett über den Tigerkopf stolpere. Es ärgert mich, obgleich ich die Abläufe solcher Gespräche heute langsam kennen müsste. Ich ärgere mich nicht, dass ich glaube – sondern weil die Menschen mich in eine ihrer Schubladen pressen, zumachen und mich nicht wieder rauslassen. Mich ärgert vor allem ihre Überheblichkeit. Ich meinerseits lehne Menschen doch auch nicht ab, die behaupten, dass sie nicht glauben! Zumal sie natürlich immer an irgendetwas glauben, an ihren Yogalehrer, dass der Goldpreis steigt und Aktienkurse fallen, dass die Rod'n das Triple gewinnen ... an den Klimawandel und dass im Winter trotzdem genügend Schnee fällt und genügend Strom da ist, die kahlen Hänge zu beschneien, wenn sie im Sommer den Skiurlaub buchen: Jeder hat seinen Glauben. Und trotzdem ist es ja heute für viele wirklich ein Unding, noch an Gott zu glauben – und trotzdem tue ich es. Auf meiner Kaffeetasse im Büro steht: »Gott macht den besten Kaffee und keiner spuckt mir rein – bis zum bitteren Ende!« Ein Spruch von den Toten Hosen. Und so halte ich das. Für Leute, die meinen, mich lächerlich machen zu müssen und mich fragen, wie glaubhaft es wohl sei, dass Pinguine sich aus der Antarktis über zehntausend Kilometer zu Fuß auf den Weg nach Palästina zu Noah gemacht haben sollen, um rechtzeitig vor Beginn des göttlichen Klimawandels die Arche zu erreichen, habe ich aus hunderten solcher Gespräche meine persönlichen »Gottes-FAQ« gemacht. Glauben ist eine höchst emotionale Sache, so wie Vertrauen und Liebe höchst emotional sind.

Wer Glaube, Religion, die Bibel allein mit Logik hinterfragt, wissenschaftliche Beleg verlangt, wird an den tausend Widersprüchen und unlösbaren Fragen scheitern. Jesus spricht in Gleichnissen, um den Menschen besser verständlich zu machen, worum es geht. Auch die Gleichnisse und Geschichten in der Bibel dürfen wir nicht eins zu eins in die heutige Zeit übernehmen, sondern müssen übersetzen und mit zeitgerechten Bildern transportieren, was denn der zeitlose Kern der Geschichten ist, der in ihnen steckt. Dieser Transfer ist intellektuell auch von einem kritisch Fragenden zu leisten. Das ist das Gute am lutherischen Christentum – ich kann und darf und soll meinen kritischen Verstand gebrauchen und kann dennoch gleichzeitig glauben, weil ich lernte, die Widersprüche, die einfach da sind in allen Bereichen meiner Wirklichkeit zwischen dem Wort und der Tat in ihrer Existenz anzuerkennen und nicht fortwährend in dem Versuch zu scheitern, sie auflösen zu wollen. Ich glaube heute, dass es im Glauben viel weniger darum geht, Jesus nacheifern zu wollen, was eh misslingt, weil die Latte einfach zu hoch liegt – sondern dass es darum geht, seine Gegenwart zu spüren und aus diesem Gefühl seinen Nächsten zu lieben und danach zu handeln. Warum ich trotz mancher schlechter Erfahrungen dennoch meinen Glauben zeige und keinem Gespräch darüber aus dem Weg gehe? Weil es mein Auftrag ist.

Weil ich immer auf Mission und niemals wirklich privat bin und mich diesen Fragen stellen muss. Und: Die intensivsten Gespräche über Glauben führe ich bezeichnenderweise mit Menschen außerhalb meiner Gemeinde, die sich selbst als ungläubig bezeichnen würden. Dann wird es meist hochinteressant. In solchen streitbaren Gesprächen schütten mir völlig fremde Menschen oft ihr Herz in einer erschütternden Offenheit aus, und das meine ich liebevoll. Ich spüre ihre tiefe, tiefe Sehnsucht nach einem Austausch, ihre oft verzweifelte Suche nach etwas, was ihrem Leben Sinn gibt und sie der Oberflächlichkeit entrinnen lässt, in der sich viele dieser Menschen heute bewegen müssen, weil sie kein Gegenüber finden, der sie im Gespräch spiegelt und sie weiterbringt auf ihrer Suche. Wann reden wir denn heute noch mit anderen über Glauben, Religion, über die essenziellen Lebensfragen, über das Woher und das Wohin? Wie oft ist das heute noch möglich? Wir reden heute nicht mehr über Glauben. Glaube und Gott sind sehr intime Themen geworden. Einen Arbeitskollegen oder eine Freundin auf die Knie sinken und voller Andacht beten zu sehen, löst bei vielen Befremden aus – und leider auch Fremdschämen, Ablehnung statt Achtung. Über Glauben zu reden, bedeutet für viele Schwäche zu zeigen, in einer Welt, die durch Rationalität bestimmt scheint und in der du zu funktionieren hast.

Uns als Kirche trifft das besonders, weil wir sehr oft nicht einmal für diese Themen als Ansprechpartner gelten. Man traut uns nicht zu, etwas zum Thema Sinnsuche zu sagen zu haben. Ich habe irgendwo mal den Spruch gelesen: »Wann immer wir eine Grenze ziehen zwischen uns Gläubigen und den anderen – steht Jesus drüben bei den anderen – und nicht auf unserer Seite.« Deshalb müssen wir, auch wenn man es uns nicht zutraut oder schwer macht, uns auf die andere Seite stellen und Brückenbauer sein. Diese intensiven Gespräche mit Menschen außerhalb meiner Gemeinde sind ungemein wichtig für mich, wären auch für alle anderen Gläubigen ungemein wichtig. Gespräche über den Sinn des Lebens, über Glaube, Hoffnung, Liebe, über Gott und den Glauben an ihn, die können eine Prüfung sein, dich zwingen, deinen Glauben selbst noch einmal vollständig kritisch zu überdenken, dich im Innersten durchzufühlen, abzuprüfen und nicht durch scheinbare Gewissheit in Bequemlichkeit erstarren zu lassen. Würde ich mich nur in meiner Gemeinde unter Gleichgesinnten bewegen, schmorte ich nur noch im eigenen Saft, und die Auseinandersetzung fehlte. Also rede ich mit – fast – wirklich jedem über meinen Glauben, wenn er ehrlich danach fragt. Ich werde als »Reverend Ray Fox« oft genug von meinen Biker-Kumpels gefragt, wie ich trotzdem glauben könne, wenn eh niemand etwas Genaues über Gott wüsste. Ich verstehe meine Kumpels gut. Wenn wir etwas beschreiben wollen wie Gott, wo nur fangen wir damit an? Wie spreche ich also über etwas, das ich nicht mit Händen greifen kann? Welche Sprache soll ich da anwenden? Ich versuche es immer mit Beispielen. Das Licht lässt sich auch nicht greifen und dennoch blendet es uns. Oder wie ist das mit einem Gedanken? Auch den können wir nicht greifen und trotzdem kann nur ein Gedanke die ganze Welt verändern. Wie ist das mit der Liebe zu einem anderen Menschen? Kann man Liebe sehen? Nein. Kann ich Liebe fühlen? Ja! Auch Gefühle können wir nicht mit Händen greifen – und trotzdem existieren sie und beeinflussen massiv unser Leben. Was ist das, wenn wir sagen, ich liebe, ich lebe, ich hoffe? Hoffnung ist doch auch etwas, was in mir existiert und mein Handeln bestimmt, etwas auslöst, obgleich ich es nicht begreifen kann. Wie oft sagen wir im Alltag: »…das ist ja unglaublich!« Und trotzdem geschieht es. Was meinen Glauben anbelangt, ich kann ihn ebenso nicht begreifen wie das Licht, meine Gedanken und meine Gefühle – und trotzdem sind sie da und ist mein Glaube da. Und genauso kann ich mit Gewissheit sagen, dass durch meinen Glauben etwas in mir geschieht, dass er mich leitet, das Richtige zu tun, und in mein Leben wohltuend hineinwirkt. Mit den Jahren habe ich gelernt: Glauben muss man trainieren, und ich kann nur jeden einladen, jeden Tag an sieben unglaublich gute Dinge zu glauben.

»Ihr sollt sein wie die Kinder!«, sagt Jesus. Und wenn es um einen Glaubensbeweis geht, bin ich wie ein kleines Kind. Unwissend – aber voller Neugier und voller Vertrauen. Ich kann glauben, weil ich Vertrauen habe, offen und erwartungsfroh bin wie ein Kind. Und deshalb glaube ich auch an die Wiederauferstehung, so wie sie über Jesus Christus bezeugt ist. Die Wiederauferstehung ist das, woran ich ganz fest glaube. »Ain't no grave can hold my body down« – das ist auch der eine Titel, der auf meiner Beerdigung gespielt werden wird – und der andere ist von Werner Schmidbauer, dem Liedermacher und Moderator der Sendungen meiner Jugend, *Live aus dem Alabama* und *Schlachthof*, der ausruft, dass niemand traurig sein muss, wenn »I mal den Löffel schmeiß«. Weil ich das genauso empfinde: Aus meiner Sicht muss niemand um meiner selbst trauern – ich habe nichts versäumt und das eine oder andere gerne ausgelassen. »Am Tag der Wiederauferstehung, so sang Johnny Cash, gebe es kein Grab, dass zu tief sei, um uns aufzuhalten. Und das ist nicht Trotz. Das ist nicht Trost. Dass ich mich eines Tages erheben und zu Gott gehen werde, das ist eine Gewissheit, die mich völlig erfüllt. Und noch mehr: Es macht, gerade wegen der schmerzlichen Erfahrungen, wegen des Fragens und Zweifelns, es macht für mich Sinn, dass ich glaube. Ich kann nur gewinnen, wenn ich glaube. Ich habe und brauche keine wissenschaftlichen Belege der Existenz Gottes. Die Beweislage liegt im Jenseits, in einer Zeit, die vor und nach und über unserer Zeit, vielleicht auch völlig ohne Zeit ist – und wenn es soweit ist, wird von dort erst recht kein Mensch zurückkommen und berichten, was da hinter dem Eventhorizont los ist. Wir werden eingesogen wie das Licht von einem schwarzen Loch. Und ich träume auch nicht davon, dass mein tätowierter Körper in seiner ganzen Schwere, Fülle und Farbenpracht aufersteht und ewig bei einem weißhaarigen Gott im Himmel wandelt. Was mehr sein wird, darüber habe ich keine Vorstellung. Aber das ist mir auch nicht so wichtig. Viel wichtiger ist mir die Gewissheit, dass es geschehen wird, wie auch immer das sein wird. Darauf vertraue ich und mit diesem Vertrauen beginnt mein Glaube. Und damit wir glauben, lieben und hoffen dürfen, dafür ist Jesus ans Kreuz geschlagen worden und wiederauferstanden. Das ist die ganz große Geschichte und für mich die Wahrheit, an die ich glaube. Dieses Glauben ist nichts Abstraktes, es ist zutiefst konkret und prägt mein Leben. Es gibt Momente, in denen ich spüre, dass mir jemand auf die Schulter tippt und ich die Anwesenheit Gottes spüre. Es gibt Zeiten, da ist er der gute Kumpel, mit dem ich innerlich plaudere, während wir an meinem Motorrad herumschrauben. Und es gibt wie in allen guten Freundschaften auch Zeiten, in denen Funkstille herrscht, in denen ich schweige – und dennoch weiß ich, am Ende ist er doch immer da. Genau aus diesem Grund und als stete Erinnerung habe ich mir als Tattoo einen kleinen Grabstein mit der ersten Liedzeile dieses Stückes von Jonny Cash als Inschrift lebenslänglich in die Haut meines Armes stechen lassen. Denn Gott geht unter die Haut – dieselbe Inschrift, die einst auf meinem richtigen Grabstein stehen soll: »Ain't no grave can hold my body down!«

Freiheit, die ich meine

Mein ganzes Leben lang begleiten mich diese kritischen Fragen der Selbsterforschung meines Glaubens und der anderen. Ich hatte in den Krisenmonaten meiner Trennung, kurz bevor ich mit dem Tätowieren begann, in einigen Momenten tatsächlich stark gezweifelt, weil ich nach fünfzehn Jahren Liebe eben nicht nur vor dem Trümmerfeld meiner Ehe stand, sondern mein gesamtes Sein, meinen Beruf und meine Berufung in Frage stellte. Ich hatte mich so sehr angestrengt all die Jahre in meinem Beruf, angetrieben und erfüllt durch meinen Glauben und dieses Vertrauen – war denn mein Wunsch so vermessen, nach all den Jahren der Anstrengung ein Zeichen zu erfahren, dass in allem Scheitern mein Tun trotzdem sinnvoll und hilfreich gewesen war? Ich hatte keine Überzeugung mehr übrig, wenn Menschen mich fragten, warum Gott das alles zuließ. Stimmt: Warum tat er es denn nicht? Ich hatte keine Kraft mehr, diesen Zweifeln etwas entgegenzusetzen. Mehr noch: Ich stellte mir selbst diese Fragen. Wie war ich nur auf diesen Weg geraten? Erfuhr ich nicht fortlaufend, wie rückständig es auf andere Menschen wirkte, wenn man sich bekannte, ein gläubiger Christ zu sein? War ich mit meinem Glauben nicht völlig aus der Zeit gefallen? Auch beruflich stellte ich mir die Sinnfrage und sah keinen Wert mehr darin, jeden Tag die gleichen Situationen und Rückschläge zu wiederholen. Ich drehte mich seelisch horizontal auf einem Karussell, das mich mit seinen Fliehkräften wegzuschleudern drohte, und gleichzeitig lief ich vertikal in einem Hamsterrad, das mich immer atemloser um immer denselben Mittelpunkt laufen ließ. Mein ganzes Leben befand sich im Schleudergang bei 1800 Umdrehungen und ich erkannte nicht mehr, wo oben und wo unten war. Ich hatte meine Orientierung, meine ganze Ausrichtung verloren. Ich wusste, dass ich endlich den »Aus«-Schalter finden musste, um diesen Irrsinn zu stoppen. Es war völlig klar, dass ich nicht einfach weitermachen konnte, in der Hoffnung, es werde sich schon alles von selbst lösen. Dass ich alles auf den Kopf stellen, mich von Altem trennen, Ballast abwerfen und mich völlig neu aufsetzen müsste. Woran sollte ich nach dieser Enttäuschung noch glauben – und wozu? Ja, in so einer Situation war ich damals.

Ich versuchte mich zu erinnern, wann mein Glaube begonnen hatte, dieser Glaube, der mir jetzt so kindisch vorkam. Und ja, war es nicht als Kind, in dieser Lebensphase, in der du noch keinen Gott brauchst, denn Gott ist in dir und du bist in ihm und das Ganze ist eine unauflösliche Einheit. Du teilst nicht und rechnest nicht auf. Du vergleichst nicht und bist ohne Neid. Wir sollen umkehren und sein wie die Kinder, sagt Jesus. Wer sich so klein macht wie ein Kind, der ist im Himmelreich der Größte. Ich habe das immer so gelesen, dass es hier um bedingungslose Liebe und vor allem auch um Vertrauen geht. Das Urvertrauen des Kindes, dass mir nichts geschehen kann, sich beschützt fühlen, mit offenen Augen durchs Leben gehen und neugierig, ohne Misstrauen und Vorurteile, ohne jede Angst jeder Erscheinung der Schöpfung begegnen und die daraus erwachsende Lebensfreude, in der nicht Sorge und Angst den Tag verfinstern. So in etwa ist das Urvertrauen eines Kindes, wie ich es heute bei meiner Tochter erlebe. Und natürlich geht es auch um die Demut des Staunens, dass da noch etwas sehr viel Größeres, Unfassbareres ist – und wie schnell verlieren wir diese Gaben des Staunens und des Urvertrauens mit wachsendem Alter.

Mein Freund Hans ist da die große Ausnahme. Er ist mein liebster Gesprächspartner zum Thema »Universum«, weil er die Fähigkeit zum Staunen behalten hat. Ein Zweifler, ein Suchender, ein Mensch mit unendlich viel Gottvertrauen und Nächstenliebe, auch wenn er es vermutlich nie so nennen würde. Und Hans ist schon wieder jemand, dem ich begegnen musste, wo sich Wege gekreuzt haben. Hans ist aus dem Leben gefallen, dass die meisten als Norm bezeichnen würden. Er war Elektroingenieur, aber eigentlich nur aus Spaß an der Freude, denn Arbeiten hätte er nie müssen. Er kam aus vermögendem Hause und dieses Vermögen hatte er auch, bis er wieder mal Menschen vertraut hat, die es nur auf »sein Bestes« abgesehen hatten: sein Geld. Verspekuliert. Alles, was materielle Sicherheit gab, war futsch. Irgendwie musste es weitergehen. Hans nahm die Stelle eines Hausmeisters an, bei einer alten Dame am Starnberger See. Großes Haus, großes Grundstück und das kleine Häuschen fürs Personal im parkähnlichen Garten, wo er Unterkunft fand. Dort hatte er sein Auskommen, fand sein Glück – bis die alte Dame verstarb und er wieder auf der Straße stand. Und wieder griff große Unsicherheit nach ihm. Mancher mag da resigniert haben in einem solchen Umbruch. Aber Hans nicht. Er fasste den Entschluss, sich nicht in sein Schicksal zu ergeben – sondern den Umbruch in seinem Sinne zu gestalten. Frei nach dem Motto der Bremer Stadtmusikanten »Etwas Besseres als den Tod finden wir allemal!« kaufte sich Hans vom Rest seines Geldes einen Transporter, den er, handwerklich begabt ohne Ende, zu einem Wohnmobil ausbaute, und tat damit, was er immer schon gern getan hat: Er ging auf Reisen, war unterwegs, unabhängig und frei. Wann immer er zurück in Giesing war, dockte er bei meinem Kumpel Manfred in der Motorradwerkstatt an und erledigte Handlangerdienste. Hier haben wir uns gefunden und in langen Gesprächen kennengelernt. Ich bewundere seine Art, seinen unabhängigen Blick aufs Leben, auf die erlebte fragwürdige Sicherheit von Besitz und Geld, seinen Willen, sich durchs nichts unterkriegen zu lassen, seinen Willen zur Freiheit. Hans ist zu einem wunderbaren Gesprächspartner geworden und stellt mir immer wieder die schwierigsten Fragen zum Himmel auf Erden, der Schöpfung, dem Universum, die man so stellen kann. Aber nie um mich zu brüskieren, sondern aus ehrlichem Interesse. Das sind hochspannende Diskussionen, während wir an den Motoren schrauben. Im Winter muss ich immer auf ihn verzichten, zumindest von Angesicht zu Angesicht, denn da steht er mit seinem mobilen Hausstand in der Camargue. Selbstverständlich nicht auf einem Campingplatz, so weit käm's noch – irgendwo in der freien Wildnis, möglichst nahe am Meer. Und da schaut er in die sternenklare Nacht ins Universum – und kommt auf viele neue, interessante Fragen, die er mir dann im Sommer in unseren Werkstattgesprächen stellen wird, bei denen dann immer ein Hauch von der Freiheit der Camargue durch die Werkstatt weht. Was hindert uns daran, so frei zu bleiben wie Hans? Hans hat in der Not des Umbruchs in seiner größten Lebenskrise nicht aufgegeben – sondern gelernt, falsche von echter Sorge zu unterscheiden. Keine Sorge macht das Leben auch nur eine Elle länger – nur eben unerträglicher, steht bei Matthäus: »Darum sage ich euch: Sorgt euch nicht um euer Leben, was ihr essen und trinken werdet; auch nicht um euren Leib, was ihr anziehen werdet. Ist nicht das Leben mehr als die Nahrung und der Leib mehr als die Kleidung? Seht die Vögel unter dem Himmel an: Sie säen nicht, sie ernten nicht, sie sammeln nicht in die Scheunen; und euer himmlischer Vater ernährt sie doch. Seid ihr denn nicht viel kostbarer als sie?« Und weil das Leben ein Geschenk und viel zu wertvoll ist, um es sich durch Sorge zerstören zu lassen, habe ich mir Matthäus, auch als Erinnerung an Hans als gelebte Version dieser Bibelstelle auf den Unterarm tätowieren lassen. Sorge macht das Leben nicht besser. Hans liegt niemandem auf der Tasche. Er arbeitet und sorgt für sich selbst. Er investiert in Freiheit, Reisen, Begegnungen, Menschen. Nicht in Bitcoins und Zertifikate. Und oft denke ich, er hat vom Leben mehr verstanden, als jene, die mit jedem Lebensjahr mehr ihr Urvertrauen in einem Meer aus Zweifeln, Angst und Misstrauen verlieren, immer Ich-bezogener leben und in den Mitmenschen nur noch Konkurrenten und Feinde zu erkennen vermögen. Und so freue ich mich auf meine nächsten Werkstattgespräche mit Hans. Auch wegen solcher Menschen wie Hans bin ich Biker aus Leidenschaft, weil mich das Motorradfahren, das Meditative bei der Wartung und Pflege meiner Maschine immer wieder aufreißt, andere Denkansätze öffnet und mich der Freiheit meines Menschseins wieder ein Stück näherbringt. Wenn du dich spürst und wieder ganz im Moment und bei dir bist, dann kommt diese Kraft wieder zurück, die dir im Alltag so oft verlorengeht. Motorradfahren ist die Freiheit im Jetzt, unbelastet von gestern und morgen. Menschen wie Hans haben für sich eine Entscheidung getroffen, mit der Konsequenz, vielleicht einsamer zu leben – aber mit dieser Entsagung materieller Güter zu Gunsten eines selbstbestimmten Lebens auch etwas gefunden, was andere auch mit sehr viel Geld lebenslang nicht erreichen: ein freieres Leben zu führen. Manchmal lässt er mich seinen Traum mitträumen – und manchmal schnappe ich mir einfach auch ein Stück davon.

Nicht predigen, begeistern!

Seit ich zum erste Mal mit dem Mofa durch die Wälder von meinem Onkel Willy gebrettert bin und seitdem ich während meiner Zeit auf dem Auhof gelernt hatte, wie man ein Motorrad in seine Einzelteile zerlegt und wieder zusammenbauen kann, hat mich das Motorradfahren nie wieder losgelassen. Diese Leidenschaft hat mich 2013 zu den Steilwandfahrern vom Motodrom um Donald Ganslmeier geführt, die auf vielen Festivals und großen Volksfesten wie auf der »Oiden Wiesn« beim Münchner Oktoberfest zu sehen sind.

Wie so oft begann alles mit der Begegnung mit diesem einen besonderen Menschen. Ich bewege mich in derselben Subkultur wie Donald und die Steilwandfahrer. Bikes. Musik. Outfit. Auf irgendeinem Oldtimer-Teffen kamen wir ins Gespräch, und sofort hat es mich gepackt. Donald Ganslmeier ist ein Motorrad-Besessener und Betreiber der ältesten reisenden Steilwand der Welt, die es seit 1929 gibt. Er und seine Artisten jagen auf dem Motorrad horizontal der Schwerkraft trotzend im Kreis durch einen Zylinder – den Kessel – freihändig, freischwebend, wagemutig und immer dicht am Rand. Die Steilwandfahrer treten auf wie Motorradfahrer Anfang des vergangenen Jahrhunderts: in schwerem Tweet, in schwarzen Stiefeln oder Schuhen mit Gamaschen, mit Käppi und Fahrerbrille. Donald sieht aus wie eine Mischung aus Clark Gable und Humphrey Bogart aus einem 20er-Jahre-Film. Ein Original, der als Aftershave Benzin zu nehmen scheint – wer ihn einmal gesehen hat, vergisst ihn nicht. Das erste Mal Steilwandfahren gesehen hat er mit sechs, mit seinem Opa auf der »Bartlmä-Dult«, einem Volksfest in Landshut in Niederbayern. Seither hatte er den Traum, später selbst einmal Steilwandfahrer zu werden. Das Steilwandfahren lernte er dann im Alter von zwanzig bei der Steilwandfahrerlegende Ken Fox in England. Seither ist er unterwegs und heute gehört er zur Elite der Akrobatikfahrer in Europa.

Als wir uns trafen, sprachen wir lange und begeistert miteinander und am Ende bot ich Donald meine Dienste an. Ich sei alt genug, von kräftiger Statur, wisse anzupacken und dürfe dank meines alten Führerscheins noch Siebeneinhalb-Tonner fahren, sogar mit Anhänger – und ich sei spartanisches, enges Zusammenleben in Gruppen auf Zeltlagern gewohnt und überhaupt …

Ich war völlig begeistert von der Idee. Ich liebe es, verrückte Sachen auszuprobieren. Aus Neugier, Lebenshunger, auch um mal völlig woanders hinter die Kulissen zu schauen und meinen Horizont zu erweitern. Das Leben ist jetzt, hier und heute – und es wird nichts vertagt in eine ferne Zukunft, in der es dann doch nie etwas wird mit all den Träumen, die man bis dahin aufgeschoben hat. Irgendwann stehst du vor der Himmelstür und schaust zurück auf ein nicht-gelebtes Leben. Und du kannst das Versäumte nicht zurückholen. Das habe ich schon zu oft bei Seelsorgegesprächen oder bei Beerdigungen gehört. Daher ist eine meiner Maximen, nichts aufzuschieben – ohne allerdings, dass es zu Lasten anderer Menschen geht. Und soweit es mir in meiner Verantwortung möglich ist, springe ich deshalb auf einfahrende Züge mit Traum-Destinationen auf, bevor sie aus dem Bahnhof für immer abgefahren sind.

Das Steilwandfahren, das spürte ich sofort, war solch ein Traum. Deshalb redete ich und redete. Donald sah mich derweil nur an mit seinem melancholischen Blick im Clark-Gable-Gesicht – und ich bin erst mal abgeprallt. Donald hat mich nicht für voll genommen. Weil er weiß, wie hart der Steilwand-Circus wirklich ist. Zu oft hat er die Erfahrung gemacht, dass solche Schwärmereien bald ins Nichts zerstieben, wenn es an das harte körperliche Arbeiten ging. Da waren sich dann viele doch zu fein oder haben den Druck, den rauen Kirmeston nicht ausgehalten. Außerdem war er im strengkatholischen Niederbayern aufgewachsen und wohl der Meinung, dass ein »Reverend« in einer Umgebung, wo geflucht und gebrüllt wird und es sehr direkt zugeht, auch was Gewalt, Männerriten, »Sex, Drugs and Rock'n'Roll« anbelangt, wohl eher fehl am Platze wäre. Irgendwie hat er sich aber doch an mich erinnert, als das Personal ausging und wirklich Not am

Mann war; jedenfalls rief er völlig überraschend an, ich könne doch ein Wohnwagengespann fahren, ich solle kommen. Ich habe damals Zeit frei geschaufelt und bin mit den Jungs auf einen Platz gefahren. Und ich habe noch nie so hart körperlich gearbeitet. Ich habe sofort kapiert, wie es beim Steilwandfahren ist: Du gehst darin auf, oder du gehst wieder.

Ich erinnere mich noch an meine erste Fahrt, als wäre sie heute. Im Konvoi mit den LKWs und Wohnwägen unterwegs, sechs Stunden lang per Funk über Gott und die Welt redend, aber deutlich mehr über Gott – und dann meine Musik, Johnny Cash im Radio. Da war es wieder, was im Alltag so oft verloren geht, das Gefühl für den Moment. In Donalds Team aufgenommen zu werden, ist eine echte Auszeichnung. Das sind jeder für sich alles sehr starke Charaktere, jeder mit einer spannenden Lebensgeschichte, echte Raubeine, Individualisten. Eine Welt richtiger Männer – die es in all ihrer Unterschiedlichkeit dennoch schaffen, eine verschworene Gemeinschaft zu bilden, mit einem Ehrenkodex, gegen den man besser nicht verstößt. Fast auch eine Bruderschaft, einer für alle, alle für einen, ähnlich und doch völlig anders, wie ich es bisher nur in Rummelsberg erlebt hatte. In der Bruderschaft des Motodroms achten sie aufeinander, sorgen füreinander, denn wenn es darauf ankommt, müssen sie sich aufeinander verlassen können. Dreck unter den Fingernägeln, ölverschmierte Hände sind hier noch ein Zeichen ehrlicher Arbeit. Die Steilwandfahrer sind sehr gewissenhaft, in allem, was sie tun. Sie sind gewissenhaft in der Wartung wie im Fahren ihrer Motorräder. Gewissenhaft in der Achtung ihrer Regeln und Abläufe. Gewissenhaft im Auf- wie im Abbau. Jeder weiß, wo sein Platz ist und was er zu tun hat – und auch, was der andere zu tun und vor allem zu lassen hat. Jeder achtet mit auf den anderen. Alle für einen. Denn der Teufel ist ein Eichhörnchen und es kann immer etwas passieren. Und ab hier, jenseits der Gewissenhaftigkeit, greift neben viel Mut das Vertrauen und der Glaube daran, dass über die Grenzen dessen, was man selbst in der Eigensicherung zu leisten vermag, irgendeine Macht, ein Schutzengel, Gott oder banal gesprochen einfach nur Glück dafür sorgen wird, dass nichts geschieht und alles gelingt.

Das Schaustellerleben ist hart – und mich fasziniert immer wieder, mit welcher Leidenschaft Leute wie Donald, Clemens und Peter das Steilwandfahren trotzdem betreiben. Die Männer in Donalds Truppe kommen aus den unterschiedlichsten Berufen und Lebensgegenden. Donald ist der Captain und Anführer. Sein Baby ist eine Indian 101, Baujahr 1928, die er auch so begrüßt: »Hallo Baby!« Durch ihren tiefen Schwerpunkt und ihren kurzen Radstand ist sie ideal für die gefährlichen Kesselfahrten. Die Fahrer rauen das Gummi der Reifen mit einer Feile auf, bevor es in die Steilwand geht, reinigen sie von Öl und Staub, um nicht wegzurutschen und den nötigen Gripp zu erzielen. Die Fahrer fliegen nur gehalten von der Zentrifugalkraft durch den Kessel, zeigen unter ohrenbetäubendem Geknatter der Motoren im blauen Dunst der Abgase ihre Kunststücke, fahren freihändig – und zum Höhepunkt in Dreier- oder sogar Viererreihe übereinander. Bis spät in die Nacht. Geschlafen wird direkt neben der Steilwand in einem Wohnwagen, in all dem Lärm, dem Suff und dem Dreck abseits der Lichter eines Festplatzes. Der Ton kann auf Außenstehende rau wirken, trotzdem steckt sehr viel Emotion und eine sehr tiefe Verbundenheit darin.

Dazu kommt der Reiz am Herumreisen. Unterwegssein ist das Unvorhergesehene, das keine Routine zulässt wie bei einem Nine-to-Five-Job. Ständig musst du reagieren, improvisieren. Man ist dem Wetter ausgesetzt und lebt mit den Elementen und der Natur. Mit den Steilwandfahrern unterwegs sein, bedeutet ein rastloses Leben – das Lager jedes Mal von Neuem in einer anderen Stadt aufbauen, neu anfangen und doch nie den Faden verlieren. Es ist das Leben des heimatlos Unbehausten, das sich allein auf das Jetzt ausrichtet und in dem die Gemeinschaft der Steilwandfahrer das Heimweh und die Sehnsucht lindert, irgendwann mal anzukommen. Nach sechs Monaten Winterschlaf, währenddem sie nicht auf Tour sind, packt sie wieder das Fernweh – das Leben der Steilwandfahrer erinnert mich nicht von ungefähr immer wieder an mein unstetes Leben als Diakon in unserer Glaubens- und Sendungsgemeinschaft, immer bereit, an unterschiedlichen Orten in unterschiedlichen Situationen den Dienst anzunehmen.

Aus all diesen Gründen war ich deshalb auch jedes Mal auf der Wiesn beim Motodrom, wo ich zuerst Sonntagmorgen in Giesing auf der Kanzel predigte und dann Abend für Abend am Einlass stand. Ein Job, der mir auf den Leib geschneidert ist – weil schon rein physisch keiner an mir vorbeikommt. Manchmal zwänge ich mich ins Kassenhäuschen. Und dann erlebe ich Menschen, die an diesem ungewöhnlichen Ort nicht nur eine Eintrittskarte, sondern bei mir auch ihre Seele erleichtern wollen. Sie beugen sich dann runter und schauen mir durch das Kassenfenster prüfend ins Gesicht und fragen: »Und Sie sind wirklich Pfarrer?« Nun ja. Diakon. Checkt eh keiner. Und schon geht es los. Und ich bin wieder Seelsorger. Ich habe an solchen Tagen nicht einen – sondern sehr viele Gesprächspartner. Und überall spüre ich diese Sehnsucht nach Liebe und Gemeinschaft und dem Sich-angenommen-Fühlen. Die Wiesn ist für mich immer wieder faszinierend, weil da die unterschiedlichsten Menschen in den unterschiedlichsten Gemütszuständen auf dich zuströmen, ohne dass du irgendeine Anstrengung unternehmen musst. Hier auf der Wiesn laufe ich niemandem hinterher – sondern die Menschen wollen etwas und kommen zu mir. Fast wie Speed Dating ist das – du weißt nie, wer oder was da als nächstes um die Ecke kommt. Nirgendwo sonst kannst du so viel und so schnell und so bewegend alles über Menschen erfahren wie auf einem Volksfest. Volksfeste sind die Schule der Seelsorger. Ich frage mich oft, warum auf der Wiesn so leichtschwebend herzlich zwischenmenschlich Dialog gelingt – und warum es im Alltag so schwer ist, mit den Menschen ins Gespräch zu kommen, und dieselben Menschen dann so abweisend und misstrauisch reagieren?

Auch auf Tour mit den Steilwandfahrern bin ich der Kummerkasten. Für alle. Die Leute wissen, der Rainer ist ne Bank, da kann ich auch mal was abstellen und er tratscht es nicht weiter, der ist da nicht nur Kumpel und Freund, sondern auch als Seelsorger für uns da und es gilt das Beichtgeheimnis. Das Vertrauen, das man mir entgegenbringt, macht alles das aus, warum ich diesen Beruf gewählt habe. Weil ich immer etwas tun wollte, wo ich helfen kann und das Mitmenschliche im Vordergrund steht. Nach der Tour nach Berlin war es für mich das höchste Kompliment, dass nachher das ganze Team zu mir kam und sagte: Wir hatten noch nie einen so friedlichen Auf- und Abbau wie mit Dir.

Überall wo ich bin, bin ich halt auch Seelsorger. Ich scheine durch meine Ausstrahlung, die meine Berufung als Diakon mit sich bringt, irgendwas mit diesen Individualisten zu machen. Manchmal genügen Blicke, wenn jemand in meiner Gegenwart ausflippt. Natürlich platzt einem mal der Kragen, auch Donald passiert das unter der Last der Verantwortung und dem enormen Zeitdruck, unter dem das alles rechtzeitig fertig sein muss. Wenn er dann mal so richtig loslegt, schaue ich ihn freundlich an, und er weiß, jetzt muss er mal ein, zwei Gänge runterschalten, für das Team, für ihn selbst und weil ihn der Rainer sonst hinter die Wand oder in den Wohnwagen bittet zum Vieraugen-Gespräch. Ich gebe aber nicht nur, ich nehme auch. Zum Beispiel wenn Donald als Rekommandeur oben auf der Parade am Eingang zum Kessel steht in seinen Reitstiefeln, dem Hemd und den Schafthosen und mit lauter Stimme alles gibt, um die Menschen zu überzeugen, hereinzukommen und sich vom Wagemut seiner Fahrer zu eigenem Wagemut im Leben inspirieren zu lassen. Dabei tut er unmittelbar eigentlich nichts anderes, als wir für unseren Gottesdienst tun sollten: Rausgehen und werben. Begeistern. Den Menschen nachlaufen. Ich durfte es mal probieren, die hohe Kunst des Rekommandierens. Viel zu verzagt offenbar. Zu wenig mitreißend. Zu schüchtern. Donald schrie nach oben: »Hey Reverend – nicht predigen, begeistern!« Was soll man da noch sagen. Merken sollte man es sich.

Der Steilwand-Circus ist für mich ein verdichtetes Sinnbild des Lebens – das im Kessel wie Benzin in einem Motorzylinder verdichtet wird, bis die brisante Mischung zündet, explodiert und dich zu Geschwindigkeit antreibt. Der Kessel, die »Wall of Death«, veranschaulicht das Wagnis zu leben und den Mut, sein Schicksal demütig herauszufordern – in einem bestimmten Moment der Sicherheit wie vor Glück die Arme hochzureißen und wie schwerelos freihändig zu fahren – mit dem Gottvertrauen, dass es am Ende gelingt. Wie alles im Leben ist Steilwandfahren eine Frage der Balance und der richtigen Geschwindigkeit.

Die Steilwand, »The Wall of Death«, die »Wand des Todes«, ist für mich weit mehr als nur eine Jahrmarktattraktion, und deshalb habe ich mir den Schriftzug »Wall of Death« ebenfalls unter die Haut tätowiert. Es soll mich immer an das Lebensgefühl des Jahrmarktes erinnern und gleichzeitig an die Endlichkeit unserer Existenz, daran, dass gerade wir Motorradfahrer vor Erreichen der biologischen Altersgrenze vor unseren Schöpfer treten können. An das, was über die Enge des Kessels und die Endlichkeit hinausweist. Das einzige, was ich mir aus Gründen der Schwerkraft bisher verkniffen habe, ist selbst in der Steilwand zu fahren – ich muss meinen Schutzengel ja nicht provozieren.

Bei den Steilwandfahrern läuft sehr vieles von dem zusammen, was mein Leben ausmacht: nicht nur die Musik, Tattoos, Motorräder, der Geruch von Benzin, Öl und Auspuffaromen, sondern vor allem das ständige Unterwegssein, Provisorien als Lebensform und der damit einhergehende Existenzialismus des Unvorhersehbaren. Bei den Steilwandakrobaten tritt auch die Lebensgefahr hinzu, das immer mitschwingende Endliche – und vor allem eben Gemeinschaft mit interessanten, höchst unterschiedlichen Menschen, die das, was sie gemeinsam durchleiden, zu einem Team zusammenschweißt. Ich bin mir für nichts zu schade, habe Kaffee und Leberkässemmeln geholt, Klos geputzt und vieles andere gemacht. Das ist anstrengend und kein Wellnessurlaub. Und doch ist es am Ende des Tages eine Kraftquelle für mich. Die brauchst du, damit du wieder etwas geben kannst – geben und nehmen, Kraft tanken und abgegeben, das muss ja irgendwie in der Balance sein. Wenn du zu viel gibst, brennst du aus. Und deswegen tut Abstand zu deiner Arbeit und das Eintauchen in eine andere, eine fremde Welt auch gut. Weil du immer wieder neue und überraschende Momente erlebst. So zum Beispiel, als ich bei einem schweißtreibenden Aufbau mein Hemd auszog und Donald zum ersten Mal meine großes Jesu-Tattoo auf meinem Rücken sah. Er blickte mich an und ihm entfuhr: »Halleluja«.

»Bei strenger Pflicht, getreu und schlicht«

Die Steilwandfahrer faszinieren mich aus verschiedenen Gründen. Dabei ist auch etwas, was gar nicht sofort klar wird, sondern nur, wenn man sie wirklich kennt: ihre Gewissenhaft, die Präzision, die Genauigkeit bei der Vorbereitung. Alles Werte, die ich von meinem Elternhaus mitbekommen habe. Die Männer in meiner Familie hatten den Anspruch, sich durch Fleiß nach oben zu arbeiten. Mein Opa hat die Latte immer schön nach oben gelegt. Mein Vater hatte die Latte übersprungen und den Blaumann der Handwerker mit dem Anzug eines Versicherungsangestellten getauscht, war als einer der ersten in der Familie in den Stand eines leitenden Angestellten, zum Geschäftsstellenleiter einer Krankenkasse und zum Besitzer eines Eigenheims aufgestiegen. Und sein Sohn sollte es später auch einmal besser haben als er. Und so wurde die Latte auch für mich höher gelegt, von meinem Vater, assistiert von meinem ungeduldigen und altersbedingt schwächer werdenden Opa, der mit militärischer Disziplin ein scharfes Auge auf die Entwicklung seines Enkels hatte. Ich habe heute ein Erinnerungsstück meines Opas an der Wand hängen, einen Zierteller, dessen Sinnspruch das Erziehungsideal in meiner Familie bestens zusammenfasst: »Bei strenger Pflicht, getreu und schlicht.« Diesen Spruch der Feuerwerker hatte mein Großvater verinnerlicht, das war seine Richtschnur. Danach hat er auch meinen Vater erzogen. Und daran maßen beide den Enkel und den Sohn: mich. Den Teller hatte er von der Heeresfeuerwerkerschule überreicht bekommen. Pflichterfüllung, das war sein Credo. Mein Großvater war gradlinig wie die Bügelfalte seiner Hose, die abends für den nächsten Arbeitseinsatz akkurat von der Oma glattgebügelt wurde. Heute hängt sein Teller als Vermächtnis, von mir eigentlich als Kontrapunkt gedacht, über unserem Rockabilly-Esstisch, einem Original, wie es in den 60er Jahren des vergangenen Jahrhunderts in jedem American-Fastfood Restaurant zu finden war: Resopal mit Blechkante. Überhaupt sieht meine Wohnung im Essbereich so aus wie ein amerikanischer Drive-In aus den 60er-Jahren, der Hochzeit des *King of Rock'n'Roll:* Neben dem Teller an der Wand hängt ein Wimpel der Washington Redskins, ebenso wie unübersehbar in Rot der Schriftzug des Motodroms der Steilwandfahrer auf der Wiesn und dazu passend drei wie auf der Kirmes aus Glühbirnen geformte Buchstaben: zwei R's, eines seitenverkehrt, damit sie einander zugewandt sind, und ein großes L, das mit dem Rücken des einen R's verbunden ist – was es damit auf sich hat, werde ich später noch erzählen. Und mittendrin ist da eben dieser Teller meines Opas. Zunächst als Spaß gedacht, entfaltet er unbemerkt, später ganz deutlich seine ganz besondere Wirkung auf mich. »Bei strenger Pflicht, getreu und schlicht.« Das sind ja Mahnungen, die sich einrammen, dich prägen und erinnern sollen. Deswegen gibt es solche Teller. Und deswegen hängt man sie an die Wand. Und heute, wo ich selbst Vater bin und mein Vater Großvater, erwische ich mich immer wieder, dass ich selbst »Bei strenger Pflicht, getreu und schlicht« vor mich hinmurmele – und mich dann fassungslos hinterfrage: »Geht's noch?«

Die jahrelange Erziehung nach dem Dogma »Pflicht und Schuldigkeit« habe ich wohl viel tiefer verinnerlicht als jemals angenommen. Und Teile meiner verbissenen Revolte gegen alle diese Dogmen meiner Familie, die später folgen sollte, sind wohl daran gescheitert, dass ich diese Werte längst übernommen hatte. Ich wusste es nur nicht. Oder aber: Ich wusste es zu gut.

Ich war schon früh eines der trotzigen Kinder, die die Luft anhalten, bis sie blau werden wie ein Schlumpf. Mit den Jahren wuchs nicht nur ich, sondern auch meine Lust zum Widerstand, und meine Eltern haben mich in ihrer Hilflosigkeit von Arzt zu Arzt geschleppt, um sich zu vergewissern, ob bei mir alles normal sei. Die Kinderärztin versuchte meine Eltern mit einer Aussage zu beruhigen, die das Gegenteil auslöste: Ich sei halt »a Zornnickl«, ein jähzorniges Kind, und meine Mutter solle mich an den Füßen packen – mit dem Kopf nach unten – und mir mal ordentlich den Arsch versohlen. Ja, das hat sie gesagt, die Kinderärztin, 1973 muss das gewesen sein. Auch in der Schule suchte ich den Widerstand und Widerspruch und entwickelte eine gewisse Kunst darin. In der wildesten Zeit war ich wohl 14 und hatte natürlich das dringende Bedürfnis, anders zu sein. Anders als meine Eltern, anders als die Großeltern. Ich hörte nach wie vor Johnny Cash – aber eine neue Musikrichtung trat hinzu: Punk! »Slime«, »Die goldenen Zitronen«, »Sexpistols« schnarrten aus meiner Anlage: »I am an Anarchist. I am an Antichrist!« Meine Mutter in der Küche hörte auf, ihre Schlager zu trällern. Johnny Rotten statt Johnny Cash – darauf stand sie nicht. Zu archaisch eruptiv klang, was da aus dem Kinderzimmer schallte. Im damaligen Lieblingsladen der Subkulturen, dem »Point Bazar« in Nürnberg, gab es neben der üblichen Folklore der Palästinenserschals auch die britisch-schicken Dr. Martens-Schuhe, die sogenannten »Docs«, die mein Opa für gute Schuhe hielt, weil sie doppelt vernäht besser hielten, langlebig und damit vernünftig waren, ganz im Gegenteil zu Cowboystiefeln, die ich mir wegen meiner Musikvorliebe ebenfalls zugelegt hatte. Dass die Doc's Ausdruck einer jugendlichen, politisch nach dem Rechts- und Linksschema oft nicht eindeutig zuzuordnenden Protestbewegung waren, die den politischen Ansichten meines Opas in jedem Fall diametral entgegengesetzt waren, musste ihm entgangen sein – das entbehrt nicht einer gewissen Ironie. Ich glaube, ich war in der Zeit der einzige Punk in ganz Franken, der bekennender Christ war und Johnny Cash und die »Sexpistols« gleichzeitig hörte.

Der »Point Bazar« hatte auch sonst alles, was das jugendliche Revoluzzerherz noch so begehrte. Unter anderem auch Haarfärbemittel aus England. Anarchy in the UK. Anarchy im Frankenland. Die »Sexpistols« ließen grüßen. Und da stand es, das Fläschchen. »Djungle Green« stand drauf und mein Taschengeld gab es her und die Verkäuferin auch. Also ab nach Hause und in einer Geheimaktion im Bad der elterlichen kleinen 3-Zimmer-Wohnung die Haare gefärbt. Es schlug im ersten Moment ein wie eine Bombe. Die Haare waren grün. Revolution gelungen, spitze Entsetzensschreie meiner Mutter aus der Küche – ihre Sorge gebührte aber erstmal den völlig versauten Handtüchern. Mein Opa ging so nicht mehr mit mir auf die Straße. Ziel erreicht! Die Besinnungs- und Motivations-Sparziergänge im Stechschritt mit dem strengen Großvater waren erstmal vom Tisch. Eiszeit. Ich hatte damit auch den Berufswünschen meiner Eltern eine deutliche Absage erteilt und klargemacht, dass mich mit grünen Haaren keine Bank hinter den Schalter stellen und keine Versicherung mich zu Kunden schicken würde. Ich freute mich diebisch über die Aufregung und die Aufmerksamkeit, die ich mit meinen grünen Haaren auslöste, litt andererseits aber auch unter dem Gegenwind der strafenden Ablehnung. Meine Oma allerdings, da war ich mir damals dann doch sicher, die liebte mich immer noch. Sie sagte in ihrem wunderbaren Nürnberger Dialekt immer »mei Schbodz«, mein Spatz zu mir. Selbst wenn ich die dicksten Dinger lieferte, hat sie mich immer verteidigt und mir zum Abschied ihr rührend gehauchtes »Behüt Dich Gott!« oder ihr »Adieu!« mit auf den Weg gegeben. »Adieu«, das stammt vom französischen »A Dieu«, das Wenden an Gott. Das »Adieu«, das meine Oma mir immer zum Abschied mit großem Ernst wie einen Segen mit auf den Weg gab, kam tief aus ihrem Herzen.

Opa liebte mich sicher auch noch, irgendwie, irgendwo – aber das zeigen und zu mir stehen, das konnte er nicht. Der Schock meiner Eltern legte sich relativ schnell, sie fokussierten sich allerdings weiter auf die Frage meiner Ausbildung und beruflichen Zukunft. Ich war auf der Hauptschule bis zur 7. Klasse und wurde auf eine spezielle Wirtschaftsschule umgetopft, damit ich dort meine mittlere Reife abschließen und mit diesem Abschluss die Lehre als Bank- oder Versicherungskaufmann aufnehmen würde. Ich hatte aber immer den Geruch von Holz in der Nase, das Sausen des Hobels im Ohr, das Hämmern und Klopfen, wenn die Nut in die Feder muss. Mein einer Opa war Zimmermann und der andere im Grundberuf Schreiner – und die Liebe zum Holz sitzt tief in mir. Dazu der biblische Bezug des Zimmermanns zum Leben Jesu; und natürlich auch die Vorstellung, dass jeder Mensch ein Dach über dem Kopf braucht, ein Zuhause, umso mehr, wenn sie auf der Flucht sind – und wenn es nur ein Stall in Bethlehem wäre …

Ich sah mich also umgeben von Hobelspänen, zufrieden im Licht der untergehenden Sonne auf mein fertiges Werkstück schauen – und nicht unter Neonlicht Zahlentabellen fressen, statt in der Schreinerei auf der Wirtschaftsschule. Volkswirtschaftslehre. Statistik. Betriebswirtschaftslehre. Rechnungswesen. Maschinenschreiben. Steno …

Meine Eltern wollten das; mich lockten eher die digitalen Spielewelten meines C64 Commodore-Computers. 1988 verschwand ich über lange Strecken des Tages im digitalen Paralelluniversum. Es waren Spiele, in denen es leicht war, durch Bonus-Punkte jene Belohnungen zu bekommen, die mir in der Schule versagt blieben. In der 9. Klasse war es schließlich so weit: Ich fiel durch – und fast wäre ich von der Schule geflogen, hätte mir mein genialer Klassenlehrer, Herr Koch, nicht noch eine Chance gegeben. Danke, Herr Koch!

In den Jahren meiner Pubertät war ich in einer Art Schwebezustand, der mit wachsendem Alter nicht nur für meine Eltern immer beunruhigender wurde. Aber ich bin heute mehr denn je überzeugt: Nichts ist schlimmer für einen jungen Menschen als kritiklos übernommene und nie hinterfragte Werte und Glaubenssätze. Nachlaufen hat nichts mit innerer Überzeugung zu tun. Und im Leben wie im Glauben geht es darum, seinen eigenen Weg zu finden. Dass ich heute so tief glauben kann, hat genau mit jenem Widerspruchsgeist, mit meinem Zweifeln und Hinterfragen logischer Widersprüche und dem entsprechenden Auftreten zu tun. Meinen Glauben habe ich mir im ständigen Abgleich meiner christlichen Werten mit meinem Lebensalltag hart erkämpfen müssen, um nach langen Jahren des Protestes eine tiefe innere Überzeugung reifen zu lassen.

Wüstgläubig:
Wie Kirche enttäuscht

Noch etwas prägte meinen Glauben, ebenfalls bereits in der Jugend. Wie schon öfter erwähnt, bin ich Einzelkind. Ursprünglich wollten meine Eltern mal drei Kinder, jedenfalls haben sie das später immer erzählt. Aber nachdem ich unter Schmerzen geboren worden war, meinte meine Mutter, ein Kind genüge. So war die offizielle Sprachregelung. Ich habe mich später, als ich erwachsen war, oft gefragt, ob es noch einen anderen Grund gegeben hat. Hat es. Es war die jeweilige Konfession meiner Eltern, die sich mit ihrer ganzen Macht gegen ihre Liebe gestellt hatte, als sie sich kennenlernten. Als kleines Kind waren meine Eltern für mich beide schon immer »evangelisch«, ich kannte nichts anderes und in der Wahrnehmung eines Kindes spielt die Konfession keine Rolle – es sind die Erwachsenen, welche die Kinder in ihrem Glauben von Gott trennen und in »katholisch« und »evangelisch« aufspalten. Tatsächlich war meine Mutter früher katholisch und mein Vater evangelisch. Allerdings wirkten meine Eltern auf mich nie streng gläubig, sondern seltsam distanziert. Zwar hing auch bei uns ein Kreuz im Herrgottswinkel, aber außer zu den großen Festtagen Weihnachten und Ostern gab es keine regelmäßigen Kirchgänge der Familie Fuchs. Glaubensvermittlung wurde von meinen Eltern delegiert an die örtliche evangelische Gemeinde, in der ich in den Kindergottesdienst und den Konfirmationsunterricht ging. Auch wurde bei uns zu Hause nicht gemeinsam zu den Mahlzeiten gebetet, was ich heute mit meiner Tochter mit Bedacht täglich tue, einfach, damit sie Dankbarkeit für die Tatsache entwickelt, dass »Unser täglich Brot gib uns heute« bei uns hier in Deutschland kein frommes Wünschen der Hungrigen ist, sondern dass unser Tisch reich gedeckt ist. Ich bete mit ihr, damit sie versteht, dass es keine Selbstverständlichkeit ist, wie gut und sicher wir heute immer noch leben in Deutschland, in ganz Europa. Dass wir

Frieden haben, sauberes Trinkwasser in verschwenderischer Fülle, wozu wir nur den Wasserhahn aufdrehen müssen. Ich bete mit meiner Tochter und auch für mich, weil es nicht schaden kann, dass ein Gebet uns diesen Reichtum an allem Notwendigen, was wir zum Leben brauchen, in Erinnerung ruft und dass wir unsere Dankbarkeit zeigen, indem wir achten, was wir essen, trinken.

Ich weiß heute, gerade weil ich es nicht erlebt habe, wie wichtig diese Rituale und Glaubensvermittlungen in der Familie sind. Deshalb beten wir zusammen auch am Abend, vor dem Schlafengehen. Aber mehr im Gespräch. Wir leiern keine Gebete herunter. Sondern rufen uns das Besondere des Tages ins Gedächtnis. Ich frage meine Tochter, was sie Schönes erlebt hat. Oder ob es etwas gibt, was sie nicht verstanden hat oder ihr Angst macht. Und dann kommt immer etwas, was sie durch den Tag bis jetzt in den Abend kurz vor dem Schlafengehen bewegt. Ich erzähle ihr auch von mir. Wir sprechen darüber, was wir beide im Laufe des Tages erlebt haben, was ungeklärt blieb, und vor allem immer, was Freude ausgelöst hat. Am Ende fasse ich unser Gespräch in einem Gebet zusammen und wir bitten Gott, Knoten zu lösen, hilfsbedürftigen Menschen zu helfen, schließen Familie und Freunde mit ein und sagen »Danke« für das, was schön war. Eben: Danke-schön.

Gott ist bei diesem Gespräch als Dritter immer mit dabei. Für Kinder ist das etwas völlig Natürliches, dass sie mit jemandem sprechen, der für sie ein Vertrauter ist, auch wenn dieser Jemand im Raum materiell nicht existent zu sein scheint – so ist der für das Kind doch da. Wie oft erlebe ich meine Tochter, dass sie im Spiel plötzlich mit einem Spielkameraden zu sprechen beginnt, als säße der mit ihr im Zimmer. Wenn ich sie dann frage, mit wem sie spräche, fühlt sie sich ertappt, weil ich nicht nur das Spiel, sondern auch die Vertrautheit gestört habe. Kinder verlernen leider später wieder diese Fähigkeit, ihre Phantasie zu nutzen – eben, weil wir Erwachsenen dauernd fragen. Und wir fragen, weil wir irritiert sind, weil wir denken: Stimmt etwas nicht mit unserem Kind? Wir fragen, weil wir diesen Zugang zu unserer Phantasie ver-

Gott geht unter die Haut oder: Wenn du deinem Co-Autor erklären sollst,
wie Tätowieren geht, und du es ihn einfach erleben lässt …

© Stefan Linde

Auf meiner Bobber – einer umgebauten BMW R100R
© Herzflimmern – by Nadine Schachinger

Ich will Dich segnen und Du sollst ein Segen sein, 1. Mose 12,2
© Herzflimmern – by Nadine Schachinger

Gezeichnet vom Leben – und ja, es tut weh! Und nein, es geht nicht wieder weg!
© Herzflimmern – by Nadine Schachinger

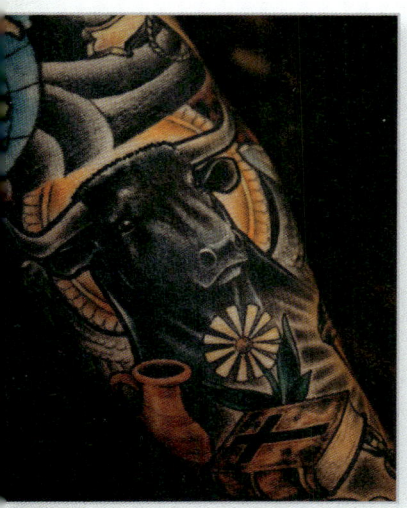

Evangelist Lukas als der geflügelte Stier: Das Leben bei den Hörnern packen
© Herzflimmern – by Nadine Schachinger

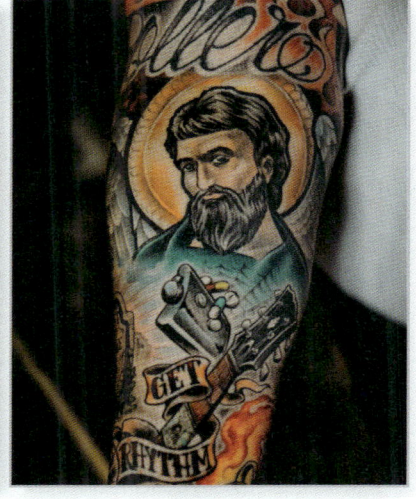

Der Evangelist Matthäus: Sola Scriptura
© Herzflimmern – by Nadine Schachinger

Familie – Tradition – Heimat – Burg 13 auf der Kaiserburg zu Nürnberg
© privat

Easyriderin – Papas ganzer Stolz
© privat

Let the good times roll ... -
Familienausflug mit dem Buckelvolvo
© privat

Mitten unter ihnen – zusammen beten
für den Frieden
© privat

Sprühen vor Begeisterung –
auf dem Stadtteilfest »Ois Giasing«
© privat

The Man in Black, der Mann
in Schwarz, an der Seite der
Mühseligen und Beladenen
© Herzflimmern – by Nadine Schachinger

Bunter Hund vor bunter Wand - im bunten Giesing: passt!
© Herzflimmern – by Nadine Schachinger

The Hellriders Race – mit himmlischem Beistand
© Stefan Thalhamer

Auf der Straße ohne Ende: das Original Motodrom!
© privat

Willkommenskultur: »Die Kasse hat jetzt für Sie geöffnet. Sichern Sie sich ihren Platz direkt am Rand der Fahrbahn.«
© privat

Siebenhundertsiebenundsiebzig: Soli Deo gloria!
© Herzflimmern – by Nadine Schachinger

Reverend Ray Fox - Rock'n'Roll & Motorcycles – no Bullshit!
© Herzflimmern – by Nadine Schachinger

Ich bin, was ich bin – geliebtes Kind Gottes – Diakon – Mensch – Ebenbild
© Herzflimmern – by Nadine Schachinger

7 Werke der Barmherzigkeit als Tattoo auf meinem Unterarm:
Gefangene besuchen – Durstige tränken – Kranke heilen – Hungrige speisen –
Fremde beherbergen – Tote bestatten – Nackte bekleiden
© Harry Meister

Meine ersten 7 Brüder in der Philippuskirche zu Rummelsberg –
Vorlagengeber für mein Tattoo
© privat

gessen und verlernt haben, ihn zu nutzen. Das gilt auch für das Gebet. Was ich tue, um Gott näher zu kommen? Nichts. Denn nichts ist mir so nahe wie Gott. Ich bete. Das wohlverstandene Gebet kann auch uns Erwachsenen helfen, diese Fähigkeiten wieder zu entdecken und mit unserem durchrationalisierten, oft gefühlsarmen und fordernden Alltag besser fertig zu werden. Das Gebet ist dann die innere Sammlung, die bewusste und versöhnliche Zusammenfassung des Tages, der Dialog mit sich selbst und Gott, nicht irgendein devotes »Anhimmeln« – sondern Besinnung auf das, was wesentlich ist. Wir sind alle gesegnet mit der Fähigkeit, Gott zu begegnen und Gott zu erfahren. Ich kenne wirklich niemanden, ob gebildet, dumm oder schlau, ob arm oder reich, ob gläubig oder nicht, der nicht irgendwann einmal in seinem Leben eine Begegnung oder ein Erlebnis, einen besonderen Traum oder irgendeine Form von Geistesblitz hatte, bei dem er nicht für einen Moment vollkommen davon überzeugt gewesen ist, dass ihn gerade etwas sehr Großes, Mächtiges freundlich angestupst und ihm klar gemacht hat: »Hier bin ich!« Jeder Mensch hat diese Fähigkeit, das Göttliche in sich wiederzufinden. So, wie ich es den beiden Alten aus dem Weißenseepark zu vermitteln versucht habe.

Das Gebet ist etwas Gutes, um diese Fähigkeit der Besinnung zu trainieren – wenn man es nur regelmäßig macht und sich Zeit nimmt. Das Gebet ist für mich persönlich auch etwas anderes als eine Meditation. Es ist die direkte Zwiesprache mit Gott, und zugleich beten wir nicht nur für uns, sondern beziehen andere Menschen in unserer Fürbitte mit ein. Für deren Wohlergehen beten und bitten wir, um Kraft, Hilfe oder auch mehr Glück im Leben.

Ich erzähle das so ausführlich, weil es all das nicht gab in meiner Kindheit, weil der im Alltag vorgelebte christliche Glauben fehlte. Die ganz natürliche Heranführung des Kindes an den Sinn des Gebets und an die Hoffnung und den Mut, dass du nicht alleine bist auf dieser Welt, egal, was dir wiederfährt, dass da jemand ist, der immer mit dir ist und dass du niemals tiefer stürzen wirst als in die Hand Gottes. Ich finde es schade, weil ich es selbst erlebt habe, dass viele unserer Kinder wie ich auch immer seltener die Fülle des Gebets erfahren dürfen, vorgelebt bekommen. Vorgelebt, nicht vorgeschrieben und vorgebetet. Das Vertrauen, das ich bei meiner Tochter erlebe, wenn wir zusammen beten, berührt mich immer wieder zutiefst. Es ist das Urvertrauen, das alle Kinder haben, in Vater und Mutter und auch in Gott – wenn es die Erwachsenen nicht leichtsinnig oder böswillig zerstören. Es ist genau das Vertrauen, das ich als Erwachsener spüre, wenn ich alleine bin und für mich bete, im intensiven Austausch mit jemandem, zu dem ich so unendliches Vertrauen habe wie ein Kind zu seinem Vater. So ist mein Verhältnis zu Gott.

Und all das habe ich nicht von meinen Eltern lernen können, weil bei beiden das Urvertrauen in die Kirche und zu Gott von anderen gestört worden ist. Nein, diese Ansprache mit Gottesbezug gab es bei uns zu Hause nicht. Meine Form des Betens durfte ich erst sehr viel später von Menschen erfahren, die mir ihren Glauben »glaubwürdig« vorgelebt haben. Meine Eltern hatten zwar einen grundsätzlich positiven Blick auf fast alles, was die Vermittlung christlicher Werte und christliche Erziehung ihres Sohnes im Umfeld der Kirche anbelangte. Ich wurde getauft und ging auch zum klassischen zweijährigen Präparantenunterricht vor dem eigentlichen Konfirmandenunterricht und zur Konfirmation. Ich nahm an Freizeiten der evangelischen Jugend teil und am Religionsunterricht. Die christliche Erziehung wurde von meinen Eltern zu keinem Zeitpunkt in Frage gestellt, das war gesetzt, das machten alle so um uns herum – damals. Allerdings hatten mich die Eltern zunächst in den katholischen Kindergarten geschickt, erst nach der Einschulung ging es in die Kindergruppe und den Kindergottesdienst unserer evangelischen Gemeinde. Kinder kennen keine Konfessionen, keine Trennung, und so war der Wechsel nichts, worüber ich mich gewundert hätte. Als einzigen Unterschied nahm ich wahr, dass es im katholischen Kindergarten strenger und frommer zugegangen war, während es in der evangelischen Kindergruppe freier, spielerischer und auch lustiger war. Unterschiede gab es auch beim Kindergottesdienst, der nicht länger in der katholischen Kirche stattfand, wo der Pfarrer weit entfernt von uns am Altar über uns hinweg zelebrierte – sondern in einem schmucklosen, auf mich kahl wirkenden Gemeindesaal. Es gab keinen Weihrauch. Keine Wandlung. Und keine prunkvollen Gewänder. Keine Orgelmusik. Wir saßen einfach im Kreis, eine brennende Kerze und das Kreuz in der Mitte. Für mich bedeutete das damals Nähe statt Distanz. Und was mir auch auffiel: Wieviel Wert auf das Wort gelegt wurde, die direkte Ansprache. Im Kreis wurden Geschichten oder ein Gleichnis vorgelesen, spannend erzählt und danach der tiefere Sinn und die damit verbundene Botschaft besprochen. Wir haben gespielt und gebastelt miteinander. Und zum Abschied haben wir noch den Segen bekommen. Ich bin, obwohl meine Eltern nicht wirklich gläubig waren, auf natürliche Weise in die evangelische Gemeinschaft hineingewachsen. Die Distanz meiner Eltern empfand ich damals allerdings eher als wohlmeinend und gar nicht negativ. Erst sehr viel später habe ich erfahren, was die Ursache für das seltsam distanzierte und doch Nähe suchende Verhalten meiner Eltern zur Kirche war.

Die Geschichte meiner Eltern scheint mir exemplarisch für viele Enttäuschte, die sich heute von der Kirche beider Konfessionen abwenden. Eine Geschichte, die auch heute noch den ganzen Widersinn der konfessionellen Spaltung zwischen den christlichen Kirchen aufzeigt, über 500 Jahre nach Martin Luther und dem Dreißigjährigen Krieg. Mein Vater und meine Mutter sind beide getaufte Christen und haben ihren christlichen Glauben in ihrer Jugend auch gelebt. Ihr einziger »Fehler«: Mein Vater war evangelisch erzogen, getauft und konfirmiert worden, so wie es sich in einer fränkischen Arbeiterfamilie gehörte. Obwohl bekennender Rock'n'Roller war mein Vater im CVJM sozialisiert worden – damals noch Christlicher Verein junger Männer – einer eher frommen Gemeinschaft. Klampfe, Lagerfeuer, viel Natur und gemeinsame Fahrten kirchlicher Organisationen waren damals ein beliebter Magnet für Jugendliche, die kaum Geld hatten, allein auf Reisen zu gehen. Meine Mutter dagegen stammte als Kind sudetendeutscher Eltern aus einer katholischgläubigen Familie. Nachdem sie sich zufällig bei einer Hochzeit getroffen und langsam ineinander verliebt hatten, begann eine Abfolge »konfessioneller Enttäuschungen«. Die Liebe meiner Eltern wuchs, und irgendwann fassten sie den Entschluss zu heiraten. Als größte Hürde erwies sich die ehemalige Religionslehrerin meiner Mutter, die auch in der Gemeinde aktiv war, und der zuständige katholische Pfarrer, bei dem meine Eltern das Aufgebot für ihre kirchliche Trauung bestellen wollten. Mein Vater hatte in eine kirchliche Trauung nach katholischem Ritus eingewilligt, weil für ihn sonnenklar war, dass Gott nicht nach dem Trauschein fragt, nicht schaut, ob der Stempel darauf katholisch oder evangelisch ist, wenn zwei Menschen sich lieben. Doch der katholische Pfarrer, ein konservativer Collarträger – im römischen Imperium die Bezeichnung für das Halseisen der Sklaven – sah das völlig anders, übte massivsten psychischen Druck auf meine Mutter aus und verlangte, sich von meinem Vater schnellstmöglich wieder zu trennen. Er redete auf meine Mutter ein, dass ihre Seele sonst verloren sei und sie ewig in der Hölle schmoren werde. Meine Mutter geriet in einen Gewissenskonflikt. Als alles Drohen des Priesters nicht fruchtete und bei meinen Eltern nach wochenlangem Druck gelinde gesagt Befremden einsetzte über das Verhalten des Priesters und meine Mutter sich der Zumutung, sich zu trennen, endgültig widersetzte, verlangte der katholische Pfarrer, wenigstens die Kinder im katholischen Glauben zu erziehen – das Resultat am Ende war, dass meine Mutter schließlich konvertierte und beide »evangelisch« heirateten.

Für meine Mutter war das ein enormes »Wagnis«: Sie stellte sich gegen die katholische Glaubenslehre, die der Pfarrer eben so ausgelegt hatte, dass sie nicht nur um ihr Seelenheil, sondern auch das ihrer Kinder fürchten musste. Sie stellte sich gegen ein System, das Menschen ein schlechtes Gewissen einredete und verlorene Schafe zurück in die Herde bissen. So aber funktioniert Glaube heute nicht mehr. Diese dunkle Seite der Macht, der Machtmissbrauch durch kirchliche Würdenträger ist heute nicht länger von Dauer und kommt ans Licht, wie ich es später selbst noch bitter erfahren sollte. Aber damals tickten die Uhren noch anders. Umso bemerkenswerter war deshalb der Schritt, den meine Mutter damals getan hat. Meine Großeltern mütterlicherseits schlossen meinen Vater aber schnell ins Herz und standen der Verbindung nicht im Weg. Meine Oma sagte in ihrer Güte und Weisheit: »Es gibt nur einen Herrgott«. Wie recht sie hatte.

Für mich aber bedeutete diese 500 Jahre nach Luther immer noch andauernde und heute mehr und mehr sinnlos erscheinende Spaltung der Christen schon als Kind, dass ich mich mit Glauben und Unglauben auseinandersetzen musste und zu hinterfragen hatte, welche Spiele die Erwachsenen da spielten – und ob ich mich darauf einlassen sollte. Der Riss, der sich durch unsere Familie zog, war da, und für mich schon als Kind war deutlich zu spüren, dass es etwas anderes, angeblich Minderwertiges, ja Gefährliches bedeutet, Protestant zu sein. Wenn wir die katholische Verwandtschaft meiner Mutter besuchten, dann waren wir immer die »Wüstgläubigen«, die Abgefallenen vom rechten Glauben. Ich erinnere mich nur zu gut an die ständigen Anspielungen und Sticheleien und Drohungen der Großmutter unserer Verwandtschaft in der Oberpfalz, wohin es einen Teil der Familie meiner Mutter fluchtbedingt verschlagen hatte. Die Großmutter, die mit bebender Stimme und erhobenem Zeigefinger erklärte, dass auf dem heiligen Acker katholischer Friedhöfe weder Selbstmörder noch Protestanten beerdigt werden dürften – und mich dann fragte, ob es irgendwo in oder in der weiteren Umgebung von Nürnberg überhaupt auch nur einen einzigen protestantischen Friedhof geben würde? Ob ich wüsste, wohin ich einst kommen werde, wenn es für mich ans Sterben ginge? Heute mag man darüber lachen – aber als Kind? Diese dumpfe Bedrohung, nicht berufen, sondern vielleicht verdammt zu sein, machte Angst. Ich konnte als Kind nicht begreifen, dass meine Verwandten das nicht aus Bosheit machten, sondern aus echter Besorgnis um unser, um mein Seelenheil und weil sie es nicht besser wusste. Bei mir als Kind lösten diese Ausgrenzungen das Gefühl aus, anders zu sein als die anderen. Nicht dazuzugehören. Ich fühlte mich schlicht stigmatisiert. Vergessen habe ich das nie.

Ich verstand den Unterschied gar nicht, hing bei uns zu Hause doch auch das Kruzifix im Herrgottswinkel, gab es die Familienbibel genau wie bei der katholischen Verwandtschaft – allerdings die

Lutherbibel und das evangelische Gesangbuch. Ich habe diese Auftrennung im Glauben nie verstanden. Die andere Seite – es gibt nichts Böses ohne das Gute – war Onkel Willy aus der Oberpfalz. Der war Jäger und hatte Wald. Das war für mich als Stadtkind, das auf dem Pflasterstrand spielen musste und außer an den Wochenenden kaum Grün erlebte, immer unendliche Freiheit. Unverbrauchte Natur. Nachts Wild beobachten. Und auch jagen. Leben und Tod. Natur im Wechsel der Jahreszeiten. Werden und Vergehen. Das ganze Spektrum der Schöpfung. In Onkel Willys Wohnzimmer standen die Gewehre. Was uns Jungs damals natürlich sehr interessiert hat. Ab und an brachte Onkel Willy einen Hasen oder ein Reh mit, denen das Fell über beide Ohren gezogen wurde – seither weiß ich, was der Spruch, jemandem das »Fell über die Ohren« zu ziehen, wirklich meint. Leben und Sterben wurde so von uns Kindern als natürlicher Teil des Lebens erfahrbar. Und noch etwas habe ich Onkel Willy zu verdanken. Meine Sucht nach dem Geruch von Zweitaktbenzin, Motorrädern und dem Fahrtwind, wie er einem nur auf dem Motorrad entgegenbläst. Meine ersten Fahrten mit einem getunten Mofa, über Waldwege, Stock und Stein mit meinem Kumpel Stefan – das geschah in den Wäldern von Onkel Willy –, der Ground Zero meiner folgenden Leidenschaft für alles, was zwei Räder und starke Motoren hat. Für uns waren die Besuche bei unseren katholischen Verwandten Anlass steter Bekehrungsversuche, aber auch Abenteuer. Meinen Vater hatten die ständigen Sticheleien, die sich erst nach Jahren legten, schon sehr gewurmt, wurde er doch als Hauptschuldiger für die Konversion seiner Frau angesehen. Wenn es wirklich etwas gab, was ihn als Protestanten erst recht positionierte – dann war es genau diese unterschwellige Form der Ausgrenzung, die meine Mutter, mehr aber noch mehr mein Vater, als »Wüstgläubige« zu spüren bekamen. Bei uns in der evangelischen Kirche heißt es im Glaubensbekenntnis: »Ich glaube an die heilige christliche Kirche« und nicht »Ich glaube an die heilige katholische Kirche!« – was von meinen Eltern als ungerechte Ausgrenzung empfunden wurde, auch wenn ich natürlich nach meiner Ausbildung weiß, dass es dabei um viel mehr geht. Letztlich um alles und um alle. Denn »katholisch« meint hier eigentlich »allumfassend«. Und doch ist es interessant, dass die »una sancta« als die »eine« und die »heilige« Kirche übersetzt wurde; dass »catholicam« aber unbearbeitet blieb. Jedesmal wenn ich in einem ökumenischen Gottesdienst bin und wir zusammen das Glaubensbekenntnis beten und an diese Stelle kommen, spüre ich Unbehagen. Es ist schwer auszuhalten. Gefühlt wie ein Schlag ins Gesicht. Das eine grenzt aus – das andere betont die Einheit. Das macht den Unterschied. Meine Eltern aber verstanden sich zuallererst als Christen, genauso wie ich mich entschieden habe, immer das Gemeinsame zu sehen und nicht das Trennende. Ich habe mir manchmal überlegt, ob dieser ungelöste Konflikt vielleicht auch ein Grund war, warum ich Einzelkind geblieben bin. Vielleicht waren es ganz pragmatische Gründe, vielleicht aber hatte meine Mutter wegen ihrer katholischen Erziehung in ihrem innersten Kern doch die Angst, nicht noch mehr Schuld auf sich und ihre Kinder zu laden. Ich weiß es nicht. Ich erlebe es immer wieder, wie schwer es für konfessionsgemischte Paare ist, in dieser unsäglichen Spannung ihren Glauben zu leben. Für mich bedeutete dieses hautnahe Erleben der Folgen konfessioneller Spaltung, dass ich heute niemanden wegschicke, der einen anderen Glauben hat, dass ich niemanden deswegen geringer achte oder ablehne und ihm Hilfe verweigere. Und das ist das eigentlich Merkwürdige an dieser Geschichte, denn ohne sie wäre ich heute nicht Diakon und würde nicht genau das jeden Tag tun, was meinen Eltern seinerzeit verwehrt wurde: beste Seelsorge im Dienst der Gläubigen und des Herrn, Türen öffnen, statt sie zu verschließen, einfach da sein, ansprechbar sein, zuhören und zugetan handeln – statt drohen und abstrafen, verdammen und ausschließen.

Glauben kann ein wunderbares Abenteuer sein

Teilung erlebte ich danach weiter, dann schon mit grünen Haaren. Nicht mehr in Wüstgläubiger und Nicht-Wüstgläubiger. Diesmal in den eher weltlich-bodenständig eingestellten Teil meiner Heimatgemeinde und dann den Flügel der charismatischen Bewegung. Der charismatische Teil berief sich damals auf die Gemeindeerweckungsbewegung. Der Zugang zu Gott, so in etwa und sehr verkürzt die Theorie, ließe sich nur durch völlige emotionale Hingabe im Gebet in der Gemeinschaft erreichen oder singend sich völlig hingebend. Durch Zufall begann ich mich für die Charismaten zu interessieren und erlebte das als Offenbarung: Jeder, der kam, wurde mit großer Aufmerksamkeit, Wärme und Herzlichkeit aufgenommen. Man gab dir das Gefühl wichtig zu sein und den Kreis zu stärken. Mein Glaube war hier plötzlich anerkannt und etwas wert. Und die Gemeinschaft, die ich dort fand, bot mir mit meinen grün gefärbten Haaren und dem ganzen anderen Ärger eine willkommene Oase der Ruhe vor jeglichen Anfeindungen und Mahnungen. Bei den Charismatikern wurde gesungen und intensiv gebetet, sehr viel Halleluja, sehr viel Lobpreis, Gott ist ganz groß und sorgt für mich, inbrünstig vorgetragen. Durch die Musik und den Gesang war es einfach reinzukommen und Teil der Gemeinschaft zu werden, die im Kreis stand und sich an den Händen fasste und sich im Rhythmus bewegte und sang. Es war unmöglich, sich diesem Sog der Gefühle zu entziehen. Die Betstunden verließ ich mit seliger Erschöpfung und abends versank ich fern meiner schulischen Probleme und Zukunftsängste in wohligen Schlaf. War das nicht genau alles, wonach ich gesucht hatte? Damals, ich war dreizehn, hat mich die charismatische Bewegung weit mehr angezogen als der weltliche Teil unserer Gemeinde. Ich ging in der ersten Zeit darin völlig auf. Die Gebete waren leicht zu verstehen. Der Lobpreis ist ein ganz einfacher und schlichter Text, den man mitsingen kann, ohne ihn auswendig lernen zu müssen, auch weil einer ihn vorbetet. Ich fühlte mich aufgehoben und es hat gutgetan, dorthin zu gehen. Es ist sehr eng, sehr familiär, sehr herzlich, mit vielen Umarmungen – und einer Aufmerksamkeit, die ich von zu Hause so nicht mehr kannte. Es war die Zeit, wo bei uns der Haussegen schiefhing und es wegen eines nahen Angehörigen in unserer Familie eine Krise gab, die so tief ging, dass ich Angst hatte, einen von mir sehr geliebten Menschen zu verlieren. Ich habe bis heute nie aufgehört, meine Eltern zu lieben. Ich sah ja, wo es fehlte. Und natürlich habe ich versucht, das Ganze zu drehen. Man erlebt ja als Kind hautnah mit in einer kleinen Wohnung, wie stark da die Gefühle hochgehen. Umso schlimmer, wenn du weißt, wie sehr die Beteiligten sich wirklich lieben, sich helfen wollen aber nicht helfen können. Das war dramatisch, wenn du als Kind helfen und vermitteln möchtest und deine eigene Ohnmacht erlebst, dass dir einfach das Wissen und die Kraft fehlt, diesen Knoten endlich zu lösen. Ich erinnere mich noch an das Gefühl der Leere, des Bald-Abschied-nehmen-Müssens und an meine abgrundtiefe Traurigkeit. Meine Eltern waren damals viel zu sehr mit sich selbst beschäftigt, um zu erkennen, wie sehr sich die Krise meiner Familie auch auf ihr Kind ausdehnte. Dazu kamen meine ganzen schulischen Probleme und so bin ich in der 9. Klasse mit Pauken und Trompeten einfach sitzengeblieben – oder wie ich es als begeisterter Clubberer, der ich war, meinen Eltern zu versüßen suchte, in dem ich sagte, ich hätte den Klassenerhalt geschafft – um nach einem Moment nachzusetzen: die anderen aber seien aufgestiegen, was nicht gut kam.

Gerade in meinem Zustand als »Pubertier« waren die Charismatiker für mich eine Gemeinschaft, in der meine aufgewühlten Gefühle wieder ins Gleichgewicht kamen. Ich ging in dieser Gruppe auf. Ein sicherer Ort, wo ich mich fallen lassen konnte und aufgefangen wurde, wenn ich es tat. Im Gebetskreis sprach jeder offen an, was einen belastete. Man sagte das nicht etwa in den Kreis, sondern sprach Gott direkt an. »Lieber Gott, mein Herz ist heute schwer, weil …« Diese Offenheit hatte die einfache und wohltuende Wirkung, dass zum einen endlich mal raus war, was einen quälte, und zum anderen

Menschen da waren, die dich in den Arm nahmen und dich wieder aufhoben. Und dann gab es die Fürbitte, in der alle gemeinsam Gott baten, dem Betroffenen Kraft zu geben, eine Lösung des genannten Problems für ihn zu finden und den anderen Einsicht zu schenken, zu dieser Lösung beizutragen. Da war Nähe, da war Anteilnahme. Da wurde auch geschluchzt und geweint. Und da war alles so wachsduftend und feierlich, so weich und wohlig warm.

Und dennoch: Irgendwann wurde aus der Energie für mich Enge. Ich wollte nicht nur »Halleluja« singen, sondern auch »Anarchy in the UK«. Das, was mich vorher getragen hatte, wurde jetzt befremdlich. Zunehmend schien mir dieser ganze Jubel auf Dauer nicht tragfähig zu sein, wenn ich drinnen himmelhochjauchzend war und draußen wieder unten auf dem kalten Boden der Tatsachen. Ich spürte, trotz allen Lobpreises und Umarmens: Gott löste meine Probleme nicht. Nicht in der Schule. Nicht zu Hause. Meine Hinwendung erfuhr keine Antwort. Und dann zu hören, du musst noch fester glauben und noch inniger beten, hielt ich für einen falschen Rat. Mir wurde irgendwann klar, dass es Gott, so wie ich ihn mir vorstellte, nicht gibt. Nicht für mich jedenfalls.

Noch machte ich äußerlich mit, innerlich war ich schon weg.

In einem der Gebetskreise erzählte dann eine Frau von einem persönlichen Problem, und in der Gruppe wurde die Behauptung aufgestellt, ihr Ehemann sei vom Teufel besessen. Sie müsse darum beten, dass Gott ihr die Kraft verleihe, das Böse zu überwinden und sich zu trennen – ich erstarrte. Die Geschichte kannte ich irgendwoher, kannte sie von meinen Eltern. Und mitten im inbrünstigsten Halleluja-Singen, als der Betkreis seinem Höhepunkt zustrebte, die Stimmen und die Gesichter erhitzter wurden, während ich nur noch mechanisch die Arme hob und das Blut in meinen Schläfen pochte, da war es mir, als hätte jemand den Stecker aus der Dose gezogen und die Halleluja-Platte würde sich langsamer drehen, tiefer und tiefer ins Nichts ausklingen. Während ich den Blick in den imaginierten Himmel gerichtet im flackernden Neonlicht an der Decke plötzlich dem Todeskampf einer Motte in einem Spinnennetz ansehen musste, mischte sich eine andere Stimme immer lauter, sehr viel schneller drehend ein, und rief in mir die Revolution aus: »Gott ist tot!« Ich habe mein Entsetzen über derartige Unterstellungen, jemand sei vom Teufel besessen, und ein Misstrauen gegenüber Gott, wie ich es hier erlebt hatte, nie offen ausgesprochen. Schlicht weil ich Angst hatte, das in diesem Umfeld zu tun – auch weil ich sicher war, dass ich nicht verstanden werden würde. Ich wollte keinen Streit vom Zaun brechen. Nicht ebenfalls verteufelt werden. Doch jetzt dachte ich: »Das darf doch nicht wahr sein. Was geschah hier?« Ich war draußen. Mal wieder.

Ich war fertig mit Gott, Glauben und Religion. Ich ging nicht mehr hin. Das war mein Ende bei den Charismaten. Ich ging nach Hause und teilte meinen Eltern lapidar mit: »Ich werde mich nicht konfirmieren lassen!« Meine Eltern fielen aus allen Wolken, nichts hatte auch nur annähernd ein Zerwürfnis angedeutet: »Um Gotteswillen, warum das denn? Dir hat es doch immer gefallen im Betkreis?« Hatte ... Ich hielt die Luft an. Und strich mir eine grün gefärbte Haarsträhne aus der Stirn. Meine Eltern haben aus den folgenden, sehr deutlichen Bekundungen des Missfallens entnommen, dass meine kindliche Glaubenswelt entzaubert war und ich fortan alles in Frage stellen würde, was mit Glauben zu tun hätte.

Genau in dieser Zeit meiner Ablösung vom kindlichen Glauben hatte meine Gemeinde einen neuen jungen Diakon bekommen, der nicht nur meine Rettung sein, sondern auch in meinem Leben ganz entscheidende Weichen stellen sollte. Ein junger, sehr engagierter Diakon von knapp dreißig Jahren, verheiratet, Vater von drei Kindern, von dem meine Eltern nur Gutes gehört hatten. Er gehörte einer neuen Generation von Diakonen an, die sachlich-kritisch Glauben in den modernen Alltag zu integrieren wussten. Meine Eltern baten mich, ihn einmal kennenzulernen. Nur kennenlernen. Und das tat ich.

Günter Tischer, das spürte ich vom ersten Moment an, ging völlig neue Wege. Er war neugierig auf Spiritualität. Er hatte eine Zusatzausbildung in fernöstlichen Meditationstechniken. Er hatte ein interkulturelles Verständnis von Glauben, und so lasen wir jüdische und orientalische, buddhistische und hinduistische Geschichten über Glaubenserfahrungen. Und natürlich auch die Bibel. Tischer sah aus wie ein Klischee: Vollbart, Wollpulli und Wollstrümpfe in Birkenstocksandalen. Tischer fuhr Rad, benutzte Jute statt Plastik, Birkenstock-Sandalen Sommer wie Winter, und es war ihm ein Graus, geschlossene Schuhe tragen zu müssen. Er achtete auf ökologisch einwandfreie Nahrungsmittel, am liebsten aus dem eigenen Garten, und war sich mit seiner Frau Conny weit vor Greta der Aufgabe bewusst, die Schöpfung auch für ihre drei Kinder und deren mögliche Kinder zu bewahren.

Dieser junge Diakon war alles, was ich in meiner Situation brauchte. Ein sehr viel Ruhe und Wärme ausstrahlender, kontemplativer und dennoch humorvoller Mensch, der mitten im Leben stand, mit einer für mich sehr hohen Glaubwürdigkeit. Ich habe Günter Tischer damals selbst als Suchenden – oder besser als Forscher erlebt, der alles neugierig hinterfragte und alles in sich aufsog, was seine eigene Suche nach Gott unterstützte. Er hat meine Fragen ernst genommen und nicht mit falscher Frömmelei auf »Tod und Teufel« abgewehrt, weil er solche Fragen als seine eigenen Fragen wiedererkannt hatte, als Zeichen einer ernsten Gottessuche. Er machte nicht auf »Bruce allmächtig« und »Bruce allwissend«, sondern bestärkte uns darin, Zweifel zuzulassen, und mehr noch, sie als Aufgabe zu verstehen, uns selbst zu erforschen. Diese Form der kritischen Glaubensgewissheit, die Freude, sich auf die Suche zu begeben, die war ansteckend motivierend. Ich wollte mich von allem Ballast der nicht selbst erfahrenen Gottesvorstellungen befreien. Über die Meditation erfuhr ich neue Möglichkeiten der christlichen Spiritualität und der inneren Sammlung. Ich öffnete mich für das Wissen aus ganz vielen Richtungen und Strömungen, die Günter adaptierte und erzählte. Für fast jede Situation hatte er eine Anekdote parat, ein Gleichnis oder eine Rabbi-Geschichte. Immer sehr gerne von Mullah Nasrudin, dem orientalischen Till Eulenspiegel. Diese Geschichten haben mich oft berührt und etwas ausgelöst in mir. Ich war wieder drinnen. Das war nicht mehr die Halleluja-Enge, sondern eine neugierige und offene Weite, die aber auf einer tiefen Spiritualität und konkreten Alltagsnähe basierte. Ich spürte plötzlich: Glauben kann ein wunderbares Abenteuer sein!

Und noch etwas faszinierte mich: Tischer war kein Schwärmer und Phantast. Er war zugleich Praktiker, war Handwerker. Was er sagte, war abgemessen, genau, immer fragend, Wahrheit suchend und hatte Hand und Fuß. Tischer hat mir den Blick in neue Welten geöffnet. Er hatte von seinem Großvater die Tischlerwerkstatt übernommen, schreinerte schöne Möbel und hatte später eine eigene Goldschmiedehobbywerkstatt. Klar, dass mich, der von einer Schreinerzukunft geträumt hatte, dieses Handwerkliche packte. Ich erkannte, dass ein Mensch glauben und meditieren und zugleich handfest und praktisch sein konnte.

Dazu kam, dass ich mit meiner Protest-Attitüde bei Tischer plötzlich ins Leere lief. Ich konnte tun und quertreiben wie ich wollte, Tischer nahm meine Einwände ernst, dachte drüber nach, bevor er sie ablehnte – stand zu mir. Er hatte eine ganz natürliche Autorität. Ein Mensch, der mich sehr fasziniert hat, was bei meiner kritischen Haltung zu allem, die mich damals auf meiner Suche bestimmte, schon einiges heißen will. Er vertraute ganz auf die Einsicht und Eigenverantwortlichkeit des Menschen, auch ohne ständige Bevormundung zu seiner Reife zu finden, wenn ihm jemand nur vorleben würde, wie das geht. Tischer war für mich kein Vaterersatz – aber definitiv Vorbild, Vertrauensperson, Respektsperson und wie ein älterer Freund. Er hat mich begeistert mit seiner aufgeklärten, zupackenden, menschlichen Art, zu glauben und diesen Glauben auch in sein Handeln und im Umgang mit Menschen umzusetzen. Das hatte nichts Schweres, das geschah trotzdem mit Nachdenklichkeit, endete immer mit einer guten Geschichte und meist mit fröhlichem Gelächter der Gruppe – wir hatten Spaß! Das einzige, was »negativ« auf mich abgefärbt haben könnte – und wenn, ist es mein Problem – war sein Sinn für ausgefeilte Kulinarik. Er kochte und aß gerne, von der Idee des Abendmahls inspiriert immer in der Gruppe, höchst ungerne alleine. Später gab es die »Ars vivendi«-Freizeiten in der Toskana und das beschrieb ihn und sein Wesen gut: spielerisch die Kunst des guten Lebens erlernen. Tischer war kein grauer Asket, sondern ein sehr lebensbejahender Mensch, der genießen konnte und von dem ich auch die Leidenschaft für gutes Essen und Kochen übernahm. Ich kam in den Genuss von Früchten, Gemüsearten und Speisen, die ich zuvor noch nie probiert hatte, schmeckte Dinge, die ich nie geschmeckt hatte – auch im übertragenen Sinne.

Dabei ging es nicht um Völlerei, sondern um das Kennenlernen und Ausschöpfen von Vielfalt, um die Lust, Dinge auszuprobieren und Neues zu erfahren. Anschauung durch Schmecken und begreifen, dass das Leben und die Schöpfung ein Geschenk Gottes sind, was er heute noch gerne mit den Einleitungsworten zum Abendmahl begründet »Sehet und schmecket wie freundlich der Herr ist!« Wenn man dabei die glutenfreie und geschmacksfreie Hostie durch ein schmackhaftes Brot ersetzt und den Tisch deckt gemeinsam mit Menschen, die wie beim Abendmahl Zuflucht suchen und keinen Ort zum Wohnen haben – am besten mit Speisen, die jeder aus seinem Land kennt –, dann ist Gott mitten unter uns, hat er mal gesagt. Für ihn ging Diakonie immer von einem nach dieser Art gedeckten Tisch aus, der nicht reglementiert, nicht ausschließt, nicht aufteilt in würdig und unwürdig, nicht dogmatisch festlegt nach Konfession oder Status.

Die Idee einer christlich fundierten Kulinarik habe ich von meinem Mentor übernommen, getreu seinem Motto, dass man Glauben und Essen besser in Gemeinschaft genießt. So kam ich auch auf die Idee, zum 500. Reformationsjubiläum Luthers in Giesing das Luther-Gulasch zu kreieren. Mit einem eigens zum Jubiläum gebrauten achtprozentigen »Innovator Urbock« aus der Giesinger Brauerei nebenan, dem ersten und bislang einzigen evangelischen Starkbier Münchens, für dessen Etikett wir ein Bild der Lutherkirche hernahmen – mit einem Insiderhinweis auf die Ökumene, in Form eines stilisierten Turmfalkens, der ganz natürlich den Turm der Lutherkirche wie den Turm des gegenüberliegenden Heilig-Kreuz-Kirche für die Aufzucht seines Nachwuchses nutzte.

Günter Tischer war und ist mein Spiritual und durchgehend Mentor und Lebensbegleiter und wird es immer bleiben. Seine Familie war für mich nach meinen Eltern und meiner Oma die dritte offene Tür, durch die ich, egal was ich gemacht hätte, egal in welchem Zustand ich gewesen wäre, egal zu welcher Tages- und Nachtzeit, immer gehen konnte und könnte. Seine Kinder nennen mich heute immer noch »Bruder-Onkel«. Bruder für den Diakon, der ich später werden sollte – und Onkel, weil ich im Haus dieses Diakons bald ein- und ausging und die drei Kinder babysittete. Günters Frau Conny sagte immer: »Eigentlich habe ich vier Kinder – wobei das große Kind dann gut auf die drei kleinen Kinder aufpasst.« Bezeichnenderweise sind drei der vier Kinder dieser Diakonen-Familie – mich eingeschlossen – später selbst Diakon und Diakonin geworden. Was viel darüber aussagt, was ich damals endlich gefunden hatte: meine Heimat. Meine Heimat, der ich bis heute treu geblieben bin.

»Tu es«: Jeder hat seine Berufung

Wenn ich an meine Jugend zurückdenke, dann ist eine der wichtigen Botschaften in Zeiten des Umbruchs die: Alles beginnt mit dem Glauben an dich selbst. Konzentrier dich auf deine Ziele und auf das, was dich stark macht – nicht auf das, was dich schwächt. Und die zweite wichtige Botschaft ist: Und der Glaube an dich selbst beginnt mit dem Vertrauen, das Gott und das andere Menschen in dich setzen. Günter war so ein Mensch, der Vertrauen in mich setzte. Eines Tages fragte er mich zum Beispiel, ob ich nicht mit ihm zusammen eine Kindergruppe leiten wolle. Die unterschiedliche Altersstruktur des Leitungsteams, zu dem auch Eltern und Ehrenamtliche gehörten, war bewusst darauf angelegt, dass die Jüngeren in einer geschützten Umgebung von den Älteren lernen konnten, eine Kindergruppe zu leiten und dafür selbst zu überlegen: Wie nutzen wir unsere Zeit? Was ist das Programm? Was unternehmen wir? Welche Lieder singen wir? Was basteln wir? Welche Geschichten und Gleichnisse erzählen wir dazu? Das alles, was ich selbst gelehrt bekam, habe ich dann in meinen zwanzig Jahren in der Jugendarbeit, davon fast fünfzehn Jahre als Dekanatsjugendreferent in Fürstenfeldbruck, an über 800 Jugendliche in Jugendleiter-Grundkursen weitergegeben. Das gemacht haben zu dürfen, lässt mich ehrfürchtig werden, besonders weil ich weiß, dass ich für einige dann »ihr Diakon« war.

Natürlich war man am Anfang vor allem Scherenholer und Kleberwegbringer. Als ich in Fürstenfelbruck war, haben meine Jugendleiter diesen Status immer sehr liebevoll als »Halbleiter« betitelt. Doch nach und nach wurde mir immer mehr Verantwortung übertragen – und bald verbrachte ich meine ganze freie Zeit in der Kirchengemeinde. An den Sonntagen als Messner im Gottesdienst, unter der Woche in den Jugendgruppen. Und ich wurde – auf meinen eigenen Wunsch – konfirmiert und arbeitete anschließend mit Tischer zusammen weiter als ehrenamtlicher Begleiter von nachfolgenden Konfi-Gruppen. Und ich erinnere mich noch an die Konfirmation meiner ersten Gruppe, an das Erinnerungsfoto auf den Stufen vor der Kirche und an die Mutter einer Konfirmandin, die Günter bat, »den jungen Mann mit den grünen Haaren« doch bitteschön aus dem Bild verschwinden zu lassen. Schließlich komme das Foto ja ins Familienalbum und da würde ich mit meinen grünen Haaren schon sehr stören. Diese Zurückweisung eines Erwachsenen, über mich hinweg, ohne mich und mein Engagement für die Konfi-Gruppe näher zu kennen, war wirklich übel. Ich wollte gerade pflichtbewusst abrücken, als Tischer rigoros, aber freundlich im Ton, eingriff. Er sagte kurz und knapp: »Der Rainer gehört dazu und bleibt da, wo er ist!« Ihre Tochter störte es übrigens gar nicht, mit ihr verstand ich mich damals blendend.

Ich ging komplett auf in meiner neuen Aufgabe. Dadurch zeigte sich immer mehr die Diskrepanz zwischen meiner Abneigung gegen die Wirtschaftsschule mit ihren Zahlen und meiner Arbeit mit den Jugendlichen. In der Schule war ich nicht gewillt, irgendwas für meinen Schulabschluss zu tun, gab den Klassenrevoluzzer und kassierte zunehmend Fünfen und Sechsen. In der Jugendarbeit war ich wissbegierig, erledigte und organisierte alles im Handumdrehen und erntete Begeisterung und Bestätigung. Die Schule zog mich herunter, in der Jugendarbeit erfuhr ich einen unglaublichen Schub an Motivation. Nur, was ich zu jener Zeit nicht wusste: Meine Eltern hatten nach einigen Brandbriefen der Schulleitung schon längst eingesehen, dass eine Bank oder Versicherung für mich nichts wäre, und den jungen Diakon Tischer kontaktiert. Und so sprach mich der eines Nachmittags unvermittelt an: »Rainer, sag mal: Wenn ich sehe, wie Du arbeitest, Deine Begeisterung, wie Du mit den Kindern umgehst. Und wenn ich an Deine berufliche Zukunft denke, dann frage ich mich: Diakon, das könnte doch etwas für Dich sein? Wäre das nicht Deine eigentliche Berufung? Schau es Dir doch mal an – ich fahr auch mit Dir zusammen nach Rummelsberg.« Ich war völlig platt. Das klang großartig. Doch Günter machte direkt darauf klar, dass es in Rummelsberg keinen Platz gäbe für Schulabbrecher. Außerdem müsse ich mich bei der Brüderschaft zunächst vorstellen, dann bewerben und eine Aufnahmeprüfung bestehen. Nach Rummelsberg werde man berufen – und zwar erst, wenn ein ganzes Gremium von Dozenten und Brüdern einen als möglichen Kandidaten erkennen und mehrheitlich einen Eintritt befürworten würde. Weiter sei mein Alter ein Problem, selbst bei einem erfolgreichen Abschluss der Wirtschaftsschule wäre ich erst siebzehn Jahre alt – nicht volljährig, was bestimmte Arbeiten und Praktika von vornherein ausschloss. Günter sah also die Chancen der Aufnahme durchaus kritisch, machte mir aber trotzdem Mut, den Versuch zu wagen – auch weil er sah, wie ich dafür brannte. So beschlossen wir, für ein vorläufiges Orientierungsgespräch nach Rummelsberg zu fahren. Ich sollte mir alles in Ruhe anschauen – und gleichzeitig würde man mich in aller Ruhe anschauen. Was ich damals noch nicht ahnte: Dass dort die nächste entscheidende Weichenstellung in meinem Leben erfolgen sollte. Dass ich erfuhr, was das heißt: Gerufen werden – und dann gesendet werden. Das ist Prinzip der Dienst-, Lebens- und Sendungsgemeinschaft, der Brüderschaft von Rummelsberg. Und sie haben mich gerufen. Was ich antworten würde, wenn mich heute jemand fragt, ob ich ihm dazu raten würde, Diakon zu werden? »Tu es!«

Die Brüderschaft:
Getragen und gesendet

Günter Feitl war damals noch der Brüderhausvater, der verantwortliche Ansprechpartner für die Brüder in Ausbildung. Bei ihm hatte ich mein erstes Orientierungs- und Bewerbungsgespräch. Ich verbrachte den ganzen Tag in Rummelsberg, was auch notwendig war, um einen ersten Überblick über das riesige Areal zu bekommen mit all seinen Kliniken und Einrichtungen. Ich war völlig überrascht, wie groß und weitläufig alles war, eingebettet in die Kiefernwälder meiner fränkischen Heimat. Die Brüderschaft wurde 1890 von jungen Männern, die durch Johann Hinrich Wichern inspiriert waren, in Nürnberg aus der Taufe gehoben. Bereits 1904 wurde durch den Landesverein für Innere Mission, zwanzig Kilometer südöstlich von Nürnberg, das Gut Rummelsberg gekauft und mitten in der ländlichen Abgeschiedenheit mit dem Bau der Philippuskirche und einem Brüderhaus begonnen. Die Brüder wollten ihr Leben zukünftig der »Idee der rettenden Liebe« Wicherns widmen, der Ende des 19. Jahrhundert die evangelische Kirche aufgerufen hatte, sich endlich um die soziale Not im Land zu kümmern. Es reiche angesichts des Elends nicht aus, nur Gottes Wort zu predigen; man müsse etwas dafür tun, dass den Worten Taten folgen – und »die höchste, reinste, kirchlichste dieser Taten ist die rettende Liebe.« Für Wichern als einem der ersten christlich motivierten Sozialarbeiter bestand die Not im Elend der Kinder, in der Prostitution, in der Obdachlosigkeit, in der Arbeitslosigkeit, dem Alkoholismus und der Gewalt, Parallelen zu vielen Problemen heute. Als den eigentlichen Grund der Verwahrlosung sah er jedoch den Verlust eines Lebenssinns der Armen durch die Entfremdung von Gott. Und so forderte er vehement die Kirche der helfenden Tat und wurde damit zum Mitbegründer der Inneren Mission und der Diakonie in Deutschland. In seiner berühmten Stehgreifrede auf dem Kirchentag in Wittenberg

1848, die heute in einem Relief im Brüderhaus nachzulesen ist, rief der den Delegierten zu: »Wird in diesem Sinne das Wort der Inneren Mission aufgenommen, so bricht in unserer Kirche jener Tag ihrer neuen Zukunft an.« Für mich eine ungeheuer moderne Aussage, die bis heute Bestand hat. Die Arbeit des damals bald ins Leben gerufenen »Centralausschuss für Innere Mission« gleicht dem Prozess für »Profil und Konzentration«, kurz »PuK« genannt, und den darin enthaltenen Handlungsanweisungen für das Pilotmodell des »Gemeinwesendiakon«. Wichern nannte drei Eignungsmerkmale für seine Mitstreiter, die er fortan überall anzuwerben versuchte: Sie sollten in der Schrift bewandert, im Glauben gegründet und voll Liebe zum armen Volk sein. »Eine bessere Qualitätssicherung für das Handeln in der Liebe, die von Gott kommt, in einer diakonischen Kirche und einer kirchlichen Diakonie kann es auch für unseren Dienst in der Nachfolge Jesu nicht geben« schrieb dazu Karl-Heinz Neukamm, 1984 bis 1994 Präsident des Diakonischen Werkes der EKD, der zuvor von 1967 bis 1984 der Rektor der Rummelsberger war. Die Ausbildung in dieser diakonischen Lehranstalt ist der Idee Wicherns entsprechend bis heute sehr praxisorientiert und Rummelsberg bis heute das Ausbildungszentrum für Diakone und Diakoninnen in Bayern.

Ich war damals nach meinem ersten Besuch völlig euphorisiert. Mir war klar: Diakon ist meine Berufung – und nichts anderes möchte ich werden. Allerdings gab es noch die hohe Hürde der Ausbildungskosten. Es hatte mir zu Hause nie an etwas gefehlt – aber es war auch nicht so, dass meine Eltern wohlhabend gewesen wären. Es wurde sparsam gelebt und jede Ausgabe zweimal überlegt. Ich kam also zu meinen Eltern und sagte freudestrahlend: »Ich möchte Diakon werden und meine Bewerbung für die Ausbildung in Rummelsberg schreiben!« Das seien aber sechs Jahre Ausbildung, die bezahlt werden müsste und bei der man nicht wie in einer klassischen Lehre einen Lohn erhalte … Ich war damals gerade 16, hatte nie in der Schule geglänzt, und so stand natürlich die Frage im Raum, ob ich die sechs Jahre harter Ausbildung durchstehen würde – und ob das Ganze auch finanzierbar wäre für unsere Familie. Mein Vater – und so ist es immer gewesen in unserer Familie Fuchs – sah mich prüfend an und sagte dann: »Sohn, wenn Du es wirklich ernst meinst, wenn das kein Hirngespinst ist und wenn Du den Willen hast, es wirklich bis zum Abschluss durchzuziehen … dann darfst Du das machen und wir werden Dir diese Ausbildung finanzieren.« Und so bin ich meinen Eltern heute noch dankbar, dass sie mir – trotz ihrer bisherigen Erfahrungen – die Kostenübernahme zusicherten.

Aus Sicht meiner Eltern deckte sich der Beruf des Diakons durchaus mit ihren Zielen einer vernünftigen Berufsausbildung für ihren Sohn. Ein Diakon ist verbeamtet, nicht staatlich, sondern bei der Kirche, und abgesichert. Für meine Eltern war klar: Der Bub ist endlich auf dem richtigen Weg. Was sie aber unterschätzten: Diakon war wirklich mein Ding. Ich wollte das wirklich werden und hatte endlich das Ziel, das ich so lange unterbewusst gesucht hatte. Der Teller meines Großvaters wurde nun wirklich Ansporn, ich machte einen anständigen Abschluss – und sogar meine Haare waren irgendwann nicht mehr grün und wurden es auch nicht mehr.

Ich war also bereit für meine Aufgabe. Doch noch musste ich die Aufnahmeprüfung überstehen. Denn so wie du dich auf sechs Jahre Ausbildung bindest und darüber hinaus mit dem Ziel der Aufnahme in eine »Dienst-, Lebens- und Sendungsgemeinschaft«, so verpflichtet sich die Rummelsberger Brüderschaft auch dir gegenüber. Die Berufung zum Bruder und Diakon ist eine Bindung auf Lebenszeit. Die Auswahltage in Rummelsberg sind daher anspruchsvoll. Vor allem steht die Frage im Vordergrund, ob der Bewerber, der aufgenommen werden soll, offen und gefestigt genug ist, ob er mit anderen Menschen gut und sicher kommunizieren kann, ob er auch in der Gemeinschaft seinen Beitrag leisten, Teamgeist beweisen und sich einbringen will, ob er lebhaft und begeistert oder doch eher verschlossen oder gar abweisend wirkt. Die »Social Skills« sind ein sehr wichtiger, wenn nicht der wichtigste Faktor für den Beruf des Diakons. Dazu wird natürlich auch eine Festigkeit im Glauben gefordert und Bibelkenntnis – denn es geht auch um den Eintritt in eine Glaubensgemeinschaft.

Ich bin damals mit bangem Herzen zum Auswahltag gefahren. Vor Ort angekommen und eingetaucht, verging der Tag aber wie im Flug mit Gruppen- und Einzelgesprächen. Wir mussten dabei zum Beispiel einer Person unserer Wahl in einer schriftlichen Arbeit erklären, warum wir ausgerechnet Diakon werden wollen. Ich wählte meinen Banknachbarn aus der Schule, meinen Freund Torsten, der mit Glaube und Religion so gar nichts am Hut hatte. Und ich schrieb einfach nur auf, welche Fragen er mir in unseren Diskussionen stellte. Es waren Fragen, die mich noch tiefer in meinen Glauben eintauchen ließen und die nun auf das Papier flossen, fast wie von selbst. Es lief einfach – doch nach Hause fuhr ich, ohne zu wissen, was passieren würde. Mir blieb nur Beten, Warten und Hoffen.

Jesus in der Sauna

Die folgenden Wochen der Ungewissheit waren der härteste Teil der Prüfung. Nicht etwa, weil ich dachte, die Latte gerissen zu haben. Nein, die schlaflose Nächte wurden verursacht durch etwas, was mich und meinen Blick auf Glaubensvermittlung bis heute geprägt hat.

Mein Vater war, wie schon erwähnt, vom CVJM geprägt. Von seinen guten Erinnerungen inspiriert kam ich auf die Idee, mit dem CVJM Nürnberg Lichtenhof auf eine Jugendfreizeit zu fahren, auch um die Warterei zu überbrücken. Was ich jedoch nicht wusste: Die Gruppe war sehr charismatisch geprägt. Und was ich noch weniger wusste: Das Prinzip der Verbalinspiration, die Überzeugung, der Wortlaut der Bibel sei von Gott selbst inspiriert, spielte eine zentrale Rolle in der Gruppe. Das bedeutete auch: Widerspruch und kritisches Hinterfragen der Bibel war tabu. Und das hatte ich doch eigentlich hinter mir …

Täglich stand Bibelarbeit auf dem Programm, und an einem der Abende lautete das Thema: »Gott ist der Weinstock und ihr seid die Reben.« Das Gleichnis wurde so begründet, wir würden vom Weinstock alles bekommen, nur dank ihm könnten wir wachsen und gedeihen. Und ich sei nur eine kleine, sündige Traube unter vielen in einer Rebe. Ich hörte zu und konnte wieder einmal die Klappe nicht halten und fragte: »Welche Funktion hat denn der Winzer, da der Weinstock ja nur Teil eines größeren Systems, nämlich des Weinbergs ist?« Ich kam in Fahrt, stellte weitere Fragen, auch solche nach Blattläusen, und natürlich, wer denn nun der Winzer sei, der Gott herausreiße … Diese Fragen waren mir wirklich ernst, ich wollte das Gleichnis verstehen. Der Gruppenleiter anscheinend nicht. Jedenfalls befahl er mir zu schweigen. Nach der Bibelstunde wurde ich zum CVJM-Sekretär zitiert, und das Einzelgespräch, das einem Verhör gleichkam, begann.

Der Sekretär ließ mich nicht zu Wort kommen, würgte jeden Versuch der Erklärung ab und drohte mir mit leiser zischelnder Stimme, so einer wie ich sollte nicht die Ausbildung zum Diakon in Rummelsberg wagen, ich gehöre dort nicht hin, denn: Wer solche Fragen stelle wie ich, wer in der Gruppe derartige Zweifel äußere am Wort Gottes, der sei wohl vom Teufel besessen! Kalt erwischt, keine Gnade!

Nach dem Gespräch war ich am Ende. Die Wut, Verachtung und Ablehnung des Mannes hatte all das wieder aufgebrochen, was in den letzten Monaten verheilt war. War ich wirklich ein Sünder? Durfte einer wie ich Diakon werden? Meine Religionslehrerin an der Wirtschaftsschule hat mir zwar nie vorgeworfen, ich wäre vom Teufel besessen, das hat sie sich für meinen Klassenkameraden Thomas aufgehoben, aber sie behauptete, wenn ich Diakon werde, dann ist das der Untergang der bayrischen Landeskirche. War ich wirklich ein Quertreiber, ein Zweifler, ein Opportunist? Und da war doch diese Geschichte mit Carsten, einem meiner ältesten Freunde, schon seit Kindergartentagen an. Wir versahen über mehrere Jahre zusammen den Mesnerdienst in unserer Gemeinde. Sonntag für Sonntag saßen wir beim Gottesdienst neben dem hauptamtlichen Mesner, haben die Glocken geläutet, die Gesangbücher verteilt, den Altar geschmückt und das Abendmahl vorbereitet und wenn der Mesner mal nicht da war, haben wir mit dem Klingelbeutel die Kollekte eingesammelt und den Gottesdienst allein gemanagt. Über zweieinhalb Jahre haben wir das gemeinsam gemacht, sehr zuverlässig. An diesem Tag kamen wir direkt aus der Schule zum Mesnerdienst. Wir hatten tierischen Kohldampf, uns wurde fast schwarz vor Augen. Da war ein großes Glas Nutella, das von der letzten Jugendfreizeit noch rumstand. Zusätzlich sahen wir eine Rolle Hostien. Und ich erinnerte mich, wie wir wie in Zeitlupe nach den Hostien griffen und sie mit einer dicken Schicht Nutella belegten. Eine nach der anderen schoben wir die Nutella-Hostien andächtig und demutsvoll in uns hinein. Wir waren uns währenddessen gar nicht bewusst, was wir taten – danach quälte uns das umso mehr. Wir fanden Ausreden, fast theologisch sogar, doch alles half nichts.

Uns peinigte das Gewissen – und jetzt peinigte es mich erneut. Vielleicht war das ja der Belege dafür, dass die Religionslehrerin und der Pfarrer meiner Mutter, bestimmte Leute in den charismatischen Gruppen und andere recht hatten, dass ich ein Sünder und für den Dienst des Diakons auf jeden Fall ungeeignet war?

Heute wie damals ist das Abendmahl für mich ganz wichtig und zentral, genau die heilige Handlung, der Moment, in dem es geschieht, ein Erinnerungsmahl: Jesus mit seinen Jüngern, am Abend vor seiner Festnahme und Kreuzigung. Um mich an all das immer zu erinnern, habe ich das größte Tattoo auf meinem Körper als weiteren Teil meines Glaubensbekenntnisses diesem Abendmahl gewidmet. Eine großflächige Tätowierung, die meinen ganzen Rücken bedeckt und den Moment der Andacht zeigt, wo der Herr den Kelch vor sich hat und das Brot bricht, völlig versunken im Gebet und in Gedanken an das, was kommt: Links das allsehende Auge Gottes und rechts eine Taube als Symbol für den heiligen Geist. Dieses Tattoo soll auch eine Bitte sein: Jesus, stärke mir den Rücken, lass nicht zu, dass ich mich unter der Last beuge, sondern aufrecht bleibe – daran wollte ich mich immer erinnern. Dieses Tattoo, es ist am Ende des Buches zu sehen, scheint so realistisch zu sein, dass eine Kollegin von mir nach einem Saunabesuch einmal eine Radioandacht veröffentlicht hat mit dem Titel: »Stellen Sie sich vor – ich habe Jesus in der Sauna gesehen.« Dieses Tattoo ist mein »Danke«, dass ich im Glauben leben kann und das heute ohne jede Angst mit größter Zuversicht tue. Und vielleicht sind die Gefühle, eben diese Angstgefühle während der Wartezeit auch ein entscheidender Grund dafür. Denn schließlich kam der Brief, direkt an mich adressiert. Ich riss ihn mit zitternden Fingern auf …. Bingo! Volltreffer. Unendliche Freude, Wasserfälle aus Endorphin, emotionales Mofafahren durch Wälder, ich hatte mein 3:0-Endspiel gegen die Bayern gewonnen, Zusage, aufgenommen für die Ausbildung. Zehnte deutsche Meisterschaft, ole ole! Das alles fühlte ich in diesem Moment. Das alles fühlten wir, denn unsere ganze Familie war über Tage begeistert. Mag es mir damals auch noch nicht so bewusst gewesen sein, so erscheint es mir wie ein Ruf, den ich damals zum ersten

Mal verstanden hatte, weil ein konkretes Ziel aufgetaucht war, dem ich mich nicht mehr entziehen konnte; ich war unvermutet auf etwas getroffen, das all meine Sehnsüchte nach Zugehörigkeit, Sinnhaftigkeit und innerer Zufriedenheit zu erfüllen schien. Plötzlich wollte ich endlich Verantwortung für mein eigenes Leben übernehmen und mich nicht länger von anderen treiben lassen, sondern selbst Perspektiven entwickeln. Das habe ich immer im Hinterkopf, wenn ich heute in der Kinder- und Jugendarbeit mit Eltern spreche und die mich fragen: »Was soll bloß aus diesem Jungen werden?« Und dann frage ich immer sehr direkt zurück: »Gibt es ein Ziel? Weiß Ihr Kind, wofür es lernt und wohin es will?« Dem Menschen Freiheit zu lassen, selbst eine Entscheidung zu treffen – ihm jedoch beispielhaft vorzuleben, wie das möglich ist –, das ist heute noch eines meiner festen Prinzipien im Umgang mit Menschen und bei der Verkündung der frohen Botschaft. Wie Paulus schon sagt: Frag nicht die Menschen, was sie glauben – sondern lebe so, dass die Menschen DICH fragen, woran DU glaubst.

Haltung statt Vorhaltung

Am Tag, als meine Ausbildung begann, fuhren meine Eltern mit dem Auto nach Rummelsberg, nicht mehr im Opel Manta, sondern im 3er-BMW, Zeichen des sozialen Aufstiegs meines Vaters als stellvertretender Filialleiter bei einer Krankenkasse. Ich hatte ja noch keinen Führerschein und war gerade mal 17 Jahre alt. Obwohl unsere Wohnung nur zwanzig Minuten entfernt lag, schien die Fahrt ewig zu dauern, die Anspannung war beinahe zu greifen. Dann legte mein Vater eine Kassette ein … Johnny Cash – es war wie früher, und scheinbar nur Sekunden später waren wir dann angekommen. Rummelsberg. Wir wussten, wir würden uns die nächsten vier Wochen nicht sehen. So lange war ich noch nie allein von zu Hause weggewesen. In dieser Anwärterrüstzeit, so nannte sich das damals, sollte der Anwärter sich für seine kommenden Herausforderungen innerlich rüsten und dabei möglichst wenig abgelenkt sein. Nur ein Wochenende war frei. Wir verabschiedeten uns und ich ging den Berg hoch an der Philippuskirche vorbei zum Brüderhaus. Ich drehte mich noch einmal um. Sah meine Eltern noch unten stehen, winken, etwas verloren wirkten sie. Kloß im Hals. Aber vor allem: unglaubliche Vorfreude. Es ging endlich los.

Wir waren, was unser Selbstbewusstsein noch mal deutlich anhob, der 100. Jahrgang seit der Gründung der Brüderschaft im Jahr 1890. Mit meinen 17 Jahren war ich einer der vier jüngsten Auszubildenden in diesem Jahrgang. Die anderen hatten Abi und Zivildienst oder sogar schon eine Berufsausbildung und Berufserfahrung hinter sich. Diese Älteren waren sechs, acht Jahre älter als wir, gingen noch mal ganz anders und sehr viel reifer in die Ausbildung. Wir waren ein bunt zusammengewürfelter Haufen von fast dreißig Leuten, die in den kommenden sechs Jahren zusammenrücken und als jüngste Generation mit der sich ständig erneuernden Brüderschaft zusammenwachsen sollten. Was das bedeutete, erlebte ich bald beim ersten Brüdertag, an dem die ganze Gemeinschaft zusammenkommt: Auszubildende, Diakone im aktiven Dienst und Brüder im Ruhestand. Von den insgesamt gut tausend Brüdern kamen zwar nicht alle, aber es war immer noch eine Zahl, die mich sehr beeindruckt hat. Alle versammelten sich in der 1924 in Eigenarbeit aus rotem Sandstein erbauten Philippuskirche mit ihren 128 Sternen in der hölzernen Kassettendecke. 128 Sterne für die 128 Erbauer der Philippuskirche. Es donnerte und bebte ein vielstimmiger Männergesang durch die Kirche, und ich erlebte zum ersten Mal, was die drei Begriffe bedeuten, die in unserer Brüderordnung stehen: »Dienst-, Lebens- und Sendungsgemeinschaft« – und ich war jetzt ein Teil davon.

In den vier Wochen der Anwärterrüstzeit gewöhnten wir uns an das Leben im Brüderhaus als Ausbildungsgemeinschaft. An das Aufstehen um sechs am Morgen, Morgenandacht um sieben. Fünfzehn Minuten Predigt und Gebet und die Tageslosung. Die Andacht nicht als Pflicht, doch wenn dir die Andacht nichts gibt, wirst du besser nicht Diakon. Die innere Überzeugung zu seinem Glauben muss man mitbringen. Niemand wird es durchhalten, sich über einen Zeitraum von fünf bis sechs Jahren in einer Art Doppelleben schauspielernd durchzumogeln. Das gelingt nicht. Dafür ist das Zusammenleben zu eng.

Zu diesem Zusammenleben gehörten auch Streiche und spezielle Rituale. An einem winterlichen Montagmorgen zum Beispiel stand eine Klassenarbeit an. Doch über Nacht waren die großen doppelflügeligen Fenster ausgehängt worden, von der »Aktionsgruppe kalter Montag«, so das »Bekennerschreiben« – der Unterricht musste daraufhin ausfallen. Oder die »Taufe« der Novizen, wenn diese vor dem Brüderhaus in voller Montur in den Brunnen gesteckt wurden. Überhaupt, dieser Brunnen: mit seinem Wasser hatte es eine besondere Bewandtnis. Als die ersten Brüder Anfang der 20er-Jahre des vergangenen Jahrhunderts diesen staubtrockenen Fichtenwald südöstlich von Nürnberg kauften, um dort Kirche und Brüderhaus zu errichten, freuten sich die Eigentümer, ein gutes Geschäft gemacht zu haben, weil es keine Quelle gab und – wenn überhaupt – Wasser nur in großer Tiefe unter dem Sandboden vermutet werden konnte. Doch die

Brüder machten sich voller Vertrauen ans Werk und stießen prompt auf eine ergiebig sprudelnde Quelle in der Nähe der Philippuskirche, was als kleines Wunder angesehen wurde. Daher wird im Brunnen getauft wie einst im Jordan, der auch aus der Wüste kam.

Ein anderer legendärer Ort war die »Bergmann-Kurve«, benannt nach einem Brüdersenior mit Nachnamen Bergman. Dieser Brüdersenior fuhr damals für Diakone untypisch einen chromblitzenden 7er-BMW. Die anderen Diakone fuhren nicht nur wegen fehlender Ressourcen, sondern auch aus Überzeugung eher benzinsparende Rostlauben aus dritter und vierten Hand. Nicht so Bruder Bergman. Er nahm die Kurve immer sehr sportlich. Die »Bergmannkurve«, so hatten Mitbrüder ehrfurchtsvoll gemessen, konnte man mit 80 km/h mit Haltungsnote Eins nehmen, 40 waren erlaubt. Mit meinem Fiat Panda gelang mir das wegen der dünnen Bereifung und fehlender PS nie. Trotzdem kam nach einer meiner Versuchsfahrten, den bestehenden Rekord zu brechen, bei der nächsten passenden Gelegenheit die Mahnung: »Bruder Fuchs – man hat Dich gesehen. Du hast Vorbildfunktion!« In der Ausbildung wird aus gutem Grund darauf geachtet, dass Regeln eingehalten werden, weil du später als Diakon ein quasi öffentliches Leben in deiner Gemeinde führen wirst, bei der alle genau darauf achten, was du sagst, wie du dich kleidest und welchen Lebenswandel du führst.

Die Andacht war, wie bereits erwähnt, freiwillig. Ich nahm regelmäßig teil und ich lese noch heute in der Früh mein Brevier, weil es der inneren Sammlung dient und der perfekte Einstieg in den Tag ist. Für mich als jemanden, der den ganzen Tag mit Menschen zu tun hat, mit anderen konzentriert reden und auf andere reagieren muss, ist die schönste Stunde des Tages – trotz oder gerade wegen der Liebe zu meiner Familie – die Stunde, die mir allein gehört. Die regelmäßigen Andachten schärfen auch das Bewusstsein, dass du in einer geistlichen Gemeinschaft lebst, in der das Gebet dazugehört wie unser tägliches Brot. Und dass auch darauf geschaut wird, dass Glaube, Gebet und spirituelle Überzeugung des Sendungsgedankens von dir als eine feste Säule der Arbeit eines Diakons verstanden werden.

Nach der Morgenandacht das Frühstück, um acht Unterrichtsbeginn. Du konntest morgens in Schlappen vom Berg zur Diakonenschule runterlaufen – so nah war das.

In der Ausbildung in Rummelsberg bekamen wir eine Doppel-Qualifikation, theologisch und pädagogisch: Pädagogik, Psychologie, Praxis- und Methodenlehre, allgemeinbildende Fächer, Englisch, Deutsch, dann Homiletik – die Praxislehre der Predigt – und natürlich Kirchengeschichte, Theologie und Bibelstudium, Altes Testament, Neues Testament, Dogmatik – aber immer mit dem Ansatz der historisch-kritischen Forschung.

Um eins Mittagessen, dann nach der Pause vertiefende Seminare und Sport, wobei es hier auf die spätere Berufspraxis bezogen eher um sportliche Gruppen- und Kreisspiele zur Gestaltung von Freizeiten und die Vorbereitungsarbeit dafür ging. Ziele mussten formuliert werden: Welche Spiele wähle ich aus für wen und warum tue ich das? Meine leichteste Übung – das kannte ich ja. Einmal im Monat auch noch samstags Vorlesungen oder Seminare.

Das Zusammenleben in unserer Brüdergemeinschaft ist so komplex, dass der Brüderhausvater Diakon Günter Feitl häufig davon gesprochen hat, dass es sich eigentlich sogar um eine Dreifachqualifikation handele – weil wir im Brüderhaus durch das enge Zusammenleben zusätzlich Erfahrungen mitnehmen würden, was die Dynamik von Gruppen, das Kanalisieren unterschiedlicher Interessen, gegenseitige Achtung und Toleranz anbelangt, die durch keinen Kurs so intensiv vermittelt werden könnte. Und tatsächlich hast du einiges zu managen im Brüderhaus, da du faktisch nie allein und immer in der Gruppe unterwegs bist, was zu einem permanenten Abgleich und Ausgleich mit den Interessen mit deinen Mitbrüdern führt. Wirklich private Rückzugsräume gibt es kaum. Es wird darauf geachtet, dass ein Gemeinschaftsleben stattfindet und man in Rummelsberg wohnt – in dieser Atmosphäre eines Internats bekommst du natürlich einiges mit aus dem Nachbarzimmer. Ob der Mitbruder schläft. Oder liebt. Ob der weint oder schnarcht. Dass man in Rummelsberg bei so viel Nähe auch mal einen Koller bekommt, ist klar – und zugleich war das Schönste an der Zeit genau diese Campus-Atmosphäre. Ein Diakon sollte sich im Leben auskennen und das meiste, womit er in der Seelsorge später zu tun hat, nicht nur aus dem Lehrbuch, sondern auch aus eigener Erfahrung kennen. Das Wohnen in Wohngemeinschaften und die Tatsache, dass nicht nur viele junge Männer dort arbeiteten, sondern auch junge Damen im Alter von 17 bis 25, sorgte in der Abgeschiedenheit der Rummelsberger Wälder für den Wunsch nach Abwechslung und bereitete den Boden für schöne Abende voller Unterhaltung und sehr, sehr viel Spaß. Während es unter der Woche im laufenden Lernbetrieb überwiegend konzentriert zuging, setzte zum Abschluss der Woche der Donnerstagabend im Brüderhauskeller den Höhepunkt an Lebensfreude, nicht unbedingt förderlich für die Vorlesungen am Freitag, zumindest für die, die sich mit der Pest ansteckten, wie Martin Luther es nannte: »Das Saufen ist in unseren Landen eine Art Pest, welche durch Gottes Zorn über uns geschickt ist.« Aber andererseits soll er ja auch gesagt haben: »Aus einem verzagten Arsch kommt kein fröhlicher Furz.«. Diakone sollen mitten im Leben stehen und wirken. Deshalb sollten wir auch das Leben kennenlernen. Dazu gehört auch die Sexualität, wir haben keinen Zölibat. Die Sexualität, die respektvolle Liebe zwischen Menschen, die sie sich gegenseitig schenken, ist neben Atmen, Essen und Trinken eines der wichtigsten Elemente eines gelebten Lebens – und ein unverzichtbarer Teil der Lebenserfahrung, die du auch später als Seelsorger gut gebrauchen kannst. Im Brüderhaus durften, nach vorheriger Anmeldung beim Brüderhausvater, auch Frauen übernachten. Davon machten wir natürlich gerne Gebrauch. Das erforderte aber Umsicht – und es war eine Frage der Ehre, die Dusche nicht zu betreten, wenn an der Tür zum Duschraum des Brüderhauses der Hinweis hing: »Achtung, Frau unter der Dusche.« Durch dieses unverkrampfte, nicht mit Verboten und Heimlichtuerei behaftete, sondern durch selbstbestimmte Offenheit geprägte Miteinander sind in Rummelsberg viele gute Ehen zwischen Diakonen und Diakoninnen geschlossen worden. Mein/Unser Jahrgang orientierte sich aber eher »in der freien Wildbahn« zur Wahl der Partnerinnen.

Wie jugendlich frei und unverkrampft normal wir mit Sexualität und Liebe umgingen, kann man vielleicht an folgender Geschichte ablesen: In meinem vierten Ausbildungsjahr, als ich, inzwischen volljährig, Führerscheininhaber und ein Mann war, entdeckte ich eine Sammelleidenschaft für Kondome. Unbenutzte und eingeschweißte Kondome wohlgemerkt, geordnet nach verschiedenen Farben, Größen, Güteklassen, Sprüchen und Geschmacksrichtungen, nach Herkunftsländern, mit kyrillischen oder chinesischen Schriftzeichen, die ich wie ein Lepidopterologe seine Schmetterlinge mit Nadeln an eine Korkwand pinnte. Irgendwann waren es gut 80 bis 100 Stück. Nun hatte ein Mitbruder in dieser Zeit abends häufiger Damenbesuch. Dieser Mitbruder grinste mich einmal an einem Morgen im Bad beim Zähneputzen verschlafen an und informierte mich mit einem »Ach, übrigens …« darüber, dass er sich mitten in der Nacht ein Kondom von meiner Wand gezogen hatte. Nicht irgendein Kondom, sondern ein höchst seltenes Kondom aus Taiwan mit Litschi-Geschmack. Ich war sauer. Also informierte ich »Ach übrigens …«, dass die Nadeln, mit denen ich die Kondome an die Korkwand gepinnt hatte, Löcher hinterlassen, und damit für den eigentlichen Zweck der Verhütung völlig unbrauchbar geworden waren. Der plötzlich kalkweiß gewordene Mitbruder verfiel tagelang in einen Zustand tiefer Frömmigkeit. Man sah ihn viel in der Philippuskirche, in Andacht und Gebet versunken, und in den folgenden Wochen entwickelte er sich zum ausgewiesenen Fachmann für den Zyklus der Frau. Erst fünf Wochen später kam die sonst so ausgeprägte Entspannung zurück und er war wieder ganz der Alte …

Wir sind und leben in dieser Welt, und es ist realitätsfern anzunehmen, bei uns Diakonen gäbe es keine Liebe, keine Freude, keine Schwierigkeiten mit dem Leben und der Treue. Als würden wir Trennungen nicht kennen, Unglauben, Alkoholsucht, fehlende Motivation. Wir haben Fehler und rennen gegen Mauern, schreiben unehrenhaft ab, fallen in Untiefen, und auch wir brauchen einen gnädigen Gott. Nur weil du Diakon, Pfarrer oder Priester bist, bist du nicht gefeit vor allem. Weil wir einfach Menschen sind. Wir lassen daher auch gar nicht erst zu, von irgendjemandem auf einen besonderen Sockel gestellt zu werden. Ein wichtiger Teil unserer Ausbildung besteht darin, seine Aufmerksamkeit auch auf das eigene Verhalten zu richten, es an dem zu messen, was Jesus uns vorgelebt hat, und zu überlegen, wie gehe ich mit den Widersprüchen dazu in meinem eigenen Leben um. Das muss jeder für sich selbst definieren und dann Verantwortung für sein Handeln übernehmen. Die Richtschnur und die Werte aber, die uns bei dieser Selbstbestimmung helfen, haben wir auch in unserer Ausbildung zum Diakon erhalten.

Du kannst dich, das habe ich bereits angedeutet, in solch einer Gemeinschaft nicht verstellen. Und nicht jeder passt sich in das Leben der Brüderschaft ein. Es gibt wie in jeder Gemeinschaft Leute, denen fühlst du dich näher – und es gibt auch welche, mit denen du nicht so gut kannst oder willst. Und trotzdem verlangt das Gemeinschaftsgefühl, das du auch diesen Menschen als deinen Mitbruder annimmst und in seinem Anderssein respektierst. Die meisten Konflikte entzündeten sich hauptsächlich am Alltäglichen: zu laute Musik, Sauberkeit, Aufräumen. Konflikte, die zu lange vor sich hin schwelen, brechen irgendwann offen aus. Deswegen geht man sie besser gleich an. In der Brüderschaft gibt es Strukturen und Regeln, die solche Konflikte auffangen. Am Anfang einer solchen Lösung steht grundsätzlich das Gespräch. Untereinander. Man geht aufeinander zu. Wenn das nicht hilft, kommen andere dazu, die Gruppe wird größer – von den Flurnachbarn über den Stockwerkältesten, bis es im Ernstfall so eine Art Brüderhausversammlung gibt, was jedoch seltener der Fall ist – bis hin zur letzten Instanz, den Brüderhauseltern, deren notfalls ausgesprochenes Machtwort gesetzt war. Da hängt der Konflikt aber meistens schon sehr hoch und über die Brüderhauseltern hinaus wird jetzt auch die Brüderschaftsleitung offiziell mit einbezogen, vor allem, wenn es darum geht, dass durch einen Mitbruder eine Störung der gesamten Gemeinschaft zu befürchten ist.

Günter und Hanne Feitl waren damals Brüderhauseltern. Günter war ein sehr berufs- und lebenserfahrener Diakon, mächtig und beeindruckend, vom Körperbau her ein richtiger Schrank, der zur Abschreckung auch gerne mal von seinen Box- und Ringererfahrungen aus dem sportlichen Teil seines Lebens in der evangelischen Sportgemeinschaft »Eichenkreuz« erzählte. So eine physische Präsenz ist auch für einen Diakon notwendig. Konfirmationsunterricht für schwer erziehbare Jugendliche zum Beispiel stellt deine Befähigung auch noch mal unter ganz anderen Umständen auf den Prüfstand. Ich sehe heute noch, wie er vor mir steht, breitbeinig, die Hände ineinandergelegt, mit den Fingern den Ehering drehend, aktionsbereit. Einer der Lieblingssprüche von Günter Feitl war seine nur rhetorisch gemeinte Frage an die Neuankömmlinge, die gefehlt hatten: »Kennst Du den Unterschied zwischen mir und Gott?« »Äääh, Nein.« »Der liebe Gott kennt Gnade!«, sagte er und zwinkerte mit einem Auge.

Tatsächlich waren die Brüderhauseltern streng, aber gerecht und wohnten im Anbau direkt nebenan. Sie vertrauten auf die selbstregulierenden Kräfte der Vernunft innerhalb unseres Jahrgangs – oder im Zusammenwirken mit den älteren Jahrgängen, wenn nicht nur das Stockwerk, sondern das ganze Brüderhaus betroffen war. Eine Verhaltensänderung durch eigene Einsicht wurde angestrebt – und wenn überhaupt nur durch einen sehr sanften, aber steigenden Druck angestoßen, der sich durch viele Gesprächsangebote äußerte. Regeln waren aber dafür da, eingehalten zu werden. Egal, ob es dabei um Vorschriften in der Schule oder Dinge wie Alkoholtrinken oder Kiffen ging. Kiffen ist illegal und ein Diakon, der das tut, kein Vorbild. Wer das nicht akzeptieren will, ist nicht richtig bei uns – auch das vermittelt die Brüderschaft. Konsequent. Zunächst stets argumentativ – dann eben im Notfall mit der Entlassung. Solche Entscheidungen fallen nicht leichtfertig. Alle Betroffenen werden zuvor beteiligt und angehört, von der Brüderschaft, der Stockwerkskonferenz über den Brüdersenior bis in die Vorstandschaft. Waren die Brüderhauseltern überzeugt, dass ein Fehlverhalten nur dem Alter und einer besonderen Situation, aber eben nicht einer generellen Charakterschwäche geschuldet war, traten sie sehr deutlich und vehement auf und sagten: »Der bleibt!« Auf der anderen Seite waren sie unerbittlich, wenn es um die Einhaltung der Regeln ging, die für das dichte Zusammenleben in der Brüderschaft und ihren Bestand tatsächlich alternativlos waren.

Was neben dem Studium und dem Zusammenleben entscheidend war und ich immer spüren konnte: Ich war kein Student einer normalen Universität. Ich war auf einem spirituellen Weg zum Diakon. In Rummelsberg ging und geht es nicht nur um reine Wissensvermittlung, sondern auch um einen wachsenden, sich festigenden Glauben, der sich innerhalb, mit und durch die Gemeinschaft entwickeln soll. Ich selbst darf heute sagen, dass ich bei allen zwölf Mitbrüdern aus meinem Jahrgang, und bei fünfen nochmal ganz besonders, immer Hilfe suchen konnte und kann. Ich kann egal zu welcher Tages- und Nachtzeit vor der Tür stehen, klingeln und bitten: »Lass mich rein, ich habe ein Problem, ich brauche Deine Begleitung, Deinen Rat, Dein Gebet. Ich brauch Dich.« Und umgekehrt ist das genauso. Du kommst als junger Mensch, und es ist ziemlich egal, ob du mit 17 oder 22 in die Ausbildung gehst. Du entwickelst dich in den fünf bis sechs Jahren und sollst auch spirituell vorbereitet zu den Stellen gesendet werden können, wo man deine besonderen Fähigkeiten brauchen und dich stark beanspruchen wird, nicht nur fachlich. Aus dieser Art von Ausbildung, die eben auch eine geistige, spirituelle, deine Persönlichkeit stark prägende Ausbildung ist, aus der geht niemand so wieder raus, wie er nach Rummelsberg gekommen ist. Das Ziel der Ausbildung ist tatsächlich, dass die Anwärter in ihrer Persönlichkeitsentwicklung einen Sprung nach vorne machen, auch in ihrer Haltung und Lebenseinstellung und ihrem Glauben. Rummelsberg – das ist eben auch ein Stück christliche Menschwerdung, eine Berufung hin zur rettenden Nächstenliebe als Lebensaufgabe.

Du lässt die Asche zurück und nimmst das Feuer mit

Meine erstes Ausbildungspraktikum führte mich nach Ende der Anwärterrüstzeit an den Auhof, eine Einrichtung für Menschen mit geistiger Behinderung gut vierzig Kilometer von Nürnberg entfernt. Das Vorpraktikum sollte ein ganzes Jahr dauern und uns mit sozialer Arbeit vertraut machen. Es dient auch noch mal als Prüfung unserer Eignung vor dem Eintritt in die Fachausbildung. Eingesetzt wurde ich im *Haus Arche*, einer Einrichtung für geistig und körperlich mehrfach schwerstbehinderte Kinder und Jugendliche. Zwölf Bewohner gab es pro Gruppe, aufgeteilt in zwei Teilgruppen à sechs Bewohner. Wir arbeiteten im dreigeteilten Dienst. Von 6 bis 9 Uhr, von 11 bis 13 Uhr und von 16 bis 19 Uhr. Also immer dann, wenn gefüttert, gewaschen und gewickelt wurde. Abends habe ich dann öfter auch mit einer Pflegehelferin zu zweit die Gruppe geschmissen … Willkommen im Pflegenotstand! Ich hatte nicht erwartet, dass es so hart kommen würde. Der Dienst sog mich vollständig ein. Trotz der Unterbrechungen zwischendurch war es gefühlt ein 12- bis 14-Stunden-Tag. Du hast keine Erholung. Du hängst ab. Kannst nicht abschalten. Schlägst die Zeit tot mit Sinnlosem, glotzt Fernsehen, spielst Computer oder versuchst, verlorenen Schlaf nachzuholen – und schreckst immer wieder hoch, weil du denkst, du hast verschlafen. 1990 war das Jahr, in dem die erste Welle des Pflegenotstand-Tsunamis sämtliche sozialen Einrichtungen in ganz Deutschland überspülte. Irgendwann weißt du nicht mehr, welcher Wochentag und welcher Monat ist, geschweige denn wie du heißt. Abwechslung gab es kaum. Mein Freund Holger und ich hatten keinen Führerschein, so saßen wir gefangen auf dem Auhof mitten auf dem Land fest, konnten nicht mal schnell ausbüchsen in die Nürnberger Szene. Wenn wir einkaufen wollten, mussten wir eine halbe Stunde zu Fuß, einen Rucksack auf dem Rücken, nach Hilpoltstein pilgern und mit den schweren Einkauftüten wieder zurück, wenn sich niemand erbarmte, uns mit dem Auto mitzunehmen. Meine Eltern holten mich zwar unregelmäßig mal ab für kleine Fluchten zu den Nürnberger Freunden; allerdings musste ich schon am Sonntagabend zurück sein, weil Montagmorgen um fünf der Wecker für den Frühdienst geklingelt hat. Bald schien es mir, ich wäre fehl am Platz.

Ich wollte doch eigentlich Jugend- und Kindergruppen leiten, Programme und Freizeiten organisieren – und jetzt hatte ich zwar mit Kindern und Jugendlichen zu tun, aber eben mehrfach Schwerstbehinderten, von denen viele weder hören, sprechen noch sehen konnten und eine Kommunikation für mich zunächst unmöglich schien. Nur mit einem von ihnen, einem schwer an Epilepsie erkrankten Jungen, konnte man reden, wenn er denn klar war. Mit den meisten anderen ging das nicht – dachte ich.

Jeder, der schon mal im Pflegebereich gearbeitet hat, weiß, das ist körperliche Schwerstarbeit. Und auch mental äußerst beanspruchend. Eine der behinderten jungen Frauen, die ich betreute, hatte Glasknochen und lag in einer für sie extra angefertigten Schaumstoffschale in einem Liegerollstuhl, weil jede unbedachte, harte Bewegung zu einem Splittern ihrer Knochen führen würde. Sie konnte nur eine Hand frei bewegen, die andere hatte sich im spastischen Krampf zusammengerollt. Wenn es ihr nicht gut ging, war sie aggressiv gegen alles Fremde und gegen Veränderungen in ihrer Umgebung, auch gegen sich selbst. Sie kratzte sich, bis Blut floss, und biss nach allem, was sie erreichen konnte. Also mich. Ich hatte auch keinerlei Erfahrungen mit weiblicher Menstruation. Ich wusste nichts von den vielen Begleiterscheinungen, unter denen auch gesunde Frauen in der Periode leiden. Die Bewohnerin damals hatte immer auch gleichzeitig Durchfall. Ein besonderes Erlebnis im Liegerolli. Du bist siebzehn, es herrscht Pflegenotstand, die Stationen sind unterbesetzt – und deine Anleiterin ist gerade bei einem Notfall zwei Zimmer weiter, und dann stehst du da am Bett einer geistig und körperlich schwerstbehinderten jungen Frau, die deine Hilfe braucht, schreit, kratzt, beißt – und du überlegst, wo du anfangen sollst. Du kannst die wild um sich schlagende und beißende Frau nicht packen und fixieren, weil dann ihre Knochen splittern. Du musst sie aber beruhigen, säubern und wickeln musst du sie auch. Das heißt: Nicht in Panik geraten. Gut zureden. Ein Gebet im Stillen. Beruhigen. Zusprechen. Johnny Cash pfeifen. Verständnis- und liebevoll sein. Und es dann Schritt für Schritt, sanft und langsam einfach tun.

Es waren gerade solche Schicksale, die einen nicht losließen: Da fragst du schon, Gott, warum tust du das diesen Kindern an? Warum lässt du diese Menschen so leiden? Warum lässt du ihre Eltern leiden? Und ja, du fragst auch, warum unterziehst du mich einer so harten Prüfung? Du bist siebzehn und wirst plötzlich mit Fragestellungen konfrontiert, mit denen du dich vorher noch nie beschäftigt hast: Was ist Leben – und was ist es für dich nicht? Und plötzlich diskutierst du so etwas. Mit deinen Mitbrüdern und Mitpflegern geht das. Aber du siehst und sprichst auch mit Menschen, die, je ferner sie von solchen pflegebedürftigen Menschen sind, umso leichter über Leben und Tod urteilen, selbst über den eigenen Tod: »Also, wenn ich in so einer Lage wäre, dann …!« Die Wirklichkeit aber sieht ganz anders aus. Da kämpfen Eltern um jeden Wimpernschlag. Und niemals würden sie ihr Kind aufgeben. Dass Väter kamen, war allerdings eine Seltenheit. Die meisten hielten es einfach nicht aus. Die jedoch, die kamen, waren ein Segen. Zu neunzig Prozent waren es aber die Mütter, die ihre Kinder regelmäßig besuchten und sich rührend um sie kümmerten. Täglich sah ich, wie sie ihr Kind im Rollstuhl durch den Park schoben, wie sie Blumen und andere schöne Dinge zeigten, wie sie das Wertvollste schenkten, das sie haben: Zeit und Aufmerksamkeit. Und bei fast allen Kindern habe ich erlebt, wie sie nach so einem Tag wieder ruhiger wurden und tiefer schliefen. Die Liebe war angekommen und hatte ein Licht in ihre scheinbare Dunkelheit getragen. Oft habe ich auch erlebt, wie sehr diese Mütter mit ihrem schlechten Gewissen zu kämpfen hatten, sie hätten ihr Kind im Stich gelassen, weil sie es ins Heim abgegeben haben – nicht, weil sie es so wollten, sondern weil sie schlichtweg nicht mehr konnten.

Ich habe erlebt, wie groß Mutterliebe ist und wie stark es diese Mütter macht: Unendlich groß ist diese Liebe. Und wenn man einen Vergleich finden sollte, wie groß die Liebe Gottes sein muss zu den Menschen, dann fallen mir immer wieder diese Mütter ein. Wenn es einen Trost geben mag, in all dem, was ich dort erlebt habe, dann den, dass genau diese Menschen an ihrem Leid und ihrer Liebe gewachsen sind. Mutterliebe – das ist gelebte Diakonie.

Durch diese Erfahrungen und Beispiele lernst du Demut, weil du selbst gesund bist. Mitgefühl, weil diese Menschen ohne fremde Hilfe nicht würdevoll leben könnten. Bewunderung für die Angehörigen, die alles geben. Freude, wenn dir kleine Reaktionen der Betreuten zeigten, dass sie durchaus wahrnehmen, ob du dich flüchtig oder liebevoll um sie gekümmert hast. Eines der Vorurteile von Menschen, die nie mit Menschen mit Behinderung zu tun haben, lautet: »Du kannst ja eh keine Kommunikation mit denen aufnehmen!« Das geht sehr wohl. Wenn auch anders als gewohnt. Irgendwann entdeckst du, dass sie auf das Kitzeln reagieren wie alle Menschen: Sie lachen und giggeln und winden sich vor Freude.

Der Sven zum Beispiel war ein geistig schwerstbehinderter Spastiker, über zwei Meter groß, ein sanftmütiger Riese – und kitzelig ohne Ende, der hat den ganzen Tag über gelacht, wenn man ihn nur angestupst oder das Kitzeln nur angedeutet hat, so sehnsüchtig reagierte dieser Mensch auf Berührung. Der Sven wusste, wenn der Rainer kommt, beginnt meine »Qualitiy Time«, der kümmert sich dann um mich. Du siehst diese Kinder und Jugendlichen, obwohl in all ihrem Leid eingeschlossen, wie auch sie Glück empfinden – und dann weißt du, dass du diese Frage nach dem Wert eines Lebens nie wieder zulassen wirst. Dass du das nie für andere entscheiden möchtest. Und auch nie in die Situation kommen möchtest, das entscheiden zu müssen.

Wir haben auf dem Auhof mit den Bewohnern auch Gottesdienst gefeiert. Die Gottesdienste auf dem Auhof hielt immer Bruder Seiler, auch gut übergewichtig, groß, weißer Bart, schlohweiße Haare, so eine Papa-Schlumpf-Figur, nur dass die blaue Mütze fehlte. Er predigte so einfach und verständlich wie möglich – heute nennt man das im Fachbegriff »Gottesdienst in leichter Sprache«. Das für mich Faszinierende war, wie unsere besondere Gemeinde da mitgegangen ist. Was Bruder Seiler auf so einfache Weise predigte, löste etwas aus bei den Bewohnern. Die blieben nicht ruhig sitzen, sondern fingen spontan an, Fragen zu stellen, alles, was ihnen in den Sinn kam und trotzdem irgendwie im Bezug zu der Predigt zu stehen schien. Bruder Seiler nahm diese Fragen, während er predigte, einfach auf und versuchte, Antworten zu geben. Es waren interaktive Gottesdienste, ein Austausch, wie ihn sich mancher Pfarrer in seiner Gemeinde wünschen würde.

Es war nicht nur Schwere in dieser Zeit, in der ich erwachsen geworden bin. Es war manchmal auch brüllend komisch. Gegenüber von unserem Wohnheim wohnte eine Gruppe geistig leicht behinderter Männer. Wenn man nicht wusste, was mit diesen Leuten los war, hätte man diese Betreuten von Menschen im normalen Alltag nicht unterscheiden können. Mein Vater behauptete jedoch immer, die Bewohner und ihre Besucher könnte man doch bestens auseinanderhalten – denn im Gegensatz zu ihren Betreuern seien die Bewohner immer wie aus dem Ei gepellt und sauber eingekleidet. Mit der Kleidung hatte es seine besondere Bewandtnis: In jedes Kleidungsstück war eine Wäschemarke des Besitzers eingenäht mit seinem vollen Namen und der Gruppennummer, um die Wäsche wieder an den richtigen Besitzer ausliefern zu können. Die Wäschemarken erleichterten Betreuern auch die Zuweisung der geistig Behinderten. Wenn sich mal wieder einer auf dem Gelände verlaufen hatte, griffen die Betreuer einfach in den Hemdkragen – und schon sah man anhand der Wäschemarke: »Aha, Gruppe 13, Haus 4, dann komm mal bitte mit!« Auf dem Gelände gab es einen Dorfplatz und einen Bauernhof, wo die Betreuten richtig arbeiten durften. In der Nähe war gleichzeitig das Besucherzentrum. Wenn da jemand zu lange herumstand, konnte es geschehen, dass ein Betreuer dem Besucher einfach in den Hemdkragen griff, um nach der Wäschemarke zu schauen, wo der Mensch abzuliefern wäre ... Es waren nicht nur junge Diakone in Ausbildung auf dem Gelände tätig, sondern auch zahlreiche Zivildienstleistende, schon von der Hans-Söllner-Optik und Lebenseinstellung sehr klar von den Diakonen-WGs zu unterscheiden. Natürlich habe ich diese Freiheit genossen. Mit unserer WG waren wir schon so etwas wie Exoten auf dem Gelände: Der zweite Rainer, der später Theologie studiert hat, Holger und ich, am Anfang unserer Ausbildung, unser Mitbruder Frank, der fast abgeschlossen hatte.

Bei uns ging das Licht früher aus, herrschte etwas mehr Ordnung. Bei den anderen diese wohltuende Anarchie, die kein Morgen kennt. Allesamt schwer friedensbewegt, gegen alles, dafür Che Guevarra- und Jimi Hendrix-Poster an der Wand und die Idee im Kopf, die Welt zu retten. Und es gab noch die weiblichen Betreuer, Auszubildende, Küchenhilfen, insgesamt waren wir fünfzig bis sechzig junge Menschen, darunter genügend Partyhungrige.

In unserer WG wurden keine Partys gefeiert. Der älteste, Frank, hatte ein Motorrad, eine Honda-Silverwing – mit dem bin ich wie damals auf dem Mofa in den Wäldern von Onkel Willy gerne mal über die Waldwege gebrummt. Illegal ohne Führerschein. Frank hatte das größte Zimmer der WG. Und dort stand die Honda dann den ganzen Winter über, wurde unter viel Fachsimpelei von uns in sämtliche Einzelteile zerlegt, geputzt und wieder zusammengeschraubt. Es roch immer leicht nach Öl in unserer Wohnung. Wenn Frank dann zum Ausklang des Abends die Gitarre nahm, saßen wir häufiger noch zusammen und sangen Lieder, von »Ins Wasser fällt ein Stein« über »Country Roads« von John Denver bis … natürlich Johnny Cash.

Trotz dieser Gemeinschaft: Viele Schicksale und Erlebnisse des Tages kannst du nach Dienstschluss nicht einfach mit dem Kittel abstreifen. Dieses erste Jahr Vorpraktikum war für mich so hart, dass ich gegen Ende gar nicht mehr so sicher war, ob ich das wirklich in dieser Intensität sechs Jahre durchhalten würde. Und auch meine Anleiter, die mich in der Zeit begleiteten, waren sich nicht sicher. Ich war am Wackeln. Aus den Gesprächen mit meinen Betreuern ist mir bald klar geworden, dass es um meinen eigenen Schutz ging, dass man wissen wollte, ob ich wirklich die notwendige seelische Stärke, die innere Haltung und die Selbstmotivation mitgebracht hatte oder ob ich bald abbrechen würde – und ob es dann nicht besser wäre, jetzt gleich die Reißleine zu ziehen als Jahre später. Dazu kam auch noch Liebeskummer, die Trennung von meiner ersten großen Liebe. Wir waren eineinhalb Jahre zusammen, eine lange Zeit für das Alter. Und so saßen wir beide abends, sie in Nürnberg und ich im Auhof, und verzehrten uns vor Leidenschaft wie eine brennende Gebetskerze – orchestriert vom Lärmen der Zivis im Nachbarhaus mit ihrer Heavy Metal Musik. Ich war noch Jungfrau, und wenn die friedensbewegten Zivildienstleistenden im anderen Gebäudetrakt »Petting statt Pershing« forderten, war ich gequält von dem Gefühl, in diesem erzwungenen Zölibat etwas Wichtiges, vielleicht meine ganze Jugend zu versäumen. Was folgte war die Trennung aus der durch Logik gesteuerten Abgeklärtheit heraus und dieser harte Liebeskummer. Wochenlang. Ich spürte sehr wohl, dass ich auf Messers Schneide lief. Der Rainer mit den grünen Protesthaaren, der bisher nie um einen Spruch verlegen war, wurde in dieser Zeit auf seltsame Weise demütig und kleinlaut. Ich fragte mich: Wenn du scheiterst, was machst du denn? Auch klang mir die Stimme meines Vaters im Ohr, der gesagt hatte: »Wir unterstützen Dich aber nur, wenn Du diese Sache auch mit vollem Ernst angehst und die Sache durchziehst.« Und damit war ein mögliches Scheitern gleich mit einer doppelten Niederlage verbunden. Für mich und schlimmer – auch für meine Eltern und Großeltern. Meine Eltern haben mich, beide auf ihre Art, bestärkt. Es war sehr wichtig für mich, dass meine Eltern nicht zweifelten, verzweifelten – sondern hinter mir stehen und mich auffangen. Das ist mir bis heute noch sehr wichtig. Trotzdem merkte ich in dieser Zeit sehr deutlich, dass ich eine entscheidende Weichenstellung in meinem Leben erreicht hatte. Dass es keine Kompromisse, halbgaren Zwischenlösungen und kein Aufschieben und Aussitzen mehr geben würde. Dass ich mich zu entscheiden und zu handeln hätte. Das war der endgültige Abschied von meiner Kindheit, vom Klammern an »Früher«, von der Vollbetreuung meiner Mutter. Ich durfte an dieser Stelle nicht versagen, schwor ich mir. Und wieder setzte ein sehr tiefes Überlegen ein: Was willst Du wirklich vom Leben? Geht es hier etwa nur um Dich? Oder hast Du eine Aufgabe? Nimmst Du endlich Deine Berufung wahr, Dich, ohne Wenn und Aber, in den Dienst Deines Nächsten zu stellen und am Ende im vollen christlichen Verständnis ein guter Diakon zu sein? Ich brauchte Vertrauen, tiefes Vertrauen. Gottvertrauen. In dieser Zeit habe ich Beten gelernt. Viel gebetet. Du musst ja irgendwo hin, mit all dem, was dich schlaf- und ruhelos macht in all deiner seelischen Not. Und in dieser Zeit ist Jesaja 55,8 zu meinem Wahlspruch geworden: »Denn meine Gedanken sind nicht eure Gedanken, und eure Wege sind nicht meine Wege, spricht der HERR.« Wir können Gott nicht begreifen. Wir können nur seine Liebe empfinden und diese Liebe unseren Nächsten weitergeben. Aus seiner Liebe sind wir, was wir sind. Wir sind fähig zur Liebe, wie sie der Korintherbrief beschreibt. So ist Gottes Liebe zu den Menschen, gegen allen Hass und menschlichen Wahnsinn, gegen alle Hybris und Verachtung. Gottes Liebe ist langmütig und freundlich, und vor allem: Seine Liebe rechnet das Böse nicht zu. Von dieser Liebe tragen wir Spuren in uns. »Rettende Nächstenliebe« ist die Antwort auf alles – nicht fragen, sondern es tun. Der Mensch ist auf Glaube, Hoffnung und Liebe angelegt. Er braucht dies zum Leben, wie die Luft zum Atmen, Wasser zum Trinken und das tägliche Brot. Glaube, Hoffnung und Liebe tätig in diese Welt zu tragen, wie die Frohe Botschaft selbst, das ist deine Aufgabe als Diakon. Und das Gute an diesem Gedanken ist: Das gibt dir Mut und Zuversicht. Du lässt dich nicht durch sinnlose Schuldzuweisungen und Vorurteile lähmen – sondern du packst an. Das ist keine theologische Behauptung, das ist ganz einfach meine menschliche Erfahrung und tiefe Überzeugung aus der Zeit des Auhofs. Durch meine Arbeit auf dem Auhof habe ich erkannt, was das meint, der Ernst des Lebens – dass für den betreuenden Umgang mit Menschen auch in der Seelsorge ein hohes Verantwortungsgefühl – auch sich selbst gegenüber – unabdingbar ist. Es hat gedauert, bis ich so weit war. Bis zur Erschöpfung gedauert. Aber irgendwann bekommst du das alles auf die Reihe und beginnst dich selbst zu organisieren. Und mitten in dem Nebel der Übermüdung, der Überforderung und auch der Verzweiflung setzt sich unmerklich ein Prozess in Gang, der dich in und an deiner Arbeit reifen – und dann in tätige Nächstenliebe kommen lässt. Ohne zu bewerten. Ohne Abneigung und Ekel. Ohne Frust und Mutlosigkeit. Du stellst dich deiner Aufgabe und tust, was zu tun ist. Mit der Zeit und der Erfahrung kommen dann die Antworten: ja – es geht alles. Nicht immer. Nicht immer dann, wenn es dir zeitlich passt, weil Schwerstbehinderte ihren eigenen Rhythmus und ihre eigenen Bedürfnisse haben und sie wirklich mit einer Vielzahl anderer Probleme zu kämpfen haben, als sich nach deinen Wünschen und Arbeitsabläufen zu richten. Und wie immer, wenn ich einen richtigen Durchhänger habe im Leben, kam auch hier ein Lichtlein daher, schickt mir Gott genau den Menschen, den ich in dieser Situation brauchte. Hier eine alte Schulfreundin, mit der ich mal auf einem Skiwochende des Postsportvereins herumgeknutscht hatte. Statt Schwarz-Weiß sah ich plötzlich wieder Farbfernsehen. Meine Mitbewohner haben mir später übrigens gesagt, ihnen sei völlig klar gewesen, dass ich durch diesen Besuch zum Mann werden würde. Und so war es wie im Lied von Peter Maffay, das meine Mutter immer in der Küche trällerte, in dem man als Junge in die Nacht geht und als Mann das Licht der Sonne aufgehen sieht. Es war nicht Sommer, sondern Herbst, für mich aber war jetzt Frühling.

Ich sag's ganz ehrlich, wer einmal am Honigtopf genascht hat ... Bei uns gibt es kein Zölibat. Und ich hätte auch nichts zu beichten gehabt, denn was ich in den kommenden Monaten erlebte, war ein ganz natürlicher Entwicklungsabschnitt im Leben eines Jungen, der erwachsen wird, und ich bedaure jeden, dem man diesen Schatz an Lebenserfahrung verbietet und nimmt. Das war in der Rückschau der Kulminationspunkt meiner Krise – und zugleich der Beginn ihrer Lösung. Ab da ging es in zunächst unmerklichen Schritten bergauf. Meine Freundschaft zu Holger, unsere spirituellen Gespräche über Gott und die Welt, die Mitbrüder in meiner WG, unsere Gesangsabende mit Gitarre, die Lagerfeuerhits und Klassiker der evangelischen Jugend, Johnny Cash, das kollektive Basteln an Motoren, der Geruch von Öl, Benzin, und hinzutretend betörende Parfümschwaden und dem folgend die Entdeckung der sexuellen Leidenschaft, diese ganze Explosion der Sinne und des Verstandes und meines Glaubens, das war mein Woodstock, an einem der abgeschiedensten Orte Frankens. Zum Ende der Auhofzeit war ich volljährig, ein Mann – und ich hatte das weitere Qualifikationsmerkmal eines Erwachsenen: den Führerschein. Ab Februar 1991 waren wir dann mobil – weil auch Holger zeitgleich seinen Führerschein gemacht hatte, er mit einem Corsa und ich ab Juni mit einem Fiat Panda. 34 PS-Panda-Power mit Faltdach und Breitreifen! Luxusausstattung! Die Ausflüge nach Nürnberg in Musikkneipen, zu Konzerten oder natürlich zu Spielen des Clubs nahmen zu. Es war die Zeit meiner Befreiung, aber in einem sehr geordneten Rahmen, ohne Alkohol, ohne Drogen – mein Abschied von der Jugend, dem Elternhaus, dem Alptraum Schule und meine Öffnung mit zunehmender Überzeugung für den Beruf des Diakons einem inneren Ruf folgend, den ich immer deutlicher wahrnahm. Wir arbeiteten keineswegs weniger engagiert – aber die Erschütterungen über das Leid, das wir täglich erlebten, wurden schwächer und wich einer wohltuenden Routine.

Ich merke heute deutlich, dass Brüche in meinem Leben, wie eine Trennung von etwas Geliebtem, eine neue Partnerin oder wenn du Vater wirst, ganz natürlich das Leben weiterentwickeln. Ohne Krisen können wir nicht an uns wachsen. Ohne Umbrüche nichts verändern. Du brauchst den Wind der Veränderung. Dann baust du Windmühlen statt Mauern. Du lässt die Asche zurück und nimmst das Feuer mit. Mit dem Abstand einiger Jahre habe ich verstanden, wie sehr mein Glaube, wie sehr ich an diesen Prüfungen gereift bin.

Panda oder Porsche: die Versuchung

In den folgenden Wochen erlebte ich ziemlich genau das Gegenteil von Entbehrung und Entmutigung, erlebte Luxus und Genuss. Die junge Dame, um die es ging, kam aus gutem Hause, einem sehr, sehr reichen Elternhaus, mit Privatjetflügen, Villa mit Personal und anderem Luxus. Es war der Übertritt in ein Parelluniversum, hinaus aus dem Schatten des Auhofs, hinaus aus der Schinkennudelwelt unseres kleinen Nürnberger Handwerker-Clans hinein in die palastartige Welt des Überflusses und grenzenloser Möglichkeiten. Es war eine Umgebung, in der ich mir unwillkürlich zweimal die Schuhe abputzte und den Staub vom Ärmel zu schütteln schien, wenn ich dort eintrat. Begonnen hatte alles mit Carsten, mein Kindergartenfreund mit den Nutella-Hostien, der damals in dem Schuhladen der Mutter jener jungen Dame die Schaufenster dekoriert hatte, in Manolo-Blahnik-rotem Tüll. Dabei hatte er die Tochter des Hauses kennengelernt und war zur Geburtstagsfeier ihrer besten Freundin eingeladen worden, zu der er mich einfach mitnahm. Ich ahnte nicht, was mich erwartete. Carsten hatte zwar noch beiläufig gesagt, ich sollte mich vernünftig anziehen – aber was heißt schon vernünftig, wenn du mit einer normalen Party rechnest – aber nicht mit Hollywood? Ich war damals gerade achtzehn geworden, stolz wie Bolle auf meinen Führerschein und war völlig ahnungslos mit meinem Fiat-Panda vorgefahren. Kleinste Version. 750 ccm und 34 PS. Dachte zunächst noch: Falsche Adresse!! Aber da stand ich schon auf der breiten, schlossähnlichen Auffahrt und hinter mir hupte eine dieser Nobelkarossen. Aber die Adresse stimmte. Die Party fand standesgemäß in der Familien-Villa auf einem parkähnlichen Grundstück mit eigenem See statt. Der kleine Rainer, der bisher überhaupt keine Kontakte in diese Kreise der oberen Tausend hatte, war tatsächlich mal für ein paar Minuten sprachlos. Ich stand ähnlich deplatziert wie mein Fiat da. Personal mit Spitzenhäubchen reichten mir kleine Häppchen. Ich war Schinkennudeln, Frikadellen und Kartoffelsalat gewohnt, in dunklen Kellerräumen auf Papptellern mit Plastikgabel. Dazu drei Tüten Chips und Spezi und für die anderen noch süßlichen Sekt oder andere alkoholhaltige Plörre. Hier wurden auf großen Platten edle Delikatessen und Schampus von Bediensteten eines stadtbekannten Edel-Caterers mit Silberbesteck gereicht, Speisen, die mir durchaus fremd waren und selbst Günter Tischer vermutlich entzückt hätten. Bei unseren Kellerparties, auch denen im Brüderhaus, stand auch keine Security mit Headset und Gästeliste als Einlasskontrolle vor der Tür. Ich hatte solche Szenen bisher nur im Kino miterleben dürfen. Ich war gelinde gesagt »underdressed« und hatte Dreck unter den Profilsohlen meiner Doc's. Ich beschloss, auf »Avantgarde-Künstler« zu machen, die rein optisch immer mindestens so deplatziert aussehen wie ich an diesem Abend, und bediente mich blasiert an den Delikatessen und Getränken. Ich wurde mit dem innerlichen Staunen gar nicht fertig. Und dann kam Sabrina – nein, sie kam nicht, sie erschien. Wie eine Leuchtgestalt aus den großen Las-Vegas-Revuen der 30er-Jahre schwebte sie die Treppe herunter, die in Mailänder Highheels steckenden Füße unter einem rauschenden Ballkleid aus Seide verborgen, dessen Schleppe hinter ihr die Stufen herabraschelte. Sie trug nicht Prada – aber mit ihren Mailänder Highheels sah sie teuflisch gut aus. Gerade süße 16 Jahre alt geworden. Eine extrem schöne, gepflegte junge Frau, die eher aussah wie zwanzig. Es machte »Peng« in meinem Kopf, und ich war weg. Ich habe im weiteren Verlauf des Abends alle Register gezogen. Rhetorisch und intellektuell echt geliefert. Ihr als Mann von Welt die Welt erklärt. Aus Nürnberger Sicht und der eines Pandafahrers. Einfach, aber eben wohl doch beeindruckend. »Drei im Weggla mit Senf«, die heute auch als Tattoo meinen Körper zieren – aber als Tribut an meine Heimstadt Nürnberg und nicht zur Erinnerung an diesen Abend.

Ich weiß bis heute nicht wirklich, was Frauen an mir schätzen. Sie lächeln immer nur sanft, wenn ich danach frage. Aber ich denke, es ist die menschliche Wärme, die ich ausstrahle, eine gewisse Knuffigkeit und meine Fähigkeit zuzuhören, Aufmerksamkeit zu schenken – und das aus echtem Interesse für mein Gegenüber. Damals kam auch noch Blitzliebe ins Spiel. Jedenfalls, um die Sache abzukürzen: Um Mitternacht stand ich mit dieser Hammerfrau wild knutschend auf der Gartenterrasse dieser Südstaatenvilla, Scarlett O'Hara und Rhett Butler, die Haare vom Winde verweht, und bis in die letzte Haarspitze verliebt.

In den folgenden Wochen begann die Achterbahnfahrt, die mich intensiv hin- und herkatapultierte, von Rummelsberg in Sabrinas Parallelwelt und wieder zurück. Die Ruhe des heiligen Hügels mit seinen Gesängen und Gebeten wich einem neuen Grundrauschen einer schnelleren, spannender scheinenden Welt. Als ich Sabrina einmal zu einem Ausflug in die fränkische Schweiz abholen wollte, fragte mich die Mutter, aus der Höhe ihrer Mailänder Highheels herab: »Womit fahrt ihr denn?« Ich nickte schräg nach draußen durchs Panoramafenster des Salons in Richtung meines Fiat Pandas, den ich frech mitten im Kies der Auffahrt geparkt hatte. Die Mutter schnalzte kopfschüttelnd mit der Zunge, sagte nur »Quatsch!« und drückte mir den Schlüssel ihres Porsches in die Hand. Und Rainer, im spirituellen Ausbildungsmodus zum Diakon, fuhr, wie einst sein Vater den linken Ellenbogen lässig aus dem Fenster gehängt, einhändig steuernd, in einem Porsche, natürlich mit Johnny Cash im Kasettenschacht gegen den aufheulenden Motor aufbegehrend, seine wunderbar schön aussehende Freundin in ihrem wunderbar aussehenden Designerkleidchen in ein wunderbares Luxushotel in die wunderbare fränkische Schweiz.

Bald stand ich wie ein Segler mit jeweils einem Bein auf zwei verschiedenen Schiffen, die auseinanderdrifteten. Während ich wochentags wie in Zeitlupe, in andächtiger Ruhe »ora et labora«-mäßig in Rummelsberg jetzt im zweiten Praktikumsjahr im dortigen Berufsbildungswerk meiner Berufung folgte und von Station zu Station wie in einer Bimmelbahn dahinbummelte, saß ich am Wochenende in einer Art Learjet des grenzlosen Vergnügens und durchbrach die Schallmauer. Es war die reine Versuchung, gegen die ich ungeheuer viel Kraft aufbieten musste, um mich von der Faszination nicht aufsaugen zu lassen. Es dauerte von Mal zu Mal länger, bis ich mich in Rummelsberg innerlich wieder eingefunden und in meine Distanz zu den Wochenend-Erlebnissen zurückgefunden hatte. Und vielleicht war es genau diese Distanz, meine scheinbare Abgeklärtheit all diesem Überfluss gegenüber, mein eher spirituell artikulierter Lebensansatz, was Sabrina und auch ihre Mutter an mir fasziniert haben mag. Während Sabrina noch auf der Suche war und ihre Sehnsucht und Einsamkeit oft zu betäuben suchte, war ich in ihren Augen vielleicht schon angekommen. Was keineswegs der Fall war. Denn das Leben, das ich jetzt in einer Art Doppelleben zu führen begann, verunsicherte mich zunehmend. Panda. Porsche. Panda. Porsche. Es war ein Abenteuer, das ich total faszinierend fand. Aber das sich auch falsch anfühlte. Und wenn ich zurück nach Rummelsberg kam, war es auch irgendwie falsch. Ich war aus dem Gleichgewicht. Ich war mit einer Rakete unterwegs, deren Flugbahn und Aufschlagspunkt ich bald nicht mehr einzuschätzen wusste – außer dass der nicht in Rummelsberg liegen würde. Unsere Beziehung ging da schon über Monate. Ich habe Sabrina wirklich geliebt. Das war nichts Oberflächliches, bei mir ging das sehr tief. Meine Eltern bekamen das natürlich mit und machten sich extreme Sorgen. Wie offenbar die Mutter meiner Freundin auch, wenn auch aus völlig anderem Grund, die mich irgendwann bat, gut auf ihre Tochter aufzupassen, weil sie in Kreisen unterwegs war, in denen auch Drogen eine große Rolle gespielt haben. Ich habe nie versucht, Sabrina von diesen Kreisen fernzuhalten – weil wir uns dort nicht bewegt haben, wenn wir zwei zusammen waren. Sie wusste, hätte mir jemand was angeboten, hätte ich strikt abgelehnt und wäre gegangen. Andererseits habe ich Sabrina auch nie vorgeschlagen, in den Sonntagsgottesdienst zu kommen. Ich spürte keinen Missionsdrang und hatte immer das Gefühl, dass sie innerlich zur Ruhe kam, wenn wir zusammen waren. So kamen wir beide aus verschiedenen Welten, von denen wir beide nicht lassen konnten, und fanden uns in einer dritten Welt, die zeitlich befristet und so verletzlich war, dass wir wie in einer Seifenblase schwebten, die keine lange Lebensdauer haben würde.

Irgendwann kam ich nach Hause und meine Mutter saß am Küchentisch. »Rainer, wir müssen reden!« »Mama echt ned, mach Dir keine Sorgen!« »Doch!« Ich hatte, das konnte ich glaubhaft machen, nichts mit Drogen am Hut. Die einzige Droge war dieser »Geld spielt keine Rolle«-Luxus. Zu den liebevoll investigativen Fragen meiner Eltern, ob ich meinen neuen Lebenswandel wirklich für gut befinden würde, was ich natürlich mit einem trotzigen »Ja« beantwortete, kamen aber Selbstzweifel. Natürlich hätte ich auch sagen können, besser Porsche als Vater Unser. Natürlich hätte ich sagen können, ich mache das Abitur nach, studiere BWL und steige als Schwiegersohn ins Import-Export-Unternehmen für Luxus-Schuhe aus Mailand ein. Aber so viel Einsicht war da, trotz der Liebe und der rosaroten Brille. Und dann war da ständig das Rufen bei mir im Hintergrund, das bald stärker und mächtig wie ein Whoopy-Goldberg-Gospelchor nach vorne trat, dass das alles falsch sei, dass ich in mich gehen und umkehren sollte. In meinem Zimmer in der Ruhe der Wälder oben auf dem heiligen Hügel lag meine Lutherbibel aufgeschlagen und ich stellte mir auch die Frage aller Fragen: Was hülfe es dem Menschen, wenn er die ganze Welt gewönne, und nähme an seiner Seele Schaden? Zusätzlich stieß ich in Rummelsberg zufällig genau in dieser Phase auf die Geschichte der Versuchung Jesu – und nach fast einem dreiviertel Jahr Achterbahnfahrt war mir klar: Wenn ich meinen spirituellen Weg fortsetzen wollte, gehörte ich nicht in Sabrinas Welt und Sabrina umgekehrt nicht in meine. Das Doppelleben würde ich nicht länger durchhalten können. Ich musste mich entscheiden. Und ich entschied mich. Ich suchte das Gespräch mit Sabrina, und unvermittelt traf mich ihre Wut, was ich vorher nie erlebt hatte. Eine Sabrina verlässt man nicht. Es kam dann nach diesem Trennungsgespräch noch einmal zu einem filmreifen Showdown vor unserem Brüderhaus. Der Porsche bremste quietschend vor mir. Mutter am Steuer. Kein Blick. Sabrina schälte sich aus dem Porsche und schmiss mir meine restlichen Hinterlassenschaften vor die Füße, auch meine Geschenke. Stieg mit raschelndem Designerkleidchen wieder ein. Die Mutter gab Gas. Die Reifen wirbelten Staub auf, und in einer Wolke aus Abgasen verschwand sie aus meinem Leben. Für immer. »Rainer – was war das denn?«, fragten meine Mitbrüder. »Das war meine Ex.« Dann drehte ich mich um und nahm mein Leben an der Stelle wieder auf, wo ich es fast verloren hätte, und ging hinauf ins Brüderhaus und pfiff leise Johnny Cash »When he reached down his Hands from me«.

Ich saß an diesem Tag lange in unserer Philippuskirche, schaute auf die sieben Männer, rief mir die inneren Bilder von den sieben Werken der Barmherzigkeit auf. Ich sehnte mich aus der Unruhe zurück in die Ruhe. Ich musste wieder in die Spur kommen und merkte jetzt erst im Trennungsschmerz von Sabrina, dass mein Film in den vergangenen Wochen erheblich schneller gelaufen war – viel schneller als ich all dem Erlebten hätte nachreisen können. Ich war traurig, aber auch wie erlöst. Und dankbar, als Günter Tischer mir vorschlug, mit auf einen Meditationskurs in die Berge nach Österreich zu fahren. Ich habe selig sofort zugesagt, zusammen mit vier weiteren Kumpels, seinem Nürnberger Fanclub sozusagen. Ich dachte, Meditation, ein bisschen »Ommm«, innerlich zur Ruhe kommen, das wäre jetzt genau das Richtige und Wichtige für mich. Ich freute mich auf diese Woche Berghütte und Waldrauschen statt Porsche-Tinnitus und Dauerstress. Ich hatte Lust auf Holzfeuer-Essen, das Geläut von Kuhglocken, unkomplizierte Leute und spannende Gespräche. Und ich spürte die Vorfreude, wieder mit Günter unterwegs zu sein, der mittlerweile in Coburg in einer Kirchengemeinde war.

Die Fahrt begann. Im VW-Bus, ohne dass ich den Porsche auch nur eine Sekunde vermisst hätte. Es ließ sich alles ganz wie erhofft an. Ich hatte die Lackschuhe zurück in den Schrank gestellt und meine Cowboyboots rausgeholt, dazu Jeans und nach Art der kanadischen Holzfäller mein altes geliebtes Karohemd aus wärmendem Flanell. Die geführten Mediationen in der klaren Bergluft taten mir ungeheuer gut. Ich war im Flow. Zurück in meinem Gleichgewicht. Da war dann ein Mädchen, mit dem ich mich gut unterhalten habe, obwohl sie mir nach Sabrina eher wie eine graue Maus erschien. Eher der Strebertyp, sie ging aufs Abitur zu. Ich unterhielt mich mit ihr einfach gut, ganz ohne Hintergedanken, denn was ich dort oben in keinem Fall suchte, war eine neue Beziehung. Es waren zunächst diese üblichen »Woher kommst Du? Warum bist Du hier? Was erwartest Du von dieser Freizeit«-Smalltalks, die sich dann schnell vertieften. Ich stellte verwundert fest, dass ich mich schon lange nicht mehr so intensiv und gut unterhalten hatte. Plötzlich waren meine verschütteten Fähigkeiten als Philosoph und zur Selbstreflexion gefordert, was mir guttat. In diese Zeit auf der Berghütte fiel mein 19. Geburtstag. Wir feierten und dann sagte meine Gesprächspartnerin, dass sie ein paar Wochen später auch Geburtstag hätte.

Eine glückliche Woche in den Bergen ging zu Ende. Freundschaft. Nähe. Gemeinschaft. Zum Abschied Wehmut bei allen, dass die Lebenswege sich nun wieder trennen würden. Wenige Tage später aber hatte ich die Einladung zu dem 18. Geburtstag meiner Bekanntschaft im Briefkasten, nach Coburg. Drei Wochen später fuhr ich mit durchgedrücktem Gaspedal zu ihrer Geburtstagsparty. Panda statt Porsche. Bei ihren Eltern bin ich eiskalt aufgelaufen, die wohl überlegten, was denn dieser christlich angehauchte und trotzdem wild aussehende Typ aus Nürnberg da solle. Die Eltern hatten denselben Hintergrund wie meine – und denselben Anspruch, dass ihr Kind mal was Besseres werden sollte. Dafür hatte ich offenbar das falsche Berufsziel, war mit Jeans, kanadischem Holzfällerhemd und Cowboystiefeln falsch angezogen und fuhr vermutlich auch das falsche Auto. Ihr Elternhaus war emotional unterkühlt und strikt leistungsorientiert, das bekam ich schnell mit, und der ganze Ehrgeiz der Eltern fokussierte sich auf ihre Tochter und den großen Bruder. Die Latte hing wieder hoch. Irgendwie, schien es mir, passte ich nicht in dieses Programm.

Übernachten zu Hause bei ihr kam überhaupt nicht in Frage. Und so bat ich Günter Tischer um Unterkunft, was natürlich gewährt wurde. Auf der Party passierte nichts und auch nicht bei den späteren Besuchen. 140 Kilometer hin. Und 140 Kilometer zurück. Jedes Treffen argwöhnisch beäugt von den Eltern. Doch wahre Liebe ist wie Wasser und lässt sich nicht aufhalten. Und dann war es soweit. Der erste Kuss. Heimlich. Auf dem Dachboden des Zivihauses, wo mein Kumpel Uli wohnte, bevor auch er nach Rummelsberg ging. Auf einer alten Couch. Inmitten eines Kosmos aus Staubflocken, die im Sonnenlicht strahlten, das golden durch die eine Dachritze strömte. Zwei Jahre später, da waren wir schon ein Paar, zog sie endlich in meine Nähe, um zu studieren, was die Fahrtzeit ungemein verkürzte. Meine erste Frau war fast während der gesamten Ausbildung an meiner Seite; wir haben sehr viel unternommen, genossen die Gemeinschaft im Brüderhaus mit meinen Brüdern und ihren Freundinnen, sind auf Reisen gegangen, so lange ich noch in der Ausbildung und sie im Studium war. Wir waren frei. Wir hatten Zeit. Für uns. Am 1. September 1996 begann ich meinen Dienst in Nürnberg-Langwasser und wir zogen nun zusammen. Nach vier Jahren Beziehung.

»Lasst uns aber wahrhaftig sein in der Liebe«

Erst ganz am Ende deiner sechs Jahre währenden Ausbildung und dem Abschluss des zweiten Diakonen-Examens steht die Einsegnung, die eigentliche Berufung: die spirituelle Aufnahme in die Brüderschaft. Zur Vorbereitung hast du das einjährige Oberseminar absolviert, in das die ganzen Erfahrungen aus den Berufspraktika mit den spirituellen und christlichen Erfordernissen für ein Leben in der diakonischen Brüderschaft zusammenfließen, abgeglichen und noch einmal verdichtet werden. Der Feinschliff sozusagen. Mit dem ersten diakonischen Examen und dem erfolgreich absolvierten Berufsanerkennungsjahr hast du den staatlichen Abschluss bereits in der Tasche, brennst darauf, loszulegen – und musst dich jetzt noch mal motivieren, für ein ganzes Jahr die »Schulbank« zu drücken, um in Theologie und Diakonik die Kenntnisse des Lebens Jesu, seiner Jünger und der Bibel zu vertiefen. In dieser Zeit geht es intensiv noch einmal darum, das Bewusstsein spirituell zu schärfen. Das Oberseminar dient der Festigung deines Glaubens. Wie sinnvoll das ist, wird sich manchem erst in den späteren Berufsjahren erschließen, wenn die Belastungen zunehmen, nicht nur in der Seelsorge. Oberseminar und die Einsegnungswoche unmittelbar davor – das ist die letzte große, die innere Prüfung. Hier entscheidet sich endgültig, ob du geeignet bist, als Diakon in die Glaubens, Lebens- und Sendungsgemeinschaft der Rummelberger Brüderschaft aufgenommen zu werden – ein Leben lang.

Im Oberseminar gibst du deine schriftliche Stellungnahme zu Schrift und Bekenntnis ab. Du sollst dich selbst noch einmal versichern, ob du dich geistlich in dem weiten aufgeklärt-modernen Rahmen bewegst, den die evangelische Landeskirche in Bayern mitträgt und akzeptiert – oder ob du etwa absurde Dinge behauptest, wie: »Gleichgeschlechtlich Liebende kann man heilen oder therapieren« oder »Exorzismus ist eigentlich doch keine schlechte Sache«. Zu diesen Stellungnahmen kommen Einsegnungsgespräche mit einem Bruder aus dem Brüderschaftsrat und weitere Einsegnungsgespräche mit dem Rektor, anderen Mitbrüdern, den Diakonen aus den Praktika, den Fach-Dozenten, der Brüderschaftsleitung und allen, die uns Anwärter durch sechs Jahre Ausbildung begleitet haben. Es sind Gespräche, keine Verhöre. Dem Kandidaten selbst soll Raum gegeben werden, vor der Einsegnung noch einmal sein Gewissen auf Herz und Nieren zu prüfen, ob er sich wirklich berufen fühlt und ob er bereit ist zur Aufnahme in die Brüderschaft auf Lebenszeit. Überraschungen gibt es dabei ganz selten. Unsere Dozenten haben uns über Jahre begleitet, kennen uns sehr gut, sie wissen um unsere Schwächen und unsere Stärken. Ihre Beurteilung zum Ende des Oberseminars, die am Ende unsere gesamte Persönlichkeit in den Blick nimmt, ist dennoch entscheidend bei der Einschätzung unserer Eignung, endgültig berufen zu werden. Die Einsegnung ist kein Drive-In, wo man sich schnell mal den Segen abholt – es ist einer der wichtigsten Tage im Leben eines Diakons. Es ist eine Lebensentscheidung. Ich hatte meine Ausbildung mit einer Examensnote abgeschlossen, wo wiederum eine 2 vor dem Komma stand. Für mich bestens. Wenn ich es mit »Gut« gemacht habe, dachte ich, mich an meine Schulzeit erinnernd, dann reichte es mir und es reichte offenbar auch meinem Herrn.

Dem eigentlichen Aufnahmegottesdienst an einem Sonntag geht zu seiner Vorbereitung eine sehr intensive Einsegnungswoche in Rummelsberg voraus. Der gesamte Ausbildungsjahrgang geht in Klausur. In dieser Woche siehst du niemanden aus deiner Familie – nur die Brüderschaftsleitung und die Mitbrüder deines Jahrgangs. Alle konzentrieren sich voll auf das Ereignis der Einsegnung. Du sollst nicht wieder aus der innerlichen Sammlung fallen durch den Alltag. Die Klausur schützt dich vor Ablenkungen, Belastendem, entschleunigt alle Gedanken und verankert noch einmal mit großer Tiefe die Ideale und Ziele eines diakonischen Lebens. Es wird viel gesprochen, man fragt dich, wie es dir geht, ob du Druck verspürst, welche Sorgen du hast. Es wird aus der Bibel gelesen, vor allem Geschichten passend zu dem Diakonischen Gedanken – und es wird gebetet. Viel. Laut. Hingebungsvoll.

In der meditativen Stille zogen damals die ganzen sechs Jahre noch einmal an mir vorüber, eine lange Strecke, während der sich drei Mitbrüder zum Abbruch der Ausbildung entschieden hatten. Am Ende der Klausur war viel Spannung da – aber noch mehr das Gefühl von Gemeinschaft, die Konzentration und die spirituelle Gefasstheit. Wir waren bereit. Alle getragen von diesem Gefühl, dass sechs Jahre Anstrengung und Leistung einem würdigen Abschluss zustrebten – und sich mit dieser Einsegnung ein Neubeginn vor uns auftat. Dass wir es bis hierhin geschafft hatten, erfüllte uns alle mit Stolz und Ehrfurcht vor den kommenden Aufgaben. Du bist im Wesentlichen angekommen.

Ich hatte mir trotz der intensiven Vorbereitung keine Vorstellung davon gemacht, wie mächtig dieses geistliche Ritual auf mich wirken würde. Noch heute sehe ich alles vor mir, als geschähe es jetzt: In die Philiuppuskirche in Rummelsberg passen 500 Menschen. Die Kirche ist übervoll, die Menschen stehen bis draußen. Bei jedem von uns ist fast die ganze Familie erschienen, dazu Freunde, Vertreter der Kirchengemeinden, die Brüderschaft, die laufenden Jahrgänge, unsere Alten – es herrscht eine freudige und doch respektvolle Feierstimmung.

Während unsere Familien in einer der ersten Reihen platziert auf uns warten, sammelt sich der Zug vor dem Brüderhaus. Dann ziehen wir, das Kreuz vorangetragen, mit unseren Mitbrüdern, dem Rektor, dem Oberkirchenrat und der Brüderschaftsleitung an der Spitze, den Weg hoch zur Philippuskirche. Oben angekommen schreiten wir durch das Portal in die Kirche und durch den Mittelgang zum Altar. Die Festgemeinde steht auf, die Musik setzt ein. Du nimmst die vielen Menschen nicht richtig wahr, hast schon beim Eintritt den Blick auf Jesus, Maria und Johannes und die sieben Werke der Barmherzigkeit über dem Altar gerichtet. Da stehen sie wieder, im warmen Licht der Kerzen, in ihrem festlichen Gewand, jene sieben Brüder, die mich in all den sechs Jahren bei jedem Gottesdienst begrüßt und auch ermahnt hatten, meine Berufung auf mich zu nehmen. Fast, so scheint es mir, lächeln sie mir zu und heißen mich willkommen, nehmen mich auf in ihren Kreis. Wie durch einen dunklen Tunnel schreite ich, den Blick fest auf sie gerichtet ins Helle, auf sie zu. Diese Kirche, diese ganzen Jahre, meine Geschichte, diese Gemeinschaft, unsere Brüderschaft, unsere Geschichte und Tradition – alles kulminiert in diesem Moment und trägt mich auf der perfekten Welle mit sich fort. Die Welle wird zur Wolke, ich lasse mich nach vorne tragen, gehe darin auf, in dem Gesang der Gemeinde, in Dankbarkeit und Ehrfurcht vor diesem Moment. Dann wird mein Name gerufen – und ich trete nach vorne. Meine Assistenten, der Rektor und der Brüdersenior legen mir die Hand auf die Schulter. Ich lege mein Versprechen ab und eine Hand legt sich segnend auf mein Haupt. Gänsehaut. Ich weiß mich berufen, gesegnet, und getragen. Mein Einsegnungsspruch stammt aus dem Brief an die Epheser: »Lasst uns aber wahrhaftig sein in der Liebe und wachsen in allen Stücken zu dem hin, der das Haupt ist, Christus.« (Epheser 4,15)

Wir werfen uns bei der Einsegnung übrigens nicht vor den Altar, wie oft noch bei der Priesterweihe in der katholischen Kirche, sondern wir treten aufrechtstehend unserem Herrn gegenüber. Diese Symbolik hat ja auch eine Aussagekraft. Bei uns in der evangelischen Kirche bekommen wir das Amt lebenslang übertragen. Es ist eines von vier definierten Ämtern: Hirte – Lehrer – Ältester – Diakon. Im Unterschied zu katholischen Brüdern stehen wir evangelische Diakone keine Weihestufe »unter« dem Priester. Nach Abschluss des Rituals und den feierlichen Gesängen geht die ganze Festgemeinde rüber ins Brüderhaus. Die Speise- und Andachtssäle sind geöffnet. Die Brüder aus den jüngeren Jahrgängen übernehmen die Bewirtung, alle in schwarz und weiß. Es sind große, lange, festlich eingedeckte Tafeln, an denen alle sitzen. Unsere Schwester-Diakoninnen, die ihre Einsegnung in einer eigenen Zeremonie getrennt von den Männern haben, halten sehr launige Ansprachen über ihre Erfahrungen mit den Brüder-Diakonen, bei denen jeder noch mal in seinen Eigenheiten und in Anekdoten aufs Korn genommen wird. Was für ein Fest. Wenn ich mir meine Einsegnung vor Augen rufe, bekomme ich auch heute noch dieselbe Gänsehaut und drängen sich vor Rührung Tränen in meine Augen. Dieses Gefühl, das du bei der Einsegnung erlebt hast, trägst du durch dein ganzes Leben und trägt dich durch dein ganzes Leben. Und es wird immer wieder erneuert durch das Zusammentreffen mit all den Mitbrüdern auf den jährliche stattfindenden Brüdertagen. Oder wenn dich jüngere Brüder zu ihrer Einsegnung einladen – dann erinnerst du dich, wie du 20 Jahre zuvor dort vorne gestanden hast. Generation für Generation reicht dieses Licht an die folgenden weiter. Das ist der Sinn der feierlichen Einsegnung – dass du dich immer an sie erinnerst, deine Sendungs-, Glaubens- und Lebensgemeinschaft und damit auch an dein Versprechen, deine Aufgaben und dein Ziel.

Füllwörter braucht kein Mensch

Meine erste Stelle, zu der mich die Brüderschaft entsendete, war die Leitung der Jugendarbeit in der Paul-Gerhardt-Kirche in Nürnberg Langwasser. Mein Traum. Ich wollte nach Nürnberg. Ich wollte mit Kindern und Jugendlichen arbeiten. Der Traum gestaltete sich dann etwas anders als erträumt.

Die Gemeinde, direkt gegenüber vom Franken-Center, war eine von vier evangelischen Kirchengemeinden in diesem auf dem Reißbrett entstandenen Stadtteil, als sozialer Brennpunkt bayernweit berühmt-berüchtigt. Sie war wie ein Sinnbild unserer Gesellschaft zweigeteilt in Arm und Reich. In dem einen Teil, zu neunzig Prozent mit Hochhäusern bebaut, lebten die sogenannten »sozial Schwachen«; hinter einem Grünstreifen, wie eine Demarkationslinie, lebten in schmucken Reihenhäusern und Bungalows die »Wohlhabenden«. Für die Jugendlichen hinter dem Grünstreifen gab es einen eigenen kleinen Jugendtreff im Kirchturm, den sogenannten »Boiler«. Dort hatten sie es sich gemütlich eingerichtet und waren unter ihresgleichen. Wohlsituiert und auch wohlerzogen. Sie freuten sich, wenn ich vorbeischaute, kamen allerdings ganz gut allein zurecht.

Wenn ich allerdings die Tür des Jugendkellers in der Welt auf der anderen Seite des Grünstreifens aufschloss und nur fünfzig Jugendliche da waren, saßen vor mir siebzig Jahre Jugendarrest und Strafvollzug. Die meisten waren vorbestraft. Einige galten als Intensivtäter: Drogen. Einbrüche. Gewalt. Ladendiebstahl. Ganz viel prekäre Lebenssituationen: Kaputte Elternhäuser. Ganz viel Suchtproblematik. Alkoholismus. Arbeitslosigkeit. Ich war damals, als ich den Job anfing, noch überhaupt nicht tätowiert. Mein Altersabstand zu den 18- bis 19-Jährigen war sehr gering. Egal, mit Alter, Weisheit und Reife und guten Argumenten war ohnehin kaum Respekt zu holen. Ich hatte in diesem Jugendzentrum permanent mit gewalttätigen Konflikten zu tun. In jeder Ecke flammte aus kleinstem Anlass Aggression auf. Die Jugendlichen kamen aus allen Weltgegenden und brachten mit ihrer Geschichte auch vielschichtig erlebte Gewalterfahrung mit, die sie mit einbrachten. Wir hatten Sintis und Romas, die mir »echte Rolex« andrehen wollten und plötzlich verschwanden, um auf dem Parkplatz hinter dem Jugendheim von irgendeinem TÜV-freien LKW aus Bulgarien irgendwelche Waren in viertürige Mercedes-Limousinen umzuladen. Andere gingen im Media-Markt im Franken-Center auf Bestellung »einklaufen«, um dann die Ware zum halben Mediamarktpreis weiterzuverkaufen. Der Supermarkt neben dem Jugendtreff war einer der Nürnberger Supermärkte mit der größten Diebstahlsrate. In den ausgebeulten Taschen ihrer Bomberjacken trugen die Jugendlichen ihre Beute – meist hochprozentigen Alkohol und Zigaretten – davon. Sie hatten ein leichtes Spiel. Denn die Verkäuferinnen waren angesichts dieser Anarchie und Gesetzlosigkeit einfach müde und schauten weg, weil es erfahrungsgemäß außer Ärger nichts brachte, Anzeige zu erstatten.

Das evangelische Gemeindehaus stand mitten im Auge des Taifuns. Bald wurde mir klar, dass ich hier Unterstützung brauchte. Das waren der Stani, damals noch aus Jugoslawien. Der Mirko aus Nürnberg und noch zwei, drei Jungs. Der Stani hatte ungefähr meine heutige Statur – war aber noch zwei Köpfe größer. Wenn der im Türrahmen stand, verdunkelte sich der Raum. Im babylonischen Sprachgewirr des Jugendkellers trafen sie den richtigen Ton und waren entsprechend robust, wenn es mit der Verständigung mal nicht gleich klappte. Übersetzt wurde dann mit körperlichem Einsatz. Die Jungs waren mein Schutz und meine Lebensversicherung. Die sprangen los, wenn sich die Jugendlichen am Billardtisch mit den Queues die Schädel einzuschlagen versuchten, und begleiteten die Kontrahenten getrennt voneinander nach draußen. Das klappte. Ich wurde nicht verstanden, wenn ich mit meinem Pädagogen- und Samariterdeutsch anfing. Mit Gleichnissen von Jesus drang ich nicht zu ihnen durch. Ich hatte bis dahin in meinem Leben keinerlei eigene Gewalterfahrung gemacht, war an keiner Schulkloppperei beteiligt gewesen und nie Opfer gewaltsamer Übergriffe geworden und hatte selbst als Fußballfan beim FCN immer ein Gespür dafür gehabt, wann es brenzlig wurde. Auge um Auge, Zahn und Zahn wie bei diesen Jugendlichen war nie mein Konzept. Und ihnen davon zu erzählen, dass das »Auge um Auge«-Prinzip bei Körperverletzungsdelikten die im Alten Orient verbreitete Blutrache durch eine Verhältnismäßigkeit von Vergehen und Strafe ablösen sollte, das wäre wohl so sinnvoll gewesen, wie Wasser in die Pegnitz zu schütten. Gewalt hat mich immer abgestoßen. Hier in Langwasser aber stand ich täglich mittendrin, in einem Stahlbad aus Testosteron, Dummheit, Imponiergehabe und Gewalt. Anfangs war ich bei solchen Gewaltausbrüchen völlig überfordert und später froh, dass meine Jungs das akzeptierten und für meinen Schutz sorgten. Nur dank ihnen habe ich in den sechs Jahren, in denen ich in Langwasser gearbeitet habe, keine größeren körperlichen Schäden davongetragen – bis auf eine gebrochene Nase. Die hatte mir der Boozn, so sein Spitzname, verpasst. Ein ganz hageres Kerlchen, drahtig und schnell, immer die Nase voll von weißem Puder und anderem Zeug. Er war so zugedröhnt, dass er wohl nicht wusste, wer vor ihm stand. Hatte mir einen »Kopf« gegeben, ansatzlos und ohne Vorwarnung, einen Kopfstoß gegen meine Nase, dass ich nur noch Blut sah und das Knirschen hörte. Weil ich ihm gesagt hatte, der Jugendkeller schließe, er müsse nach Hause gehen. Diese und ähnliche Erfahrungen haben uns nicht traumatisiert, aber wir wurden vorsichtiger, überlegten, wann wir uniformierte Hilfe rufen mussten. Die Anrufe bei der Polizei wurden immer gerne entgegengenommen – aber sehr zeitverzögert bearbeitet. Denn der Einsatzleitung war klar, dass ein Streifenwagen mit zwei Kollegen in diesen Fällen nicht ausreiche – sondern ein ganzer Bus voller durchtrainierter Beamter notwendig sein würde. Die jungen, erfahrenen Schläger hatten damals Mitte der Neunzigerjahre schon keinerlei Respekt vor der Polizei.

Mit der Zeit lernte ich, mich auf entsprechende Kernansagen zu konzentrieren. Füllwörter braucht kein Mensch – die Botschaft muss kurz und knapp sein für das Kurzzeitgedächtnis und folgende Elemente enthalten: »Ich Chef hier! Du Klappe halten.« Statt: »Du, ich habe da ein Problem mit Deinem aggressiven Verhalten, das uns wirklich emotional aufwühlt, und so würde ich mich zutiefst freuen, wenn Du mir kurz Deine geneigte Aufmerksamkeit schenken könntest.« Bald schätzten sie meine Rolle als neutrale Zone der Gewaltfreiheit. Ich hatte ständig Peace-Talks in meinem Büro. Die Probleme konntest du nicht lösen. Du konntest aber da sein. Zuhören. Beispielhaft zeigen, dass es auch anders, auch gewaltfrei gehen kann; aber an der Grundproblematik dieser Verlierer-Biographien ändern würdest du nichts, das war mir bald klar geworden. Ich stieß an meine Grenzen. Alles, was ich im Bereich der Seelsorge und Pädagogik an Techniken gelernt hatte, schien hier wirkungslos zu sein.

Auf den Sommerfreizeiten mischten sich dann die Jugendlichen meiner Gemeinde und kamen über den Grünstreifen hinweg in Kontakt. Das war ein Segen. Und für die Freizeiten hatte ich ein Dream-Team von drei Ehrenamtlichen. Jürgen, Nicole und Wuffy, den Wolfgang. Wolfgang wollte eigentlich schon mit der Jugendarbeit aufhören. Fühlte sich mit Anfang zwanzig schon zu alt für die ehrenamtliche Jugendarbeit. Dann aber schrieb ich im Gemeindebrief meine Vorstellung und zitierte den wunderbaren Humoristen der Nachkriegszeit und des Wirtschaftswunders, Heinz Erhardt.

Diesen Diakon mit einer Vorliebe für Heinz Erhardt wollte Wolfgang kennenlernen. Und was soll ich sagen, es war »Liebe auf den ersten Blick«. Er war Versicherungskaufmann, aber nicht wirklich glücklich, probierte es noch kurz mit einem Studium, um Berufsschullehrer für Versicherungsazubis zu werden, schmiss aber hin, hörte auf seine Berufung und ging nach Rummelsberg in die Ausbildung. Heute ist er Diakon und Mitbruder, der Patenonkel meiner Tochter Linda und ein sehr guter Freund.

Mit ihm, dem Team und den Jugendlichen also ging es eine Woche zum Paddeln im Kanu auf der Seenplatte im schwedischen Småland, um die eruptiven Kräfte der Jugendlichen abzuschöpfen. Raus aus der Komfortzone. Wer zu faul war, sein Zelt aufzubauen, wurde von Mücken zerstochen und fror. Donnerbalken im Birkenwäldchen. Sehr einfache Mahlzeiten, viel Nudeln mit Tomatensoße, die uns allen dank großen Hungers nach einem Tag im Kanu wie Delikatessen erschienen. Gekocht wurde auf offenem Feuer oder mit kleinen Gaskochern – das Wasser wurde aus den sauberen Seen geschöpft, jeder war mal mit dem Kochen dran. Ich bin mir sicher, dass die meisten dieser Jugendlichen vorher niemals in so intensiven Kontakt mit der Natur gekommen sind. Diese Reise durch überwältigende Naturlandschaften bewirkte die Reduktion auf das Wesentliche. Die Jugendlichen wurden von Woche zu Woche offener, ruhiger und kamen zu sich. Ich erlebte plötzlich ganz andere Menschen, das ganze laute und aggressive Gehabe, wie ich es im Jugendkeller ständig erlebte, war wie weggeblasen. Meine folgenden Freizeiten habe ich weiter an einsame Plätze mitten in der Natur verlegt. Canyoning, Moutainbiken, Klettern und Wandern – vor allem im französischen Grand Canjon du Verdon. Andere Orte, aber immer die gleiche Wirkung.

Ich überlege bis heute, warum es nur so schwer möglich ist, diese schönen Gemeinschaftserlebnisse nach der Rückkehr im Alltag lebendig zu halten und in diesen Menschen etwas so elementar zu bewegen, dass in ihnen nicht nur der Wunsch aufkommt, anders zu leben – sondern sie es auch tun. Kinder sind von Geburt an niemals böse, kriminell oder gewalttätig. Kein Mensch ist das. Sie sind Produkt ihrer schlechten Umgebung, schlechter Einflüsse, überforderter Eltern. Manche allerdings stemmen sich diesen Einflüssen entgegen: Warum schaffen es die einen – die anderen nicht? Was macht diesen Willen aus, anders zu werden als die Eltern und sich zu befreien? Die Fragen beschäftigen mich bis heute.

An mir zerrte auch die Ohnmacht, dass ich oft gezwungen war, zuzuschauen, wie viele nach den Reisen wieder abgleiten, saufen, Drogen nehmen, pöbeln und schlägern. In den Jahren als Jugenddiakon konnte ich mit ansehen, wie steil das Gefälle Richtung Armut wurde, immer steiler. Als ich in Nürnberg Langwasser begann, hatten die meisten der Jugendlichen noch eine abgeschlossene Berufsausbildung. In den Familien gab es oft ein Ethos: niemandem zur Last fallen zu wollen. Eben nicht zur Sozialfürsorge zu müssen und abhängig zu werden. Heute ist das oft anders. Die meisten Jugendlichen aus Problemfamilien haben wie ihre Eltern keinen Schulabschluss mehr, keine abgeschlossene Berufsausbildung, und nur die wenigstens haben die Chance, den Absprung aus dieser Elendsspirale zu finden. Und bei diesem Wandel konnte, musste ich zusehen.

Wenn ich damals nach Feierabend von dort unten in meine Dienstwohnung nach oben kam, reagierte meine damalige Freundin und spätere Frau prompt auf meine kurzen Durchsagen: »Du hast Feierabend – mit mir kannst Du jetzt wieder normal reden!« Aber Feierabend hatte ich nie wirklich. Es war ein 24/7-Job. Immer wieder wurde der Schlaf durch Schlägereien mitten in der Nacht unterbrochen. Wir lauschten, ob sich alles wieder von selbst beruhigen würde oder ob man besser eben doch die »Jungs in Grün« zur Hilfe rufen musste, um Ordnung zu schaffen. Irgendwann konnte ich nach Art der Geräusche splitternden Glases und der archaischen Schreie, bei denen man nicht wusste, ob es Schmerz oder Mordlust war, abschätzen, ob es noch reichte, dass ich selbst runterging – oder eben besser nicht.

Ich sah in diesen Jugendlichen auch immer mein eigenes Schicksal. Meine Zeit der Unbestimmtheit, als ich nicht wusste, wohin mit mir, welchen Beruf und welche Zukunft ich anstreben sollte. Was hätte mir passieren können, wenn ich nicht im richtigen Moment immer die richtigen Menschen an meiner Seite gehabt hätte? Ich habe das große Glück, dass ich Eltern habe, die mich nie aufgeben würden und für meine weitere Entwicklung immer sehr wichtige Begleiter blieben, weil sie mir an den entscheidenden Weichenstellungen meines Lebens beistanden. Und nun ist es also meine Aufgabe als Diakon, Menschen beizustehen, die es schwerer haben als andere, sie durch Höhen und Tiefen zu begleiten – damit sie eines Tages vielleicht doch einen anderen Weg einschlagen. Mit unserer kirchlichen Arbeit zünden wir ein Licht an, wo es dunkel ist, und lassen es brennen für die Verirrten. Wir geben sie nicht auf und lassen sie nicht im Stich. Die wichtigste Eigenschaft eines Diakons ist, echt zu sein den Menschen gegenüber, unverstellt offen zu bleiben, ehrlich und mitfühlend – egal, was da auf einen zuströmt, auch an Negativität.

Einige der Jugendlichen musste ich im Knast besuchen. Später, während meiner Arbeit als Jugenddiakon in Fürstenfeldbruck, war ich für zwei Perioden Jugendschöffe am dortigen Amtsgericht. Viele hatten Tätowierungen. Gern genommen war, egal ob gläubig oder nicht, der Schriftzug »Only God can judge me«. Was soll ich sagen: Da standen sie, oft kleinlaut, und warteten auf ihre Verurteilung vor dem weltlichen Gericht. Und ich wusste oft schon vorher, was sie erwartete, kannte ihre »Karrieren«, ihre zu erwartenden Strafen. Warum ich in den Knast zu diesen Jungs ging? Weil auch das gelebte Diakonie ist, eines der Werke der Barmherzigkeit.

In meiner Zeit in München lebte ich direkt neben der berühmt-berüchtigten Justizvollzugsanstalt München Stadelheim. Jeden Tag sah ich die Mauern, die Wachtürme und bei Schichtwechsel die Gefängnisbeamten wie in eine Fabrik zu ihrer Arbeit eilen. Früh morgens schon, wenn ich meine Tochter zum Kindergarten brachte, musste ich ihre Fragen beantworten: »Papa, was sind das für Frauen und Männer und was machen die da in diesem Haus?« Die Mauern lösten auch bei mir Beklemmungen aus und erinnerten mich stets daran, wie viele Menschen hier eingesperrt waren – und da schließe ich die Wärter mit ein. Stadelheim erinnerte mich jeden Morgen an Recht und Unrecht. An das Verbrechen und die Sünde und das irdische Strafgericht. Und es erinnerte mich auch daran, dass hinter den hunderten vergitterten Fenstern, die man von außen sieht, Menschen sitzen. Und ich fragte mich: Warum ist es ein Werk der Barmherzigkeit, Gefangene zu besuchen – verdienen diese Leute nicht das, was sie bekommen haben?

Im Rahmen meiner Seelsorge-Fortbildung habe ich in Stadelheim hospitiert. Umso schockierender, wenn du plötzlich auf einen Gefangenen triffst, den du von der Straße und in Freiheit kennst. Etwa ein Drittel der Insassen in Stadelheim sind hochintelligent und haben sogar Uniabschluss. Wer im Gefängnis arbeitet, vor allem als Seelsorger, sollte sich stets klarmachen, dass man sein Gegenüber in der Knastmontur besser nicht unterschätzt. Egal wegen welchem Delikt du einsitzt, du sitzt in deiner Zelle. Während der U-Haft für 23 Stunden hinter Schloss und Riegel! Und für fast alle ist ein bisschen Kultur, wie der Chor oder aber auch das seelsorgerische Gespräch etwas, was ihnen kleine Fluchten aus ihrer Zelle ermöglicht und ihnen für eine gewisse Zeit die Illusion der Normalität gibt.

Ich erinnere mich noch an 2016 und den Gottesdienst zum Dienstantritt meines Bruderdiakons, den wir in der Kirche von Stadelheim feierten. Der Gefangenenchor, lauter kraftvolle Männerstimmen, rau und leidenschaftlich, Nabucco-mäßig nach Freiheit sehnend auch Kirchenlieder intonierend. Ergreifend.

Ich erinnere mich gut an den Moment, als der »Kirchenchor« in Stadelheim mit gut dreißig Mann »We shall overcome« anstimmte und mit wieviel Kraft sie die Strophe darüber sangen, dass sie eines Tages frei sein und ihr Leid überwinden würden und welches Raunen durch die Reihen der Mitgefangenen und auch der Besucher des Gottesdienstes ging, die natürlich alle sehnlichst auf diesen Tag warten. Zwei der Chormitglieder hatten sich im Vorfeld mit dem Psalm 23, der Herr ist mein Hirte, auseinandergesetzt und ihre Gedanken dazu preisgegeben:

Der HERR ist mein Hirte,
mir wird nichts mangeln.
Er weidet mich auf einer grünen Aue
und führt mich zum frischen Wasser.
Er erquicket meine Seele.
Er führt mich auf rechter Straße
um seines Namens willen.
Und ob ich schon wanderte im finsteren Tal,
fürchte ich kein Unglück;
denn du bist bei mir,
dein Stecken und Stab trösten mich.
Du bereitest vor mir einen Tisch
im Angesicht meiner Feinde.
Du salbest mein Haupt mit Öl
und schenkest mir voll ein.
Gutes und Barmherzigkeit

werden mir folgen mein Leben lang,
und ich werde bleiben
im Hause des HERRN immerdar.

Diesen wohlbekannten Psalm habe ich vorher schon tausendmal gehört und gelesen – aber noch nie so tief empfunden wie diesmal aus dem Mund dieser zwei Gefangenen. In der Weise, wie sie es taten, kam ihre ganze Verzweiflung über ihre Lage, vermutlich auch die Reue über ihre Tat und ihr Wunsch nach Vergebung, Aufnahme und Rückführung auf den rechten Weg so derart intensiv zum Tragen, dass nicht nur mir die Augen feucht wurden. Das war eine andere Art der Verkündigung. Und ich dachte, ja, so klar kann man den Text nur verstehen und lesen, wenn man inhaftiert ist. Wir draußen denken bei Psalm 23 an Krankheiten. Trennung, Arbeitsplatzverlust, den Tod eines geliebten Angehörigen. Aber unser finsteres Tal draußen ist ein anderes finsteres Tal als für einen Menschen in Haft. Dass die Worte der heiligen Schrift in dieser Gefängniskirche aber diese Wirkung entfalten konnten war für mich perfekte Verkündigung des Wortes – sola scriptura. Wer Ohren hat zu hören, der höre! Und wer Augen hat zu sehen, der sehe.

»Ich glaube, wir sollten noch mal kurz spazieren gehen ...«

Meine Lehre aus all den erlebten Umbrüchen, so banal sie vielleicht auf andere Menschen wirken mögen – für mich waren es angreifende Krisen –, ist: Es gibt immer eine zweite Chance! Das Leben geht weiter! Wir Menschen brauchen vielleicht sogar diese Krisen, so befremdlich das klingt, um weiter zu wachsen.

Der Wert einer Krise entsteht dadurch, was wir daraus lernen und ob uns die Krise antreibt, neu zu beginnen. Es gibt nichts Neues ohne Sterben und Vergehen. Alles hat seine Zeit! Entscheidend ist, wie wir mit diesen Umbrüchen umgehen, was uns an Hilfe bereitsteht. Und für mich immer und immer wieder entscheidend ist da eine Gemeinschaft von Menschen, die dich in all deiner Einsamkeit auffängt. So endete auch die Trennung von meiner Frau, die die tiefe Krise verursacht hatte, versöhnlich. Ihr Anruf kam nach monatelanger Funkstille. Ich stand gerade in Bad Tölz, mitten im Zeltlager der von mir geleiteten Jugendfreizeit mit über 200 Leuten, als mein Handy klingelte. Sie war dran: »Mein Vater ist gestorben.« Mir war in diesem Moment völlig klar, ich muss meiner »Immer-Noch«-Frau (die Scheidung war eingereicht, aber noch nicht vollzogen) in dieser Situation beistehen, ich muss zu dieser Beerdigung, wusste ich doch, wie wichtig der Vater für meine Frau war und auch welch schwierige Geschichte sie mit ihm hatte. Ich muss da sein.

Und ich war da. Wir saßen nebeneinander bei der Trauerfeier. Wir standen nebeneinander am Grab. Wir haben nicht Händchen gehalten. Aber wir waren uns nahe. Unter den kritischen Blicken der Anwesenden und angesichts der Trauer konnten wir jedoch nicht miteinander sprechen. Das hatte es auch nicht gebraucht. Aber beim anschließenden Leichenschmaus sagte ich zu ihr: »Ich glaube, wir sollten noch mal kurz spazieren gehen ...!« Aus diesem Spaziergang wurde ein zweistündiges Gespräch, mit sehr viel Emotionen und sehr viel Tränen auf beiden Seiten. Es war eines der wichtigsten Gespräche in meinem Leben, das mich mit allem, was gewesen war, im Guten wie im Schlechten, noch einmal verbunden hat. Auf der Beerdigung ihres Vaters haben wir auch unsere gescheiterte Ehe zu Grabe getragen, würdevoll betrauert, einen Kranz gelegt und endlich einen versöhnenden Abschluss gefunden. Wir sind uns an diesem Tag noch einmal so nahe gewesen, dass nach all der Bitterkeit und den Verletzungen wenigstens unsere frühere seelische Verbundenheit noch einmal zu spüren war, die uns bis zum Ablöseprozess über fast die Hälfte unseres damaligen Lebens zusammengeschweißt hatte.

Es gab bei mir nie den Wunsch eines Revivals. Mir war klar, wir sind gescheitert, und diesen Faden nehmen wir beide nicht wieder auf und lassen es gut sein. Ich konnte endlich nach vorne schauen und warf auch keinen Blick mehr zurück. Ein paar Wochen später kam ein Brief von ihr, der mir zeigte, dass es ihr genauso ging wie mir. Dass wir uns nichts nachtragen oder uns bemitleiden würden. Dass wir beide in einen neuen Lebensabschnitt gehen werden. Dass wir den Wind der Veränderung auf die Flügel unserer Mühlen leiten. In dem Brief schreibt sie mir: »Du hast mir noch einmal gezeigt, dass Du ein Mensch bist, auf den man sich in allen Lebenssituationen blind verlassen kann. Das habe ich immer an Dir geschätzt, da ich das nicht als selbstverständlich ansehe und mir immer bewusst war, dass das etwas sehr Wertvolles und Seltenes ist.« Und dann schreibt sie: »Ich merke zum ersten Mal, dass Du Deine Gefühle gar nicht an Bedingungen knüpfst.« Genau. Das war es. Wie mich das erwischt hat. Für mich war ihre Botschaft ganz entscheidend, weil sie mir eine meiner größten Lasten von den Schultern nahm, nämlich die Vorstellung, fünfzehn Jahre meines Lebens sinnlos verschwendet zu haben.

Bedingungslos lieben, keine Forderungen stellen, sich ganz in den Dienst anderer Menschen stellen, die du liebst, in guten wie in schlechten Zeiten. Allen, die mühselig und beladen sind, auch wenn man es selbst ist. Diese Liebe war auch für sie – für uns beide wichtig gewesen. Es entstand das Gefühl in mir, dass weniger das Ziel am Ende des Weges entscheidet, ob Leben gelingt, weniger das, was andere Menschen über dich denken mögen, sondern jeder Tag, jede Stunde, jede Sekunde bis dorthin zählt. Es war also nicht vergeblich gewesen, dass ich all die Jahre geliebt hatte. Alle Zeit, die du mit einem Menschen teilst, den du liebst, und die Erfahrungen, die du mit ihm gemeinsam machst, werden dich als Menschen prägen.

Was mir noch geblieben ist, ist dieses Fotoalbum, mit dem Titel »Komm mit auf eine Reise durch die Zeit«, Fotos aus zwölf Jahren einer guten Beziehung, das heute wohlverwahrt im Keller legt. Schön, als es währte – doch nun ist's vorüber. Sie lebt heute in einer anderen Stadt und hat wie ich Familie und Kinder. Ab und zu schreiben wir uns noch zu unseren Geburtstagen. Botschaften aus einer fernen Zeit. Ich hoffe, dass sie ihr Glück gefunden hat. Und ich bin dankbar, dass ich mein Glück zurückgefunden habe.

»Gott, hilf mir beten ... ich kann es nicht allein«

Mitgefühl kann Brüche heilen. Gemeinschaft kann heilen. Freunde, die einem beistehen, können heilen. Aber auch die Macht des Wortes – Sola scriptura – kann heilen. Mit meinem Freund Donald, dem Steilwandfahrer aus dem Motodrom, verbindet mich eine Geschichte, bei der ich erlebt habe, was für ein wunderbarer empfindsamer und verletzlicher Mensch hinter seiner rauen Schale wirklich steckt.

Seltsamerweise spielt sie wieder in jener Weltgegend, in der er vor langer Zeit mit seiner ersten großen Liebe war, in Afrika. Auf seiner ersten Urlaubsreise nach langer Zeit in Südafrika wurden Donald und seine Freundin Augenzeugen eines schweren Verkehrsunfalls, bei dem sich ein Pick-Up überschlagen hatte, natürlich voll besetzt, auch auf der Ladefläche. Sie stiegen sofort aus, was nicht ganz ungefährlich ist, auf freier Strecke in Südafrika, wollten helfen und mussten miterleben, wie eines der Unfallopfer in ihren Armen verstarb. Sie blieben da und hielten Totenwache, bis die Rettungsmannschaften eintrafen.

Ich wusste davon nichts, als mitten in der Nacht mein Telefon klingelte. Ich nahm schlaftrunken ab. Ich hörte zu. Schweigen und Zuhören ist immer gut, wenn jemand unter Schock steht. Weil mit dem Schildern beginnt man, den Auslöser seines Schocks in Worte zu fassen. Aber was tust du, wenn du deinen Freund nicht in den Arm nehmen und ihn trösten kannst? Wenn dein Freund knapp 14.000 Kilometer am Südende von Afrika steht? Er bat mich, ihm und seiner Freundin ein Gebet zu schicken. Ein Gebet, das sie für die verstorbene Mutter sprechen könnten und auch für sich. Beten hilft dir und anderen – weit weniger spektakulär, als manche erwarten, und doch nicht weniger wirksam.

Das hatte ich noch nie gemacht. Aber ich glaube fest an die stärkende Kraft des Gebetes. Wenn ich bete, sei es für jemand anderen oder auch für mich oder meine Familie, dann stelle ich nie Forderungen an Gott, versuche ich nie zu handeln, indem ich sage: »Wenn Du Gott, dies und jenes machst, dann verspreche ich, als Gegenleistung etwas Bestimmtes zu tun.« Mach ich nicht. Denn Gott dealt nicht. Wenn ich bete, dann bitte ich um seine Begleitung, jemanden oder mich in dem ganzen Mist, den er gerade durchleben muss, heil hindurchzutragen und ihn auch wissen zu lassen, dass er nicht allein ist. Ich habe selbst erlebt, wie gut es tut, wenn du weißt, das andere Menschen für dich beten – das macht dich stark. Und du beginnst, weniger nur um dich zu kreisen, einfach dadurch, dass du spürst, gerade jetzt achtet jemand auf dich. Denn hier wende ich mich an den, den ich für meinen Allmächtigen Herrn und Schöpfer halte, im festen Glauben, dass er mir wenigstens Menschen schickt, die mir helfen, dass er mir Kraft schenkt, in einer Krise zu bestehen. Aus dieser Gottesbeziehung über das Gebet schöpfe ich persönlich Kraft, fühle ich mich nicht schutzlos ausgeliefert, sondern behütet und aufgehoben. Im Gebet kann ich und darf ich alles machen – vor allem darf und muss ich grundehrlich und offen sein: in meiner Verzweiflung, in meiner Trauer, in meiner Wut, ich kann Vorwürfe erheben, ich kann ihn beschimpfen – ich kann aber auch ganz klein werden, um Hilfe bitten und meinem Gott unendlich dankbar sein, im Gebet bin ich ganz Mensch mit all meinen Schwächen, Höhen und Tiefen und darf es sein.

Aber auch das »normale« Gebet, ein Vaterunser oder die Zeilen eines schönen Liedes, so rudimentär sie oft nur noch da sein mögen, sind wichtig. Auch, weil ich sie dann zur Hilfe nehmen kann, wenn tatsächlich die Worte fehlen vor lauter Schrecken, wie jetzt bei meinem Freund Donald. In unserem Vaterunser steckt alles drin: von der Bitte um das tägliche Brot, die Vergebung der Sünden, die Nächstenliebe bis hin zur Feindesliebe, bis zu dem Bewusstsein, ich bin es nicht, sondern der Herr der Welt ist es, der das alles geschehen und entstehen lässt und dessen Macht ich mich beugen muss.

Ich sagte den beiden, dass ich mich kurz besinnen möchte und ihnen dann per WhatsApp Gebete senden werde. Sie sollten sich das

Gebet anschauen, ob sie sich darin wiederfinden würden, und dann versuchen, es nachzudenken, nachzufühlen und nachzubeten. Mit ihren eigenen Worten und mit ihren eigenen Gedanken zu ergänzen. Obwohl ich das Gebet, mit dem ich den beiden aus der Seele zu sprechen versuchte, nicht mit ihnen zusammen beten konnte, so war ich sicher, dass es seinen richtigen Platz finden würde. Für jemanden zu beten kennt keine Kilometer. So hat auch Johnny Cash, als er als GI in Penzing bei Landsberg stationiert war, sich mit seiner damaligen Verlobten zum Gebet verabredet. Über den großen Teich. Sie dort, er hier. Denn in Gedanken und mit der Seele und seinen Gefühlen ist man dem anderen Menschen im Gebet so nah, als würde man ihn in seine Arme schließen. Entfernung nach Kilometern spielt dabei keine Rolle – die gefühlte Nähe zu den Menschen, die dir auf diese Weise ihre Liebe zeigen, schon. Auch die Gewissheit, zur Gemeinschaft der Heiligen zu gehören, der Gemeinschaft der heiligen christlichen Kirche, wie es im Glaubensbekenntnis heißt, schafft Mut. Und so habe ich mitten in der Nacht per WhatsApp zum ersten Mal in meinem Leben Gebete und einen Bibeltext verschickt, die helfen sollten, den beiden ihr Gefühl der Ohnmacht zu nehmen, dass sie nicht helfen und das Leben der Mutter retten konnten.

Hallo ihr zwei!!
Zuallererst nehme ich euch beide in den Arm und drück euch ganz fest. Ihr seid einem anderen Menschen zur Seite gestanden, habt ihn im Arm gehalten, als er euch am dringendsten gebraucht hat – in dem Moment seines Todes! Das war ein Akt der Nächstenliebe. Ihr habt würdig gehandelt.

Lukasevangelium, Kapitel 10, Verse 29–37:
Der barmherzige Samariter

»Er aber wollte sich selbst rechtfertigen und sprach zu Jesus: Wer ist denn mein Nächster? Da antwortete Jesus und sprach: Es war ein Mensch, der ging von Jerusalem hinab nach Jericho und fiel unter die Räuber; die zogen ihn aus und schlugen ihn und machten sich davon und ließen ihn halbtot liegen. Es traf sich aber, dass ein Priester dieselbe Straße hinab zog; und als er ihn sah, ging er vorüber. Desgleichen auch ein Levit: als er zu der Stelle kam und ihn sah, ging er vorüber. Ein Samariter aber, der auf der Reise war, kam dahin; und als er ihn sah, jammerte er ihn; und er ging zu ihm, goss Öl und Wein auf seine Wunden und verband sie ihm, hob ihn auf sein Tier und brachte ihn in eine Herberge und pflegte ihn.

Am nächsten Tag zog er zwei Silbergroschen heraus, gab sie dem Wirt und sprach: ›Pflege ihn; und wenn du mehr ausgibst, will ich dir's bezahlen, wenn ich wiederkomme.‹ Wer von diesen dreien, meinst du, ist der Nächste gewesen dem, der unter die Räuber gefallen war? Er sprach: ›Der die Barmherzigkeit an ihm tat.‹ Da sprach Jesus zu ihm: ›So geh hin und tu desgleichen!‹« Gott, heute haben Menschen ihr Leben verloren. Wir waren bei ihnen und haben getan, was in unserer Macht stand. Ich lege meine Sorgen und meine Angst in Deine Hände und bitte darum, lass mich die Wärme der Sonne wieder spüren und die Kühle des Regens. Gib dass ich die Blumen auf der Wiese und die Früchte der Bäume wieder sehe. Wie weit bin ich entfernt vom Hellen und gefangen im Dunkel dessen, was geschehen ist. Sei bei denen, die verletzt wurden oder gar um ihr Leben ringen. Nimm gnädig bei Dir auf, wer sein Leben verloren hat.

Bleibe Du bei uns, wenn Erinnerungen in uns wach werden und uns quälen. Bleibe Du bei uns und hilf uns zu guten Gedanken und zu aufrichtiger Zuwendung an die, die uns hier nötig haben. Amen

Meine Worte für Euch. Mögen sie euch helfen zu beten:
Gott, es ist schrecklich, was passiert ist.
Wir wollten helfen und konnten nicht.

Wir verstehen es nicht. Es ist zu schrecklich.
Schenk uns Trost und allen, die mit uns hier sind.
Allen, die ihn brauchen. Sei bei uns. Bleib bei uns.

Begleite uns durch die Nacht und durch die anstehenden schweren Tage. Hilf uns zu verstehen und damit klarzukommen. Dir können wir es sagen, Dich dürfen wir auch mit Klage überschütten. Du trägst uns, Du trägst die Last, wenn wir nicht mehr können.

Herr, hilf!
Amen

Gott, hilf mir beten
und meine Gedanken sammeln zu Dir;
ich kann es nicht allein.
In mir ist es finster, aber bei Dir ist das Licht,
ich bin einsam,
aber Du verlässt mich nicht,
ich bin kleinmütig,
aber bei Dir ist die Hilfe,
ich bin unruhig, aber bei Dir ist der Friede,
in mir ist Bitterkeit,
aber bei Dir ist die Geduld,
ich verstehe deine Wege nicht,
aber Du weißt den Weg für mich.
Amen
(Dietrich Bonhoeffer)

Gib mir, Gott, die Gelassenheit,
Dinge hinzunehmen,
die ich nicht ändern kann,
den Mut, Dinge zu ändern,
die ich ändern kann,
und die Weisheit,
das eine vom anderen zu unterscheiden.
Amen

Liebe Grüße
Rainer

Betten hilft. Auch in diesem Fall hat es geholfen. Donald würde zumindest sagen, es hat nicht geschadet.

Windmühlen statt Mauern – und das Gesicht in der Sonne

In den Wochen nach meiner Trennung verkaufte und verschenkte ich alles, was mich an meine Ehe erinnerte, Möbel, Decken, Bilder, alles – bloß weg mit dem Ballast. Endlich war ich soweit und entschlossen, meinen Weg weiter zu gehen. Ich bezog eine neue Wohnung und setzte meine erste große Tätowierung. Ich wollte meinem Schmerz etwas entgegensetzen und mein Glaubensbekenntnis erneuern, es unauslöschlich festschreiben. Ich wollte nie wieder zweifeln. Mich nie wieder so verirren. Ich wollte jeden Morgen, wenn ich vor dem Spiegel stand, mir offen und frohgemut ins Gesicht schauen und meinen Tag im Bewusstsein beginnen, dass ich, selbst wenn mir der Gegenwind noch so heftig entgegenwehte, weitergehe und mein Ziel nie wieder aus den Augen verliere. Und damit ich mich daran erinnere, den Grund nie vergesse, weil ich es jeden Morgen sehe, entstand in dieser Zeit die Lutherrose auf meiner Brust – das leuchtend weiße Signal für Glaube, Liebe, Hoffnung.

Natürlich war da am Anfang ganz viel Einsamkeit und Verzweiflung in meinen Gebeten. Mein Selbstbewusstsein war platt wie ein Motorradreifen. Du genügst nicht. Ich bin klein, dick, dumm und hässlich und bekomme nie wieder eine Frau – mit diesem Paradigma bin ich umhergelaufen. Damit zieht mich mein Freund und Bruder Wolfgang heute noch auf. Uli würde in seiner ihm eigenen Art augenzwinkernd sagen: »Stimmt ja auch.« Da war nichts in Richtung: Mit meinem Gott kann ich über Mauern springen. Und doch geschah es.

Ich hatte es nach der Trennung zu Hause keine Minute mehr ausgehalten. Ich stürzte mich in meine Arbeit und nutzte jede Gelegenheit, erst so spät nach Hause zu müssen, dass ich sofort todmüde ins Bett fallen würde. Es dauerte sogar, bis die Motorradtouren halfen, für die mich meine Kumpels in München abholten. Irgendwann hatte ich die Idee, über »Friendscout« einen Kochzirkel zu gründen. Ich suchte fünf, sechs Gleichgesinnte, die sich einmal die Woche treffen und miteinander kochen, tafeln und reden wollen. Ich hoffte, auf diesem Weg vielleicht einen neuen Freundeskreis zu erschließen. Und wenn auch alle Versuche, diesen Kochzirkel zu etablieren, aus den unterschiedlichsten Gründen versandeten, war es doch das Beste, was ich damals tun konnte. Denn eines Abends, Wochen später, als ich meine Kochzirkel-Idee mutlos von der Plattform löschen wollte, traf ich auf Regina. Zunächst mailten wir nur hin und her. Wochenlang tauschten wir uns über Gott und die Welt und Rezepte aus. Regina kannte zunächst nur mein Gesicht, nicht, was ich beruflich mache oder mein eintätowiertes Glaubensbekenntnis. Und ich dachte in meinem Zustand, es sei besser, Schritt für Schritt vorzugehen. Ich wollte keine Vorurteile wecken und riskieren, dass Regina den Kontakt abbräche, bevor wir uns persönlich kennengelernt hatten. Zudem war ich noch viel zu verletzt und hatte Angst, das, was sich da langsam wieder hochrankte, durch ein zu frühes Treffen zu gefährden. Ich merkte mit der Zeit jedoch an der Spannung, wie aufgeregt ich war und fragte mich, ob sie schon auf meine Mail geantwortet hatte: Da entsteht etwas! Ihr ging es genauso. Unsere beiden Ehen waren aus völlig unterschiedlichen Gründen gescheitert. Was uns beide einte, war, dass wir aus diesem Scheitern unendlich viel gelernt haben, auch dass wir die Fehler, deren Folgen wir durchlitten hatten, nicht wiederholen wollten. Irgendwann nach langem Hin und Her fragte ich sie, ob sie Lust hätte, mich persönlich kennenzulernen? Wir hatten Fotos ausgetauscht, hatten mittlerweile auch lange Telefonate geführt, unsere Stimmen waren uns sympathisch – es begann zu kribbeln. Ich hatte inzwischen meine mit so vielen schmerzenden Erinnerungen behaftete Wohnung aufgelöst und war mit dem Rest, der mir lieb und teuer war, in eine neue, sehr schöne Wohnung gezogen. Jetzt tat sich endlich Raum auf für Neues. Also die Frage: »Kommst Du mich besuchen?« Pause. Die Fahrt in die Höhle des Löwen, zu einer Internetbekanntschaft, so gut, wie es sich angelassen hat, für eine Frau schon noch mal ein Risiko. Aber sie sagte zu – nur bestand sie darauf, mich zu besuchen. Nicht ich sie. Später erklärte sie, so könne man einfach wieder gehen – und außerdem ließe sich aus dem Zustand einer Wohnung einiges erkennen. Ich stand entsprechend aufgeregt am Bahnhof und dachte angesichts des verspäteten Zuges immer nervöser darüber nach, wie sie mich aufnehmen würde: mit meiner Obelix-Statur, meinem Glauben, meinen Tätowierungen …

Regina kam an und hat nicht mal mit einer Wimper gezuckt. Sie kam die Treppen hoch – und peng: Sie sah hinreißend aus. Ich war vollkommen geflasht. Und so ging es ihr auch, wie sie später erzählte. Als sie mich sah, hatte sie gedacht: »Prima. Passt!« Im Comicheftchen haben Daisy und Donald dann einen Kranz aus Herzen über dem Kopf.

Wir sind dann in Fürstenfeldbruck in den Supermarkt gegenüber vom Bahnhof einkaufen gegangen – wir wollten schließlich kochen, und sie hatte versprochen, sie würde Rezepte mitbringen. Mit der Freundin hatte sie einen Notfallplan vereinbart: Sie würde sich jede halbe Stunde per SMS melden, nur zur Sicherheit. Sie hat die SMS dann auch heimlich abgesendet, doch unser erstes Zusammentreffen hat von Anfang an funktioniert. So wurden die SMS-Zustandsberichte von Stunde zu Stunde fröhlicher. Unpünktlicher. Spärlicher. In diesem Fall: ein gutes Zeichen.

Als Vorspeise gab es Entenbrust. Die Stahlpfanne stand bereit. Die Entenbrust schmurgelte. Das Gemüse garte. Das Kartoffel-Gratin brutzelte. Wir standen in der Küche und redeten und redeten und redeten und redeten … bis wir plötzlich bemerkten, wie wir uns vor lauter Nebel fast nicht mehr sahen. Es war rauchendes Fett, das von der Pfanne aufstieg. Die Entenbrust war wirklich gut gebräunt, aber wir hatten in dem Moment nur Augen für uns und nicht für die Ente. So hat alles begonnen.

Regina war Seelenbalsam. Heute ist Regina meine Frau und zusammen mit unserer Tochter Linda sind wir eine Familie. Wenn sich ein Paar mit Mitte Dreißig kennenlernt, wo beide Partner eine gescheiterte Beziehung hinter sich haben – du kommst aus den Trümmern, auferstanden aus Ruinen und bist dir klar – auch in dem, was du nicht wiederholen willst. Wir haben bei den folgenden Treffen erst mal grundlegende Sachen besprochen. Mein Beruf, mein Glaube, von dem ich annahm, er würde sie vielleicht verstören, tat es in keinster Weise. Es faszinierte sie eher und sie spürte, ich war irgendwie anders. Irgendwas war da. Gut so! Und als wir uns dann näher kamen, habe ich entdeckt, dass sie mehr Tattoos hatte als ich. Aber eben nicht offensichtlich. Ich wiederum hätte Schwierigkeiten, mit einer Frau zusammenzuleben, die viel raucht und viel Alkohol trinkt, das checkst du natürlich am Anfang. Als es immer ernster wurde zwischen uns beiden, und sie auch schon einige meiner Brüder kennengelernt hatte – alles ganz normale Menschen, wie sie feststellenn musste –, habe ich dann mal zur großen Offenbarung ausgeholt und Klartext geredet, was alles auf sie zukomme, falls sie sich entscheide, an der Seite eines Diakons zu leben. Was es heißt, Brüderfrau eines Rummelsberger Diakons zu sein, auch, dass es sich gehöre, sie vor der Heirat meinem Rektor und meinen Mitbrüdern vorzustellen. Dass es früher noch Bräutekurse gegeben hat, um die Ehefrau vorzubereiten auf ihre Aufgaben und Pflichten als Frau eines Diakons ... Reginas Antwort war bezeichnend kurz. Sie überreichte mir irgendwann ein Blechschild im Stil der 50er-Jahre als Geschenk, das heute bei uns über dem Esstisch hängt, auf dem stand: »Home is wherever I'm with you.« »Wo Du hingehst, will auch ich hingehen.« Aber eben aus Liebe, aus der Freiheit der eigenen Entscheidung – weil man es will und nicht, weil man muss.

Regina hatte vorher keinerlei Bezug zum christlichen Glauben. Ich hatte mich verliebt, bevor ich gefragt habe, ob sie getauft sei. Meine Frau ist im realexistierenden Sozialismus der DDR groß geworden, in Halberstadt am südöstlichen Rand des Harzes. Ausgerechnet Halberstadt, eine Stadt mit einer großen evangelischen Tradition, seit 804 Missionsstützpunkt Karls des Großen, später Bischofssitz, seit 1591 protestantisch – mit einem bis zum Ende des Dreißigjährigen Krieges gemischtkonfessionellen Domkapitel. Halberstadt überstand Umbrüche in Kriegen. Umbrüche im Glauben. In der DDR fand Religion, Glaube, Gottesdienst im familiären Umfeld meiner Frau nicht statt: Keine Taufe, keine Konfirmation. Kein Kirchgang, keine Gemeinde. Kein Beten. Die Frage nach Gott? Gab es nicht. War für sie nicht existent, weil es keinerlei Berührungspunkte gab. Ziel war die Entwicklung der sozialistischen Gesellschaft. Fertig. Mein Schwiegervater war getauft, aber der Glaube nach dem Tod seiner Oma im Laufe der Jahre versandet. Die Mutter meiner Frau ist wie Regina auch nicht getauft. Hatte nie einen Bezug zur Kirche, zum Glauben überhaupt nicht: »Wenn's aus ist, ist's aus!«, sagt sie immer voller Überzeugung. Aber das ist genauso ein Glauben, wie ich glaube. Für Regina war jemand, der glaubt, eine neue Erfahrung. Für mich war es ein Zusammentreffen, ähnlich, wie es die Missionare in bisher unbekannten Landstrichen erlebte haben. Eine der seltsamsten Kernfragen, ob Nicht-Christen etwa Sünder seien, hat sich für mich beantwortet: Was kann ein Mensch dafür, der nicht wissen kann, dass es Gott gibt? Ich musste Regina vieles erklären und Fragen beantworten und auch sehr häufig zugeben: Ich weiß es nicht, ich kann es nicht wissen – genau hier setzt mein Glaube ein. Alles noch einmal auf Anfang. Glaube neu. Ich habe meinen Glauben nicht versteckt vor ihr. Sie hat mich beten sehen. Morgens, beim Aufstehen, mittags, vor dem Essen und abends als Sammlung vor dem Schlafengehen.

Ich habe es vor ihr gelebt. Ihr vorgelebt. Ganz natürlich. Und irgendwann hat sie mir mal gesagt: Du, es tut mir auch gut, wenn ich bete. Nicht jeden Tag, nicht jede Minute – aber dass ich entdecke, dass mich jemand begleitet, an den ich mich wenden kann, wenn es mir gut oder wenn es mir auch mal schlecht geht – ja, das tut mir gut. Für sie war auch wichtig, dass sie sich zu nichts gezwungen fühlte und fühlt. Wenn du die Freiheit behältst, dir selbst deine Gedanken zu machen und eigene Vorstellungen zu entwickeln, ohne vorgeschrieben zu bekommen, was und wie du zu glauben hast, dann ist das plötzlich etwas Eigenes, was du für dich entdeckst, und dann geht dein Herz auf. Deswegen findet meine Frau auch den Slogan so prima, den es tatsächlich gibt: »Evangelisch – wir sind so frei!« Jeder geht seinen eigenen Weg, sagt meine Frau manchmal, aber Gott ist immer dabei, auch wenn man mal links rumgeht statt rechts herum.

Oft fragt Regina mich nach einem Gottesdienst, was genau der theologische Hintergrund eines Teils der Predigt ist, ihr fehle einfach das Wissen und sie verstehe nicht, wie das gemeint sei. Und dann merke ich immer, wie leichtfertig wir von Selbstverständlichkeiten ausgehen – christlichem Wissen, Kenntnis der Bibel, der kirchlichen Feiertage und ihrer Bedeutung –, dass in großen Teilen der Bevölkerung dieses Grundwissen keineswegs mehr selbstverständlich ist. Und dann erzähle ich ihr alles.

Regina und ich haben uns nichts sehnlicher gewünscht als ein Kind. Und wir wurden erhöht. Hallelujah! Unsere Tochter erziehen wir christlich, und meine Frau findet, dass es wichtig ist, dass unsere Tochter Linda christlichen Glauben vorgelebt bekommt. Wir beten gemeinsam das Tischgebet mit unserer Tochter und leben unseren Glauben ganz selbstbewusst aus. Unsere Tochter taufen zu lassen, war für mich völlig klar und von Regina auch immer akzeptiert. Das wollte sie auch. Als sie dann aber ein paar Wochen vor der Taufe zu mir kam, sich an mich schmiegte und mir sagte, ich lasse mich mit Linda taufen, hatte ich sehr feuchte Augen. Sie hat es für sich entschieden. Kein Zwang, kein Druck, nichts! Wie großartig war das! Sie wollte sich dazu bekennen. Und wieder: Halleluja!!!

Unsere Erziehung ist klar christlich geprägt, aber weltoffen. Sie ging zwar in einen Kindergarten der Diakonie, dürfte dort aber wohl eher zur christlichen Minderheit gehört haben. Sie kam dort täglich spielerisch in Kontakt mit Kindern, die aus anderen Religionsgemeinschaften stammen.

Ich finde gut, dass es so ist: Denn wer, wenn nicht unsere Kinder, können im geschützten Raum erfahren, dass ein friedliches Zusammenleben aller Religionen möglich ist, wenn das Miteinander durch gegenseitige Achtung der verschiedenen Vorstellungen und Gebräuche geprägt ist? Für unser Kind spielten und spielen Hautfarbe und Herkunft keine Rolle. Es sind Kinder, ihre Freunde – oder eben auch nicht. Und wer sich ihr gegenüber doof verhält, wird eben nicht zum Geburtstag eingeladen. So ist das dann. Kann sich aber auch am nächsten Tag schon wieder geändert haben.

Unser Kind ist ein absolutes Wunschkind. Meine erste Ehe war kinderlos geblieben und ich muss niemandem sagen, was es bedeutet, wenn man dann doch noch Eltern werden darf. Ich musste mich die erste Zeit wirklich überwinden, meine Tochter nicht in Watte zu packen, sondern sie auch loszulassen. Damit sie ihre eigenen Erfahrungen machen kann. Wenn du Vater bist, spürst du zusätzlich Verantwortung für deine Frau und deine Familie. Fürsorge. Unendliche Liebe. Die eines Vaters, der miterleben möchte, wie seine Tochter ihren Lebensweg einschlägt, der sie dabei behüten, aber auch sich selbst entwickeln lassen möchte. Und so stelle ich mir vor, passt auch der Herr auf mich auf. Geändert hat sich auch mein Stil, Motorrad zu fahren – ich habe auch schon »Aua« gemacht in der Kurve und fahre seither noch vorsichtiger. Wenn meine Tochter fällt und Aua macht stehe ich ihr zur Seite und mache »Heile, heile, Segen – wird bald wieder gut«. Pusten. Papa ist da. Mit Liebe und mit Rescue-Creme. Zu Hause bin ich nur der Papa. Nicht der Mann neben dem Altar. Heute heimzukommen und auf meine Tochter zu treffen, bedeutet für mich, in die Ruhe zu kommen. Oft setze ich mich einfach nur zu ihr. Wir spielen und reden zusammen. Ich bin dann bei ihr. In ihrer Welt und lasse meine mit all den Sorgen, Ängsten und Nöten hinter mir. Für meine Tochter bin ich Vater und sie fordert mich auf eine ganz andere Weise als den Diakon, der ich im Dienst bin. Linda zeigt mir ihre Kastanienmännchen und was sie im Kindergarten gemalt hat. Und dann vergesse ich sofort irgendwelchen Ärger und Sorgen, die ich trotz aller Mühe doch aus der Arbeit mit nach Hause geschleppt habe. Abends spät nach einer Sitzung oder einem seelsorgerischen Gespräch nicht in ein kaltes, leeres Pfarrhaus zu müssen, sondern nach Hause zu kommen, wo es warm und jemand da ist und auf mich wartet, mich neben meine Frau auf die Couch zu setzen und wortlos das Gefühl zu genießen, angekommen zu sein, einen Kuss zu bekommen und den müden Kopf auf ihre Schulter sinken lassen zu dürfen, ist im besten Sinne des Wortes ein Segen.

Immer wieder nehme ich Linda mit in die Kirche, und bei der Vorbereitung zu einem Gottesdienst ist sie schon mal auf die Kanzel geklettert und hat den Anwesenden, so ähnlich, wie sie es beim Papa im Sonntaggottesdienst sieht, zugerufen: »Ich bin die Linda Fuchs. Amen!« An »Hello, I'm Johnny Cash!« üben wir noch, aber seine Lieder erkennt sie sofort und sagt freudestrahlend: »Den kenn ich, das ist Johnny Cash.« Sie bekommt einfach mal meine Plattensammlung vererbt.

Was mir geholfen hat in all meinen Umbrüchen und Krisen – und darum nur erzähle ich meine Geschichte – ist: Selbst in meinem gröbsten und schwärzesten Tief nach der Scheidung habe ich nie völlig das Gefühl verloren, ein geliebtes Kind zu sein, und die Gewissheit behalten, meine Beziehung zu Gott kann mir niemand nehmen. Diese Gottesbeziehung und die daraus erwachsende Geborgenheit hat mich über alle Zweifel hinweggetragen – und mit dem guten Ausgang, den diese Krise dann nahm, mich noch mehr glauben lassen, dass da etwas ist, was mich begleitet und gut nach mir schaut. Gott ist da. Das ist das eine. Das andere ist: Auch das Leid ist da. Und das Dritte bleibt: Es gibt immer eine zweite Chance! Stell Dich Deinen Umbrüchen. Versuche sie aktiv zu gestalten. Du selbst bist verantwortlich für dein Leben. Ich bin nicht vorherbestimmt. Nicht seine Marionette. Du selbst bist verantwortlich dafür, dass Leben gelingt. Du kannst noch so sehr weiter klammern, an eine Vergangenheit, die keine Zukunft hat, und Du wirst zur Salzsäule erstarren – oder aber Du drehst Dein Gesicht wieder zurück in die Sonne und gestaltest Deine Zukunft. Und wanderst Du auch im tiefsten Tal, ist der erste Schritt nach vorne unabdingbar, um aus dem Tal zu kommen. Zu vertrauen und sich fortzubewegen. Nicht stehen zu bleiben, durch allen Schmerz das Scheitern meiner Ehe zu akzeptieren und mir zu sagen, dann ist das offenbar Dein Weg, geh weiter und schau, wohin dieser Weg Dich noch führt. Zögere nicht. Sondern brich auf. Jetzt. Das war es. Windmühlen statt Mauern. Den Wind nutzen. Den Umbruch akzeptieren und Veränderung als Chance für eine Erneuerung begreifen. Und dann geschieht es: Neue Türen tun sich auf, und du gehst neugierig in einen anderen Raum mit tausend neuen Möglichkeiten.

»Yesterday is History.
Tomorrow is Mistery.
and today is a gift–
that is why it is called the present.«

Glauben aus Leidenschaft

Selbst nach so vielen Jahren Glaubenserfahrung ist es für mich atemberaubend, wie Gott uns gerade in Krisen durch unser chaotisches Leben hindurchliebt, wie er alles auf den Kopf zu stellen scheint, das Unterste nach oben kehrt und uns alles aus den Taschen schüttelt, was wir sicher zu besitzen glaubten. Wie er in unserem größten Schmerz aus allen Trümmerteilen Neues formt, ob wir das nun wollen oder nicht. In dem Moment, in dem du das Neue in deinem Leben mit all seinen Chancen erkennst und das Alte hinter dir lassen kannst, hat dein persönlicher Schöpfungsakt begonnen, der Moment deiner persönlichen Auferstehung. Leben ist nicht zu Ende, es gibt immer eine zweite Chance!

Was Krisen, Umbrüche und auch Auferstehungen anbelangt, ist Johnny Cash ein Vorbild für mich. Er erlebte in rascher Folge Popularität und Niedergang, eine zerbrochene Ehe und seine neue große Liebe, er schwebte in der Todeszone zwischen Sucht und Enthaltsamkeit. Und immer wieder erlebte er einen Gott, der ihn niemals entgleisen ließ, ihn liebte und ihm neuen Mut gab: »Gott war, ist und wird es auch über die Endzeit hinaus immer sein, der Herr über das Leben!«, sagte Johnny Cash einmal, und: »Der Meister des Lebens ist gut zu mir gewesen. Er hat mir Kraft gegeben, mich vergangenen Krankheiten zu stellen, und er gab mir den Sieg angesichts von Niederlagen. Er hat mir Leben und Freude geben, wo andere nur Verdrossenheit sahen. Er hat neuen Sinn zu leben gegeben, neue Aufgaben zu erledigen und alte Wunden zu heilen. Leben und Liebe gehen weiter, lasst die Musik spielen.« In diesem Sinne haben wir im Frühjahr 2019 nach unseren beiden Gospelabenden einen dritten, einen denkwürdigen Gottesdienst gefeiert, eine Hommage an Johnny Cash, in unserer Lutherkirche.

An diesem Tag beschwerte mich leichte Wehmut, denn wie ich kurz vorher erfuhr, zeichnete sich die Möglichkeit einer neuen Entsendung, in eine neue Stadt, an eine andere Stelle ab. Nimm Dein Bett und geh – könnte es auch für mich und meine Familie heißen. Und ich wusste an diesem Abend noch nicht, wie ich damit umgehen sollte, ob ich wirklich schon bereit war, nach drei Jahren Giesing, in denen ich mir diesen Stadtteil erobert und viele Menschen liebgewonnen habe, schon wieder gerufen, berufen zu werden.

Aber dann war da Johnnys Musik, meine Erinnerungen, von meiner Kindheit bis heute, der Kerzenschein, die Gemeinschaft und doch die Konzentration auf sich selbst, auf den Sound der Musik, die Botschaft seiner Texte. Ich ließ mich berühren von diesem Moment. Es sind Momente, in denen ich nicht mehr wirklich nachdenke. In denen ich ohne Scheu bin und ganz bei mir selbst. Egal, was die anderen sagen, weil mir Tränen übers Gesicht laufen, ich seltsame Zuckungen beim Beat bekomme oder vielleicht ein wenig verklärt schaue, weil ich so beglückt bin. Voller Hingabe. Voller Leidenschaft. Voller Glück. Das alles macht dieser Moment mit mir. Und im nächsten Moment, gefördert von der Musik, kann es mich wegreißen. Mir den Boden unter den Füßen wegziehen. Ich kann mich fallen lassen, gefühlt ins Bodenlose. Und dann kommt dieses eine, dieses wunderbare Lied, das mich seit meiner Kindheit begleitet, meine persönliche Hymne sozusagen, in der ich mein ganzes Leben und sein Ziel, das Ziel meiner Arbeit und das Ziel meiner Sehnsucht und all meiner Träume und meines Glaubens wiederfinde.

Und während alle im stampfenden Rhythmus dieses Liedes nach Hause gehen, am Grünspitz im Freilichtkino die Menschen in der Kälte stehen und die *Feuerzangenbowle* gezeigt wird, im *Cannova* die Pizzen in den Ofen geschoben werden, im *Riffraff*, dem Café *Schau ma moi* die Kornkorken von den Flaschen ploppen, andere lachend, fluchend, rauchend und trinkend, liebend in den Gaststuben und Boazn stehen, zwei Vermummte ihr täglich »ACAB« an die Wand der hallenden Unterführung sprayen und dabei die Obdachlosen aufschrecken, während die Mahnwache für das zerstörte Uhrmacherhäusl an der Oberen Grasstraße 1 Grablichter entzündet, als ewiges Licht des Protestes gegen die Zerstörung dieses wunderbaren, fremden, chaotischen, irritierenden und doch so heimeligen Stadtviertels Giesings, als Leuchtfeuer, damit wir nicht vergessen, dass wir in einer Zeit des Umbruchs zusammenstehen müssen, damit Vertrautes nicht verdrängt wird durch Neues, das aus kalten Herzen kommt und alles zerstört, was Menschen als Heimat empfinden – spüre ich dieses unendliche Fließen der Veränderung. Das ist der gewaltige Strom des Lebens. Und während all das geschieht und die Vielfalt des Lebens mit ungeheurer Wucht auf mich einströmt, mich fassungslos macht und klein, fange ich im selben Moment aus meiner Angst heraus wieder an zu wachsen, aus Bewunderung vor all dem, was wir Leben, was wir Schöpfung nennen, und aus tiefer Liebe zu dem, der all das in all seiner schönen, zwecklos scheinenden Vergänglichkeit geschaffen hat, dieses Geschenk und Abenteuer, das wir Leben nennen – und mit dem wir oft so gedankenlos, fahrlässig und verschwenderisch umgehen.

Während ich all das, was in diesem einen Moment geschieht, in mich aufsauge und aufnehme, die vielen Menschen sehe, wie sie geblendet von den Lichtern der Autos auf ihren Ameisenstraßen, hastig, bewusstlos, gefangen, getrieben in ihrem Streben und Sein unbekannten Zielen entgegenhasten, spüre ich, dass ich in diesem gigantischen Strom nicht untergehen kann, egal wie stark die Strömung, die Wirbel und Strudel mich drehen. Jeder von uns ist einzigartig, unverwechselbar und besonders. Ich spüre mein Herz, mein Leben, wie es schlägt. Ich spüre die Lutherrose auf meiner Brust leuchten, fühle jeden Stich, sehe wieder die sieben Männer im warmen Licht der Sandsteinkirche in Rummelsberg, und mich durchdringt plötzlich diese unendliche Sicherheit, die ich Glauben nenne. Und ich weiß es im Grunde meiner selbst, ich bin gerettet … und begleitet … und bekomme Hilfe … ich kann immer danach fragen. ER ist immer für mich da. Und es überkommt mich sanfter Schauer. Er ist da. Jetzt. In diesem Moment. Gott geht unter die Haut. Folgen wir seinem Ruf, gehen wir hinaus in die Freiheit, dienen wir ihm, und finden wir so die Erfüllung unseres Lebens. Das ist mein Glaube. Und mir ist klar, dass wir im Leben jeden Tag wieder aufbrechen müssen und es besser mit Freude tun. Denn jede Veränderung bringt Neues in dein Leben, das dich staunen und das dich wachsen lässt. Im Auftrag des Herrn unterwegs zu sein, ja, das braucht Leidenschaft. Ich werde also aufbrechen. Mein Bett wieder nehmen und gehen. Das Neue, das kommt, will ich freudig begrüßen. Ich werde leben. Ich werde lieben, und ich werde ihre Last tragen – so wie sie meine Last mittragen, wie in meinem Konfirmationsspruch mit ins Leben gegeben und auf meinem linken Oberarm tätowiert: »Einer trage des anderen Last, so werder ihr das Gesetz Christi erfüllen.« (Galater 6,2)

Ich glaube an den allmächtigen Gott,
der die Menschen im Exil und im Exodus geleitet hat,
der Gott Josephs in Ägypten und Daniels in Babylon,
der Gott der Ausländer und Immigrantinnen.

Ich glaube an Jesus Christus,
einen vertriebenen Galiläer,
der fern von seinem Volk und seiner Heimat geboren wurde,
der mit seinen Eltern aus dem Land geflohen ist, als sein Leben
in Gefahr war.
Bei seiner Rückkehr in die Heimat, litt er unter Pontius Pilatus,
dem Diener einer fremden Macht.

Jesus wurde
verfolgt,
geschlagen,
gefoltert
und zu Unrecht
zum Tode verurteilt.

Am dritten Tag ist Jesus auferstanden von den Toten,
nicht als verschmähter Ausländer,
sondern um uns die Aufnahme in Gottes Reich anzubieten.
Ich glaube an den Heiligen Geist,

der ewige Einwanderer aus Gottes Reich unter uns,
der alle Sprachen spricht, in allen Ländern lebt,
und alle Ethnien wieder vereint.
Ich glaube, dass die Kirche sichere Heimat ist.
für Fremdlinge und alle Gläubigen.
Ich glaube, dass die Gemeinschaft der Heiligen beginnt
wenn wir das ganze Volk Gottes in seiner ganzen Vielfalt umarmen.
Ich glaube an die Vergebung, die uns vor Gott alle eint,
und in der Versöhnung, unsere Zerbrochenheit heilt.
Ich glaube, dass wir in der Auferstehung
als Volk Gottes versöhnt werden.
in aller Unterschiedlichkeit und aller Ähnlichkeit.
Ich glaube an das ewige Leben, in dem niemand ein Fremder sein wird.
aber alle werden Teil sein von Gottes Herrschaft
wo Gott für immer regiert, in alle Ewigkeit. Amen.

I WALK THE LINE!

The Immigrantes' Creed von Jose Luis Casal, deutsche eigene Übersetzung

Danksagung

Ja, genau – das möchte ich: Ich möchte, dass Menschen wieder ernst genommen werden, die christlich glauben. Das war mein erster Impuls, als Stefan Linde mich anrief und gebeten hat, ein Buch mit mir zusammen zu machen. Ich ließ mich von ihm überzeugen, dass, was ich in meinem Leben erfahren und von Gott geschenkt bekommen habe, wert ist, andere Menschen daran teilhaben zu lassen. Damit sie wissen: Ihr seid nicht allein. Sucht euch Gemeinschaft. Und so gebührt der erste Dank Dir, lieber Stefan. Ebenso allen Menschen im Herder Verlag, die an diesem Buch mitgearbeitet haben, und namentlich Simon Biallowons, der den Mut hatte, so einen »bunten Hund« wie mich ins Programm zu nehmen.

Mein tief empfundener Dank gilt voller Liebe meinen Eltern Christa und Norbert, meinen Großeltern, vor allem meiner Oma Betty, für die ich, egal, was ich anstellte, »mein Schbodz« (Spatz) war, und Dir, lieber Günter, als meinem »Lebens-Diakon«. Er gilt all jenen, die mich seit früher Jugend voller Liebe begleitet haben. Ihr habt mich damals in meiner wilden und verwegenen Phase in der Bahn gehalten und mir immer Türen geöffnet und neue Wege gewiesen. Dafür Danke. Was wäre ich ohne Euch?

Regina, wie froh ich bin, Dir hier zu danken, dass Du an meiner Seite im Leben unterwegs bist, dass wir uns gefunden haben, dass Du mich immer wieder ziehen lässt, selbst wenn ich mich noch so scharf in die Kurve lege, mit wilden Gesellen, meinen katholischen Engeln, mit Freudinnen und Freunden, mit Brüdern und Schwestern oder mit wem auch immer, denen ich begegne und um die ich mich (seel)sorge. Du bist großartig und so unendlich liebenswert, Regina. Dafür an die Schwiegereltern Marlis und Norbert meinen Dank, dass sie Dich zu dem gemacht haben, was Du bist, und Du mich so sein lässt, wie ich bin.

Linda – lange hast Du dich bitten lassen, mein Kind. Ich bin voller Dankbarkeit, dass Regina und ich dank Dir jetzt endlich Familie sind. Jetzt bist Du da und bereicherst unser Leben, und es ist schön, Dich von Gott behütet wachsen und reifen zu sehen. Dieses Buch ist auch für Dich. Hin und wieder weiß ich nicht, ob ich mir Sorgen machen soll oder einfach unglaublich stolz bin, zu sehen, dass ganz viel von mir in Dir ist. Linda, Du bist gesegnet und sollst ein Segen sein.

Mein Leben lang unvergessen, für mich täglich zu sehen, denn »Gott geht unter die Haut«, bleiben Mike und Chris von Black Bite Tattoo, die im wahrsten Sinne des Wortes Farbe in mein Leben gebracht haben. Ihr seid großartige Tattoo-Handwerker und Künstler! Und gut, dass ich mich durchsetzen konnte, dass der Herr über Brot und Wein betet – und nicht über Cola und Burger. Was habt ihr nicht alles für Scherze getrieben »hinter meinem Rücken«. Waren ja auch ca. 90 Stunden Zeit, bis das »Backpiece« fertig war! Und: Mike, versprochen, nie wieder so viel Faltenwurf.

Mit dieser Danksagung möchte ich am liebsten alle Menschen umarmen, die mir nahe sind im Leben. In der Erinnerung. Im Jetzt. Im Leben wie im Tod. Stellvertretend für all die vielen, die ich hier nicht aufzuzählen vermag, nenne ich meine Freunde Uli, Wolfgang & Carsten, ich danke René, Joachim, Werner und Dani, ihrer Mutter Conny und meinen drei Babysitterkindern, Rebecca, Stephan und Magdalena, deren Bruderonkel ich sein darf. Danke an Alexandra und Anna, Bärbel, Sonja, Julia, Helgo und Uli, Katrin und Jörg, mein Patenkind Lutz, an Alex und Maike, den Ernstl, Domi, Manfred, Andreas, Heinz und Susi, Hossi und Irene, Volker, Sebastian, Julia und Giorgio, Mathias und Luzi, Katharina und dem »Rollihool« Benni … Ich danke allen, die mit »Spirit« statt nur Sprit achtsam Motorrad fahren, wie Heinrich Bedford-Strohm …und all den Kumpels, die mich auf Touren begleiten. Mein ganz besonderer DANK geht an all die Brüder und Schwestern meiner Dienst-, Lebens- und Sendungsgemeinschaft der Rummelsberger Brüderschaft und der Gemeinschaft der Diakoninnen, meinen Dozenten, spirituellen Begleitern und meinem

Brüdersenior Martin Neukamm, Bruder und Rektor Günter Breitenbach und unserem neuen Rektor Reiner Schübel für ihr Vertrauen, dass man mich einfach mal schreiben lassen kann. Auch ein Dank an Susanne Breit-Kessler, die mit ihrer Predigt mein Buch wunderbar zusammengefasst hat. Obwohl sie es da noch gar nicht hat lesen können.

Ich danke den Kindern und Jugendlichen aus allen meinen Gemeinden, die ich als Jugenddiakon ein Stück ihres Lebensweges begleiten durfte, so, dass einige von ihnen Praktikantinnen und Praktikanten wurden und später selbst der Berufung folgten, Diakon oder Diakonin zu werden. Ich danke auch meiner ganzen Verwandtschaft, Onkel Willy – Gott hab ihn selig –, bei dem ich als geliebter »Wüstgläubiger« Natur und Mofafahren lieben lernte, allen Freundinnen und Freunden, auch allen Verflossenen; ich danke jenen, die ich enttäuscht oder die mich verlassen haben, sage ein herzliches »Danke« den Jungs und Mädels von der ältesten Steilwand der Welt, Donalds »Original Motodrom«, deren Show in der »Wall of Death« man gesehen haben muss, weil sie Sinnbild unseres Lebens ist. Ebenso auch ein herzlicher Dank an die gesamte Redaktion von »Wir in Bayern«.

Ich danke allen meinen Kolleginnen und Kollegen, besonders meinem jetzigen Team an der Gemeindeakademie mit Dr. Susanne Schatz, die hinter mir stehen und vieles möglich machen in Bezug auf dieses Buch. Ebenso ein besonderer Dank an »meine« beiden letzten Dekane Stefan Reimers und Christoph Grötzner für ihre Begleitung, den Gemeindegliedern auf meinen bisherigen Stationen meines Lebensweges über Rummelsberg, den Auhof, Langwasser »es geht ned krasser«, Fürstenfeldbruck bis nach Giesing, hier den tollen Musikern von der Cash Carter Crew um Chris DocSchneider und Barry Finnbar Winters, mit denen ich meine Leidenschaft für die beiden J.C.'s (Jesus Christus & Johnny Cash) zusammenbringen kann, Joanne Cash für ihre Würdigung zu meinem Buch, Andreas Wedel, dem DJ, mit dem ich »Gospel in Giesing« verwirklichen konnte, den Fans der Blauen, meinem Glubb (dem 1. FCN), der mich auch immer wieder Demut und Bescheidenheit lehrt, den Fans und Graffitikünstlern der Giesinger Szene rund um das *Giesinger Bräu* und das *RiffRaff*, den Freunden der Partnerschaft in Südafrika und allen, die ich jetzt noch nicht erwähnt und nicht vergessen habe. Ihr alle seid Ebenbilder Gottes und wertvoll, Teil meines Lebens, egal wie ihr seid, wo ihr seid und wer ihr seid.

Zum Schluss danke ich auch den Leserinnen und Lesern dieses Buches für die Zeit, die sie mit mir verbracht haben. Ich hoffe, sie fühlen sich angeregt, belebt und unterhalten und tragen die frohe Botschaft des Buches weiter. »Behüt Sie Gott!«

Enden möchte ich diese Danksagung mit der Anmerkung vom Anfang: Was ich tue, tue ich nicht aus Eitelkeit – sondern damit Menschen wieder ernst genommen werden, die christlich glauben – zur Ehre Gottes. Nicht zu meiner. Ich bin voller Demut nur das Bodenpersonal. Soli Deo Gloria. Weise mir, HERR, Deinen Weg, dass ich wandle in Deiner Wahrheit; erhalte mein Herz bei dem einen, dass ich Deinen Namen fürchte. Psalm 86,11

Regionalbischöfin Susanne Breit-Kessler anlässlich ihrer Abschiedspredigt in der Lukaskirche München am 17. November 2019; die Worte treffen den Inhalt und den Wunsch, mit dem ich dieses Buch geschrieben habe, im Kern:

»*Im Auftrag des Herrn unterwegs sein – das braucht Leidenschaft. Es braucht passioniertes Engagement, die Kraft mit Crashs, Scheitern umzugehen.*

Auch mit den eigenen.

Unsere Aufgabe als Kirche der gerechtfertigten Sünder und Sünderinnen ist es, Lebensgeschichten wahrzunehmen, geduldig anzuhören, damit ein Mensch erfährt, dass er so sein darf – und sich auch ändern kann.

Es geht darum, andere in Gottes Namen groß zu machen, sie vorkommen zu lassen – ihnen ein Ansehen zu geben. Den Kleinen, die aus armen Familien kommen. Und denen, die unter Wohlstandsverwahrlosung leiden. Denen, die nicht mithalten können, weil sie nicht jung, schön und erfolgreich sind. Es geht darum, denen ein Ansehen zu geben, die man nicht sieht – weil sie im Dunkeln leben.

Der Gott, der uns ohne Vorbedingung liebt, er macht es uns in der Krise möglich, uns anzuschauen, wer und wie wir wirklich sind – mit all unseren guten und den weniger glanzvollen Seiten. Es ist erschreckend und beglückend zu gleich, der eigenen Wahrheit ins Gesicht zu sehen. Erschreckend, weil der Mensch, der man ist, tatsächlich Gottes geliebter Mensch sein darf. Und beglückend, weil jeder und jede von uns immer wieder neu getrost und zuversichtlich ins Leben starten kann.

Wir sind geliebt bei Gott.«